Juli 1958

Der rasende Reporter
Egon Erwin Kisch

Der rasende Reporter

Egon Erwin **Kisch**

Eine Biographie in Bildern

Herausgegeben
von Marcus G. Patka

Mit einem Vorwort
von Hellmuth Karasek

Aufbau-Verlag

Mit und für Frauke

ISBN 3-351-02472-X

1. Auflage 1998
© Aufbau-Verlag GmbH, Berlin 1998
Gesamtgestaltung Minkewitz & Schneider
Reproduktion und Belichtung LVD GmbH, Berlin
Druck und Binden Kösel GmbH, Kempten
Printed in Germany

Hellmut Karasek
Was sich stets und immer wird begeben ...

1942, im mexikanischen Exil, schrieb Egon Erwin Kisch eines seiner schönsten
Bücher zu Ende, die Autobiographie »Marktplatz der Sensationen«, in der er, wie
in einer Summe, die Geschichten, Anekdoten, Humoresken seines Lebens noch
einmal erzählt, zusammenfaßt, in eine Art endgültige Form bringt – wie ja Kisch
überhaupt seinen Themen mehrmals Form zu geben suchte, sie immer wieder
schliff, den Gegenstand, also die Realität, die Wirklichkeit, zur Kunst, zur Wahrheit formte – wie ein Juwelier den Rohdiamanten.

Das scheint für Kisch ein besonders unpassender Vergleich – und ist doch
höchst passend. Allein seine erste sensationelle Reporterleistung, die Aufdeckung des Spionagefalls des österreichischen Obersten Redl, der aus Liebe, aus
homosexueller Leidenschaft zum Landesverräter wurde, hat Kisch gleich vier
Mal bearbeitet. Als »Außenseiter der Gesellschaft« unter dem Titel »Der Fall
des Generalstabschefs Redl«, als Tragikomödie »Die Hetzjagd«, in seinem »Prager Pitaval« und – eben im »Marktplatz der Sensationen« unter dem Titel »Wie
ich erfuhr, daß Redl ein Spion war«. Da war er ein reifer Mann, aber das Feuer
der Jugend, für ihn das Feuer der Gerechtigkeit, loderte immer noch unver-
braucht. Als er eine der größten Spionage-Affären der Weltgeschichte enthüllte,
war er 28 Jahre alt und arbeitete als Reporter für eine (deutschsprachige) Prager Zeitung.

»Marktplatz der Sensationen« beginnt mit einer Kindheitserinnerung, die,
wenn auch ironisch, so etwas wie eine Berufungs- oder gar Erweckungsge-
schichte ist. Da erinnert sich Kisch an den »blinden Methodius«, einen Bänkel-
und Balladensänger, der im Prager Hof für die Kinder, Dienstmädchen und
Frauen Lieder singt, er trägt »Begebenheiten in Gedichtform« vor, von denen
Kisch vermerkt, daß in ihnen »der Text über den Ton, die Literatur über die
Musik« siegte.

War das nicht auch Kischs Ziel, ein Leben lang? Den Text über den Ton siegen
zu lassen, die Wahrheit über die Reportage, ja die Wahrheit über die Dichtung –
und, man muß es so sagen: »Die Wahrheit als Dichtung«? Kisch erinnert sich,
erinnert uns, wenn er an den blinden Bänkelsänger mit der schönen Stimme
zurückdenkt, an eine alte Sentenz: »Was sich nie und nimmer hat begeben, das
allein veraltet nie«, und er setzt diesem Satz kontrapunktisch seine eigene Ein-
sicht entgegen: »Was sich stets und immer wird begeben, das allein veraltet nie.«

Besser läßt sich das (selbstauferlegte) Gesetz, unter dem Kisch angetreten,
nicht definieren, der Imperativ des »Schreib das auf, Kisch!« Er wollte das, was
sich stets und immer begibt und begab, aufschreiben, um den Menschen immer
wieder die Augen zu öffnen. Und so wurde er einer der scharfsichtigsten und lei-

denschaftlichsten Chronisten seiner Zelt, immer wahr und parteilich zugleich – wobei er wirkliche Parteinahme nur für die Sache der Humanität ergriff, ein Parteischreiber war er ganz gewiß nicht.

Vom jungen Kisch gibt es das Bild, das ihn in der österreichischen Uniform zeigt, als Korporal, den Stern am Kragenspiegel, die Mütze mit der Kokarde akkurat über die Gesichtsmitte gesetzt, ein Ordensband über der Brust, die unvermeidliche Zigarette im Mund. Er ist ein »fescher Soldat«, Inbild kakanischen Charmes, so scheint es, und wird doch bald in den Stahl- und Blutgewittern des Ersten Weltkriegs die Brutalität der Menschenschlächterei durchschauen und schildern, wird sich, 1918, die rote Kokarde auf die Mütze stecken, wird die Rote Garde in Wien gründen.

Der junge Kisch hat den Zusammenbruch eines Weltreichs erlebt, der junge Prager Journalist, der Soldat das Zerbrechen der Österreich-Ungarischen Monarchie, die, längst morsch, eine seltsame kulturelle Kraft in sich barg, zum Beispiel in den deutsch sprechenden, deutsch schreibenden Juden Prags – einen einzigartigen kulturellen Humus, dem Kisch entstammt, dessen Traditionen er in sich trug wie auch den kämpferischen, revolutionären Elan, der aus diesen Traditionen wuchs.

In Prag ist er gestorben, 1948 gestorben. Da war über die Stadt der braune Terror Hitlers hinweggegangen, hatte alle Kultur, das gespannte und doch fruchtbare Nebeneinander, Gegeneinander und Miteinander zwischen Tschechen, Deutschen, Juden, zerstört. Und der Stalinismus war dabei, der Stadt eine neue Friedhofsruhe zu verordnen: die gerechte Sache hatte gesiegt – um sich in ihre eigene schreckliche Ungerechtigkeit zu verwandeln. Kisch ist aus Prag hinaus in die Welt gegangen, hinaus in die Welt getrieben worden. Kisch ist nach Prag zurückgekehrt, da war er körperlich schon krank und geschlagen. Er hat das Jahrhundert in seinen gewaltigsten Eruptionen und Explosionen erlebt, er war an fast allen Brennpunkten dabei, ein leidenschaftlicher Beobachter, ein glänzender Beschreiber, ein Meister treffender Genauigkeit.

Sein Leben ist ein Reporterleben, das ist eine Binsenweisheit. Aber das Leben hat es ihm nicht vergönnt, als Reporter nur Beobachter zu sein. Und er hat es sich erst recht nicht gestattet. Als Schreibender war er ein Handelnder, das hat er schon mit der roten Kokarde an der Mütze als revolutionärer Soldat bewiesen.

In Deutschland kämpfte der Reporter Kisch aktiv für die Freilassung politischer Häftlinge; Hitler setzte ihn, an die Macht gekommen, gefangen. Als man ihn in Australien, wo er 1934 am Antikriegskongreß teilnehmen wollte, die Einreise verweigerte, sprang er in einem gewaltigen Sprung von der Reling seines Schiffes an Land (noch lange humpelte er stolz in einem Gipsverband): der Reporter der Sensationen schafft selber Sensationen, er erzwingt sich die Aufmerksamkeit, um sich den Zugang zu erzwingen, er setzt sich durch. Die Wahrheit hat er dabei nie beiseite geschoben. Während er am Spanischen Bürgerkrieg teilhat, gegen die Faschisten und an der Seite der Internationalen Brigaden, sieht er dennoch, was sich auch da an Brutalität, Gemeinheit, Rivalität abspielt. Die Welt, in der Kisch lebte, die Zeit, die Kisch schreibend zu fassen suchte – es war eine Welt und eine Zeit von einem gewaltigen Sog – einer der gewaltigsten und wahrscheinlich der gewalttätigste der Geschichte. So sind Kischs Reportagen »zwangsläufig und selbstverständlich, Geschichtschreibung – man muß nur einige Titel nennen, um sich dessen bewußt zu sein: »Zaren, Popen, Bolschewiken«, 1927, »Asien gründlich verändert«, 1932, »Paradies Amerika«, 1930, »China geheim«, 1933. Daß Reportagen veralten, ist auch ihr Vorteil – nur so können sie Zeugnisse des Zeitgeistes sein, den sie unbestechlich festhalten, mit seinen Irrtümern, mit seinen Wahrheiten.

Kisch hat das so beschrieben: »Der Reporter hat keine Tendenz, hat nichts zu rechtfertigen und hat keinen Standpunkt. Er hat unbefangen Zeuge zu sein und hat unbefangene Zeugenschaft zu liefern, so verläßlich, wie sich eine Aussage geben läßt – jedenfalls ist sie (für die Klarstellung) wichtiger als die geniale Rede des Staatsanwalts oder des Verteidigers.«

Der Reporter als unparteiische, als unbeteiligte Instanz? Ja und nein. Wer die zahllosen Bilder der zahlreichen Stationen von Kischs Leben (das immer auch sein Schreiben war) betrachtet, macht eine merkwürdige Beobachtung. Kisch ist sich in gewisser Weise immer gleich geblieben – schon die Zigarette, die auf unzähligen Bildern schräg aus seinem Mundwinkel hängt, zeugt dafür. Auf der anderen Seite hat er sich fast wie ein Chamäleon verändert, seinen Themen angeglichen in einer Mimikry, zu der nur ein genialer Beobachter, also anteilnehmender Reporter fähig ist. Kisch, der in Rußland wie ein Russe aussieht und in Mexiko (wo er sich auf die Suche nach indianischen Juden begab) wie ein Mexikaner, Kisch könnte man auf den Bildern mit Woody Allens »Zelig« vergleichen – wäre in der Angleichung nicht, statt einer Ich-Schwäche wie bei »Zelig«, die ruhige Hingabe des Reporters zu spüren, der »Ich« bleibt, während er in einer Sache aufzugehen scheint.

Die Frage, ob Kischs großartige Reportagen »nur« Reportagen oder Literatur seien, ob er »nur« Reporter oder auch Schriftsteller, ja Dichter sei, wird angesichts solcher Einsichten völlig unerheblich.

Egon Erwin Kisch
Reportage als Kunstform und Kampfform

Die doppelte Tätigkeit, die dem sozial bewußten Schriftsteller gestellt ist, die des Kampfes und die der Kunst, würde in ihrer Einheit aufgehoben, sie würde in beiden Teilen wirkungslos und wertlos werden, wenn er in seiner Kunst oder in seinem Kampf zurückwiche. Nicht um formaler Wirkung wegen haben wir uns auferlegt, das Erbe der bürgerlichen Kunst zu verwalten und zu entwickeln. Nicht in der Hoffnung, vor dem Tribunal der herrschenden Ästhetik Gnade zu finden, haben wir zu »verabscheuen« all das, was wirklich banal ist, was wirklich demagogisch ist, was wirklich plebejisch ist, was wirklich Phantasielosigkeit, was wirklich öder Rationalismus oder starrer Materialismus ist.

Mit allen unseren Kräften haben wir für den Ausdruck unserer Erkenntnis eine Form zu suchen, die allen idealen Gesetzen einer absoluten Ästhetik genügt. Wir sollen das, und wir tun das. Aber tun es auch die, die gegen uns die Vorwürfe erheben? Sie tun es nicht, und es wäre eine verlockende Aufgabe, in einer Literaturgeschichte aufzuzeigen, wie sich ihre hohe Literatur gegen die eignen Paragraphen versündigt, welch üble Phantasielosigkeit sich in ihr breitmacht, wie der Wille nach Karriere, Reichtum und Herrschaft über Frauen, also purer »Materialismus« in ihrem Sinne, die Helden ihrer Romane und demnach auch die Autoren bewegt, wie alles auf Tendenz, einer bewußten oder unbewußten, basiert ist. [...]

Diese Haltung der kritischen Tempelhüter wandte sich nicht nur gegen das Neue, sondern vor allem gegen das Gefährliche. Lassen Sie mich ein Beispiel anführen: Vor etwa einem Vierteljahr war ich in Ceylon; die Bücher, die ich an Bord des Schiffes über dieses Land gelesen hatte, waren teils offiziöse Reiseführer und Propagandaschriften der Reisebüros, teils literarische Reisebücher. Bei der Konfrontation dieser Literatur mit der Wirklichkeit packte mich helles Entsetzen. Ich sah eine Insel, auf der von Oktober bis Januar nicht weniger als dreißigtausend Kinder an Malaria und Unterernährung gestorben waren, eine Insel, auf der achtzig Prozent der Kinder wegen Unterernährung unfähig zum Schulbesuch sind, wo die Weißen die Prügelstrafe täglich praktizieren, eine Insel, auf der für die Einheimischen keine Arbeitsmöglichkeit besteht, weil man lieber Arbeiter vom indischen Festland importiert, die sich nicht organisieren dürfen, eine Insel, auf der Menschen Baumblätter und Gras knabbern, eine Insel, auf der jedermann auf Schritt und Tritt von Elend und Hungertod angestarrt wird.

Und was stand in den Reisebeschreibungen? Da war die Schönheit des perlenförmigen Eilands besungen, die Brandung des Meeres, das Ewigkeitsrauschen des Dschungels, die Ruinen des alten Kaiserschlosses und tausenderlei anderes von blühender Kultur, aber nichts von dem entsetzlichen, fürchterlichen Alltag.

Wenn wir nun den Autoren solches zum Vorwurf machen wollten, so würden sie nicht nur darauf hinweisen, daß sie nicht gelogen haben, daß alle diese vergangene Schönheit der Paläste und alle diese bestehende Schönheit der Natur wirklich vorhanden ist, sondern sie würden auch dagegen protestieren, daß wir ihre Freiheit zu beschränken wagen, indem wir ihnen die Themen vorschreiben. Und dann würden sie in den Angriff übergehen und sagen, daß sie eben Künstler seien und wir nur »banal«, »demagogisch«, »phantasielos« und weiß Gott was noch.

Nun liegt es allerdings für einen sozial empfindenden Menschen nahe, solche Tatsachen, wie sie in Ceylon auf uns einstürmten, einfach zu registrieren, die Greuel einfach aufzuzählen, wirklich banal zu sein. Nicht minder nahe liegt die Versuchung, zu schreien angesichts dieses Jammers, also in den Verdacht der Demagogie zu geraten. Nicht minder nahe liegt die Versuchung, diese gehäuften Fakten durch sich selbst wirken zu lassen, also phantasielos zu erscheinen.

Alle diese Versuchungen muß der wahre Schriftsteller, das ist: der Schriftsteller der Wahrheit, vermeiden, er darf die Besinnung seiner Künstlerschaft nicht verlieren, er soll das grauenhafte Modell mit Wahl von Farbe und Perspektive als Kunstwerk, als anklägerisches Kunstwerk gestalten, er muß Vergangenheit und Zukunft in Beziehung zur Gegenwart stellen – das ist logische Phantasie, das ist die Vermeidung der Banalität und der Demagogie. Und bei aller Künstlerschaft muß er Wahrheit, nichts als Wahrheit geben, denn der Anspruch auf wissenschaftliche, überprüfbare Wahrheit ist es, was die Arbeit des Reporters so gefährlich macht, gefährlich nicht nur für die Nutznießer der Welt, sondern auch für ihn selbst, gefährlicher als die Arbeit des Dichters, der keine Desavouierung und kein Dementi zu fürchten braucht.

Es ist schwer, die Wahrheit präzis hinzustellen, ohne Schwung und Form zu verlieren; Reportage heißt Sichtbarmachung der Arbeit und der Lebensweise – das sind oft spröde, graue Modelle in den heutigen Zeitläufen.

Wahrheit ist das edelste Rohmaterial der Kunst, Präzision ihre beste Behandlungsweise. In den Ländern, in denen die Freiheit darniederliegt und die Tyrannei herrscht, das kann auch der Unpolitische erkennen, dominiert in der Literatur gefühlsbetonte Verschwommenheit, mystisches Schwärmen für Blut und Boden und dergleichen, weil kein Problem des Lebens angeschnitten werden darf.

Uns aber stehen der Mensch und das Leben am höchsten, ihnen, ihrem Sein und Bewußtsein soll unsere Literatur dienen.

Aus der Rede auf dem 1. Internationalen Schriftstellerkongreß zur Verteidigung der Kultur in Paris 1935

1885–1920: Jugend im Untergang der alten Welt

1885	Am 29. April als zweites Kind des Tuchhändlers Hermann Kisch und seiner Frau Ernestine, geb. Kuh, in Prag geboren.	**1913**	»Prager Kinder« Aufdeckung der Spionageaffäre Redl, Übersiedlung nach Berlin
1890 bis 1903	Besuch einer Klosterschule und der I. deutschen Staatsrealschule in Prag	**1914**	»Der Mädchenhirt« August: Mit seinem Prager Hausregiment an die Front in Serbien
1901	19. Januar: Tod des Vaters	**1915**	18. März: Verwundung an der russischen Front, Spitalaufenthalt
1903/04	zwei Semester Universität, danach Militärdienst als Einjährig-Freiwilliger	**1916**	Februar: Versetzung in die Etappe nach Ungarn
1905	Besuch der »Journalistenhochschule« von Richard Wrede in Berlin	**1917**	Mai: Versetzung nach Wien in das k.u.k. Kriegspressequartier
1906	Lokalreporter und Feuilletonist der »Bohemia« in Prag	**1918**	Juni bis Oktober: Dienstreisen an die Adria und an die Westfront November: Mitbegründer der Roten Garde in Wien
1912	»Aus Prager Gassen und Nächten«		
		1920	Juni: Rückkehr nach Prag

2. Der Altstädter Ring
in Prag am Ende des
19. Jahrhunderts

Geburtsstadt Prag, 1885

Er kam aus Prag, einer aus der Kohor-
te der deutschen Dichter, die dort im
zwanzigsten Jahrhundert auftauch-
ten: Rainer Maria Rilke und Franz
Kafka, Franz Werfel und Max Brod,
Ernst Weiß und Franz Carl Weiskopf,
Gustav Meyrink und Friedrich Torberg, Paul Kornfeld und Willy Haas
und Egon Erwin Kisch, der Spaßma-
cher unter ihnen, der marxistische
Wanderprediger im Gewand eines
orientalischen Geschichtenerzählers,
ein gerissener Parzival mit listigem
Lächeln und melancholischen Augen.

Hermann Kesten [1]

3. Das »Haus zu den
zwei goldenen Bären«
der Familie Kisch –
Ecke Melantrich-
(Schwefel-)gasse
(Nr. 14) und Leder-
gäßchen (Nr. 1).

Egon Erwin Kisch ist in einem Haus der Prager Altstadt zur Welt gekommen, über dessen Portal zwei Bären in Stein gehauen sind. Der Haustorschlüssel könnte als Totschläger dienen. Das Treppenhaus mutet wie eine Kulisse aus Caligari an und das enge, winkelige Gäßchen mit dem Schwibbogen des Michaelklosters nicht weniger. Gewohnt hat in diesem Haus zu den zwei goldenen Bären der Bürgermeister Johann Nastoje, der beim Trauerzug für König Ladislaus den Reichsapfel tragen durfte, gewohnt hat dort der Altstädter Primator Johann Kirschmayer, gewohnt hat dort der Verleger der Böhmischen Landesverfassung – gleichfalls ein Johann –, gewohnt hat dort das 15. und 16., das 17. und 18. Jahrhundert. Unterirdische Gänge sollen zur Mariensäule auf dem Altstädter Ring geführt haben und sogar bis in die Theinkirche zur Grabstätte Tycho de Brahes. Neigt man sich aus dem Fenster des Bärenhauses, so sieht man im schmalen Ausschnitt der Melantrichgasse das alte Rathaus, dessen Spitzbogenfenster auf den Hinrichtungsplatz hinabblickten, auf dem der Habsburger Ferdinand der tschechischen Nation das Genick brechen wollte; die Umgrenzung der Richtstätte steht noch heute. Drei Jahrhunderte nachher wiederholten die Nazis diesen Versuch, unendlich blutiger und grausamer als der Sieger vom Weißen Berge. Eine der Brandstätten, die davon Zeugnis ablegen, ist der Nordflügel des Altstädter Rathauses. Etwas weiter, zur Moldau hin, umkreisen vierstöckige Mietshäuser aus den Gründerjahren das tief unter ihnen liegende Spitzdach der Altneusynagoge, wo einst der sagenhafte Golem sein Unwesen getrieben haben soll. Um die Ecke ist der Ghettofriedhof, in dem »Gottesgelehrte und Weltweise, Chronisten und Alchimisten, Apotheker und Ärzte, Märtyrer und Sagenfiguren« ruhen. Darunter auch einer von Kischs Vorfahren, der weise Rabbi Löw.

Theodor Balk [2]

4. Das Bärentor –
Steinmetzkunst
der Renaissance

Wahrlich, eine helle Pracht ist dieses Portal. Zwei steinerne Bären, die seit Jahrhunderten das Gold ihres Fells bewahrt haben, hüten das Tor, ihrerseits behütet von zwei mit Ruten bewehrten Jünglingen. Unten, fast in Straßenhöhe, sprießen aus den Mündern zweier menschlicher Profile dichte Ranken, Früchte und Blätterwerk, zuerst aufwärts und dann in leichter Rundung sich einander zuwendend. Das Gezweig umhüllt Säulen und Ornamente und läßt nur den goldenen Bären in der Höhe den gebührenden Platz.

Noch heute steht dieses Haus, es steht sogar unter Denkmalschutz, aber die Firmentafel neben dem schönen Portal ist für immer dahin – es sei denn, daß sie in einem der eisenverschlossenen Verliese stäke. Die Firmentafel lautete »S. Kisch & Bruder, Tuch-Handlung«. Eine tschechische Übersetzung stand nicht dabei. Der »S. Kisch« war mein Onkel, der »& Bruder« mein Vater.

Oberhalb des Geschäfts liegt unsere Wohnung; dort bin ich 1885 geboren, und diese Tatsache glaubten die »Reiseführer für Prag und Umgebung« den kunsthistorischen Angaben über das Haus anfügen zu müssen. In der nazifizierten Ausgabe von 1934 fiel diese Mitteilung weg, und so wäre in einem künftigen Baedeker das Bärenhaus in der Melantrichova statt mit einem Sternchen mit zweien zu erleuchten, dieweil es einmal ein Geburtshaus war und dann aufhörte, eines zu sein.

Egon Erwin Kisch:
Im Inneren von »S. Kisch & Bruder« [3]

5. Hermann und
Ernestine Kisch –
die Eltern

Familiengeschichte

Das mittelalterliche Haus in der Prager Melantrichgasse Nummer 14 heißt
ziemlich allgemein das Kisch-Haus.
Ich gehe durch das breite Tor, über die
alte Stiege und läute bei Frau Ernestine
Kisch an, Egon Erwins Mutter. […] Ich
sehe eine Frau vor mir: unsentimental,
heiter, sachlich. […] Sie ist frei von
jeder Eitelkeit, hat ein fabelhaftes Gedächtnis; eine tüchtige Hausfrau mit
klaren, lächelnden Augen, so sitzt sie
vor mir da. Um sie baut sich eine Wohnung mit den weiten Räumen und mit
dickem Gemäuer. Fünf Söhne hat Frau
Kisch aufgezogen. 1901 war ihr Mann
gestorben. Egon Erwin war damals 16
Jahre alt. Hermann Kisch, der Vater,
war eines der gründenden Mitglieder
und Förderer der Prager Künstlerver-
einigung »Concordia«; sein Pseudonym
war Hugo Kühlborn. […] Er hat Gele-
genheitsdichtungen verfaßt und sie
im Freundeskreis vorgelesen. Zu seinen Freunden zählten Meyrink, Klaar,
Willomitzer und viele andere. Er liebte
Bücher. Er las den Kindern, besonders
Egon und dem im Krieg gefallenen
Wolfgang, gerne vor. Mutter Kisch
bringt ein zerlesenes Buch, Old Surehand, Originalausgabe. […] Ob er denn
in der Schule gut gelernt habe, der
Egon, frage ich. Nein, ein guter Schüler war er nicht. Wenn er in einem Gegenstand schlecht stand, wußte er sich
wohl herauszureißen, aber da ging es
wieder anderswo bergab mit ihm. Oft
wurde Frau Kisch in die Sprechstunden
der Professoren bestellt.

Rudolf Fuchs [4]

6. Die Brüder
Wolfgang, Egon und
Paul (von links nach
rechts)

7. Egon Erwin Kisch
(zweiter von rechts)
mit den Brüdern
(von links) Friedrich,
Paul, Arnold und
Wolfgang (rechts)

Von der Familie Kuh, der meiner Mutter, finden sich noch manche Ange-
hörige in Büchern verzeichnet. Mein
Vater, eifriger Mendelssohnleser,
pflegte meiner Mutter in den Briefen
des großen Philosophen oder in den
biographischen Schriften von M. Kayserling und meines Religionslehrers
Dr. Nathan Grün froh die Stellen zu
zeigen, wo Moses Mendelssohn gemeinsam von seinen Freunden Kuh
und Kisch spricht. Jener Kuh war der
Dichter Ephraim Moses Kuh; Ramler
hat ihn gefördert, Gervinus stellte ihn
über Gleim, Mendelssohn liebte ihn,
Moses Hirschel edierte nach seinem
Tode seine Werke, Kayserling schrieb
seine Biographie, Berthold Auerbach
machte ihn zum Helden seines Romans »Dichter und Kaufmann«, und –
seine Werke liest doch kein Mensch
mehr. Der Kisch aber, von dem in den
Lebensbeschreibungen Mendelssohns
die Rede ist, war der junge jüdische
Arzt Dr. Abraham Kisch, Sohn eines
Prager Apothekers. Er hatte sich im
Prager Jesuitenkollegium die Kenntnis des Lateinischen und Griechischen
erworben und machte sich in Berlin
erbötig, dem Knaben Mendelssohn
beim Studium behilflich zu sein.

Egon Erwin Kisch:
Mendelsohniana [5]

8. In Prag hat jeder
Stein seine Geschichte:
Rechts das Grab von
Kischs entferntem
Vorfahren, dem Hohen
Rabbi Loew.

Schulzeit, 1890–1903

Bis zu meinem zehnten Lebensjahre
bin ich in Klöstern erzogen worden.
Die ersten drei Volksschulklassen
erledigte ich im Servitenkloster zu
St. Michael in der Schwefelgasse; dort
hatte im dritten Stock ein uralter Herr
Seidl eine Privatschule inne, und in
einem Schulzimmer wurden etwa ein
Dutzend Buben gemeinsam in die Wis-
sensgebiete der fünf Volksschulklassen eingeführt. Fast alle wohnten beim
Herrn Schuldirektor, und so ging ich
immer allein aus der Schule nach Hause und hatte keinen einzigen Schul-
freund. […] Neun Jahre alt, kam ich
in die Piaristenschule. Der Moment
meines Eintrittes in die Öffentlichkeit
bleibt mir für ewig unvergeßlich. Zum
erstenmal war ich blamiert, war ich
im fremden Milieu fünfzig neugieri-
gen Blicken, war ich der Lächerlich-
keit hilflos preisgegeben, spürte ich
von allen Seiten Feindseligkeit gegen den Eindringling. […] Vor dem
Schulgebäude fingen oft Tschechen mit
uns Streit an, es waren Buben aus der
Übungsschule der Lehrerbildungsan-
stalt von nebenan und eigentlich selbst
Musterknaben, gleichsam die Piaristen-
schüler unter den Tschechen – mit den
Wilden aus dem Stadtpark und von
der »Kanada« nicht zu vergleichen.
Sie griffen uns nur an, weil das nationale Pflicht war, dabei hatten sie wahrscheinlich mehr Angst als unsere Mit-
schüler. Die liefen zumeist davon. Ich
aber versuchte es, mich zu stellen,
wahrscheinlich, um durch Heldenmut
die Schmach meines ersten Auftretens
abzuwaschen. Nun, man anerkannte

meinen Mut, benützte mich als Rük-
kendeckung, aber ich wurde dadurch
nicht um einen Gran gesellschaftsfähi-
ger. Paßte doch meine Rauflust genau
zu dem ersten Eindruck, den ich gemacht hatte: ein Lausbub.

Egon Erwin Kisch:
Die Piaristenschule [6]

9. Prager Kinder
(Egon Erwin Kisch
dritter von rechts)

10. Egon Erwin
Kischs akribisch
geführtes Notizbuch
enthält Gedichte,
stenographische Noti-
zen und Skizzen.

Alle Todesstrafen standen auf das Fußballspiel, alle Todesstrafen, die die Schule zu vergeben hat: strengstes Prüfen, Karzer, Repetieren, Ausschluß.

Weh dem, der spielt! Und alle spielten.

[…] Überall spielten wir. »Mein Feld ist die Welt.« Im Stadtpark fing es an. Der Ball war noch kein echter. Entweder eine Fetzenkugel, von vier Plüschsektoren eingefaßt, zwei schwarzen, einem roten und einem braunen; ad hoc gekauft, Preis sechs Kreuzer. Oder ein Gummiball, ein großer, mit Kinderbildern bemalt, oder ein kleiner roter oder ein wirklicher Tennisball. Die Fleckenkugel ging rasch in Fransen. […] Verborgen lebten wir unseren Gottesdienst, denn die Alten haßten ihn und wollten ihn ausrotten. »Verrohung der Jugend«, schrien die Ethiker. »Die eingeschleppte englische Krankheit«, schalten die Turner und antizipierten das Gottstrafe-England. »Vernachlässigung der Schule«, zeterten (mit weniger Unrecht) die Pädagogen. »Ein gefährliches Spiel«, ängstigten sich die Eltern und lasen uns nachdrücklich aus der Lokalchronik vor, wenn sich jemand beim Fußball einen Arm oder ein Bein gebrochen hatte. »Einseitige Ausbildung der Fußmuskulatur«, dozierten die Mediziner.

Es war eine Einheitsfront der Alten gegen die Jungen.

Egon Erwin Kisch:
Laß mich ins Goal! [7]

11. Hochstapler und
Jugendidol Karl May

Im Oktober des Jahres 1898 war Karl May in Prag. Er führte gegen einen tschechischen Verleger einen Streit, weil ihm das angebotene Zeilenhonorar für die tschechische Übersetzung seiner Bücher zu gering war. Schließlich kam ein Vergleich zustande. Wir verschlangen alles, was wir hierüber in der »Bohemia« finden konnten, mit wahrem Heißhunger. Denn, wenn es auch mit der kritiklosen Bewunderung längst vorüber war – das Interesse für den Autor unserer Jugend war noch nicht erstorben. Wir wollten diesen einmal von Angesicht zu Angesicht sehen. Wir ließen im Hotel de Saxe, in dem er logierte, nachfragen, ob wir mit ihm sprechen dürften. Er ließ uns vor und machte geheimnisvolle Andeutungen über das entsetzliche Ende, das Hadschi Halef genommen hatte, über eine Goldgrube, die er im Llano Estacado entdeckt habe, aber deren Ausbeutung sehr gefahrdrohend sei. Und dergleichen. Mir, als dem Sprecher der Schüler, hat er zum Andenken den dritten Band »Old Surehand« geschenkt, in dem sich sein Bild mit der Silberbüchse, dem Trapperhut, den Ledermokassins und Henrys Revolver vorfindet. Auf die erste Seite schrieb er einen Spruch und setzte seinen Namen darunter. Der Spruch ist wirklich überaus schön. Er stammt von – Goethe.

Egon Erwin Kisch:
Karl May in Prag [8]

Siebenjähriger Krieg. So lange saßen wir in unseren Linien in der »Nikolander« …, jeder hatte nur ein Grabenstück von kaum einem halben Meter Breite für sich, der Nachbarplänkler stieß mit dem Ellenbogen an den unseren, und oben auf der dominierenden Höhe des Monte Kathedro saß der Feind, wir waren von ihm eingesehen, er belauerte uns und betrommelte uns aus allen Kalibern, so wie wir ihn belauerten und betrommelten. Tief innerlich mochte er uns ein Freund sein, der Feind. Mochte den Krieg verfluchen wie wir, mochte uns lieben, aber er stand auf seinem Posten gegen uns, befohlen und verpflichtet, so wie wir – ausgerichtet, aufgedeckt und angeschlossen – ihm in fester Linie gegenübersaßen wider unseren eigenen Willen.

Länger hielt sich der Feind als wir. Wir wurden außer Gefecht gesetzt, neue Marschbataillone langten an (mit immer kleiner werdenden Ständen, wie ich mir sagen ließ), aber schließlich verstummte auch der Feind. Zu lange dauerte dieser Krieg.

Feindliche Verlustlisten werden nicht ausgegeben. So weiß ich wenig von eurem Schicksal, ihr lieben Feinde!

Du bist tot, graubärtiger Direktor, vor dessen Stimme die Anstalt zitterte, als du im stürmischen Winter von 97 die Kornblumen aus den deutschen Knopflöchern der Schüler rissest und schriest, daß wir Österreicher seien und keine Preußen.

Egon Erwin Kisch:
Ode an die Nikolander [9]

12. Der Maturant
vor dem Tor des
»Bärenhauses«

Die Matura ist nicht mehr ein solches Purgatorio voll Gefahren und Foltern, wie sie es einst war, sie endet nicht mehr mit Selbstmorden, und die heutigen Abiturienten werden nicht ihr ganzes Leben lang bedrückt, schweißgebadet und stöhnend von den Stunden dieses Examens träumen, wie es die heutigen Hofräte tun. Ja, selbst mancher Kompaniekommandant, der sich am Abend vor dem Sturze voll gräßlicher Ahnungen schmerzlicher Berechnungen in seiner Kaverne wälzte, konnte im endlichen Schlaf der Nacht nur von einem quälenden Alpdruck gepeinigt werden: Er sah sich als Prüfling der Maturakommission.

[…] So half man sich eben mit alldem, was ein Euphemismus als »Schwindeln« bezeichnete, für das aber das Strafgesetzbuch weniger milde Ausdrücke führte. Und er mag finden, wenn er sich's recht bedenkt, daß er den Schwerverbrecher auf der Anklagebank in tiefstmenschlichem Sinne als seinen Bruder anzusprechen hat: Was du getan hast, um Geld zu gewinnen, habe ich getan, um nicht ein Jahr zu verlieren. Litte ich Not wie du, täte ich das gleiche wie du, wenn ich noch den Mut meiner Jugend hätte. Du warst ein Außenseiter der Gesellschaft von Kindheit an, weil du einem Bettlergeschlecht entstammtest, dein Milieu wies dir unerbittlich den Weg – aber ich, dem fremde Hände ein weißes Bett bereiteten und die Kleider bügelten, der in der Gesellschaft lebte und leben wollte, daß sich ihm ihre Türen noch weiter öffneten, ich habe keine milderen Umstände wie, du Edler, gegen mich.

Egon Erwin Kisch:
Maturaschwindel [10]

13. Auf dem Balkon
des »Bärenhauses«

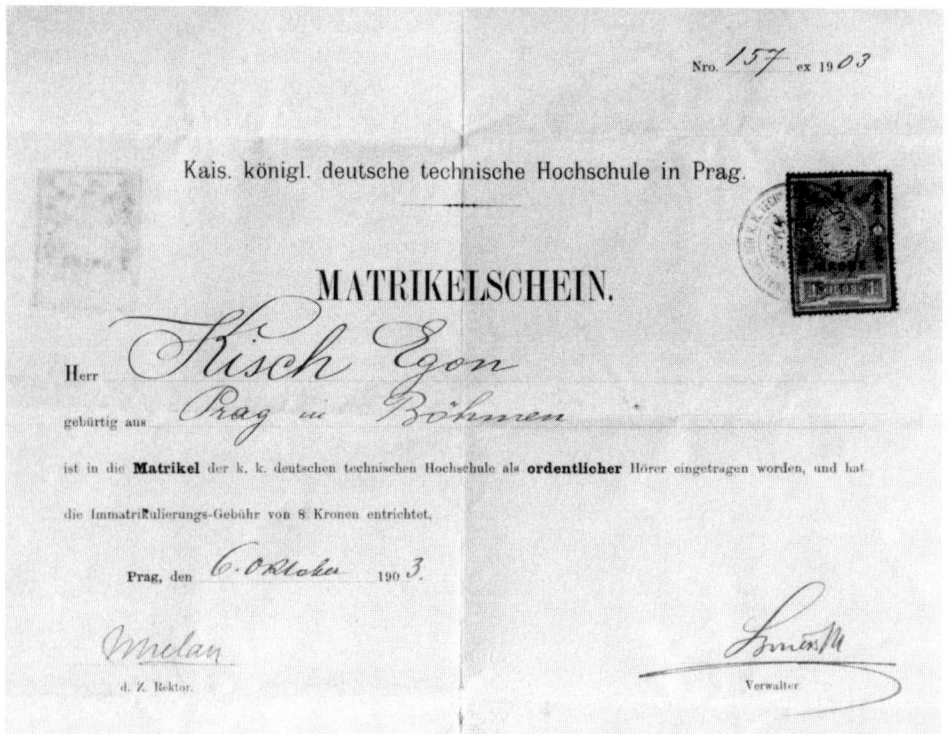

14. Die Technische
Hochschule von Prag
besuchte Egon Erwin
Kisch nur ein Semester.

Männerbünde, 1903–1912

Schau, daß Du gesund wirst und red-
lich dienen kannst. Das einzige, was
Dich aus Deinem engen Kreis herauszureißen vermag, Dich mit anderen
Menschen, mit anderen Lebenszwek-
ken in Berührung bringt, das einzige,
was Dich auch ein bißchen Unrecht–
Leiden lehren kann […] – ist nur das
Militär. Zu meinem Entsetzen hat mir
Teddy Rosenheim erzählt, daß er Dich
im Café de France getroffen hat. Ja,
um Gottes willen, willst Du noch in
der Fremde Dich in Deinem Kreis bewegen, dessen α und ω Bierkomment,
Duellkodex, Paukkomment, Bader,
Quarten, Hacken, A. C. und B. C. sind!
Bedarf man dennoch immer, wenn
man mit Dir verkehren will, als einzige Legitimation nur die Tatsache,
daß man von einer Korporation, die
mit der »Saxonia« p. p. Suiten geschlagen hat, der Aufnahme wert befunden
worden ist!

Egon Erwin Kisch an Paul Kisch.
Prag, 9. Oktober 1907 [11]

Meine Partie war eine nächtliche Rau-
ferei mit dem 18semestrigen Barissen
und ehem. Wiener Libanonen J. U. C.
Neubauer. Ich habe ihm eine Watsche
gegeben, und er hat sich beleidigt. Obwohl er schon 14 Partien hat (Armi-
nen Glaser etc.), habe ich 100 Gänge brillant mit ihm geschlagen. Erst
dann mußte ich mit einem schon
längst vorher bezogenen Primhieb
(Knochensplitter, Arterie, 3 Nadeln)
abgeführt erklären. Bin schon geheilt.

Egon Erwin Kisch an Paul Kisch.
Prag, 21. Februar 1908 [12]

Zwischen den beiden deutschen Prager Journalisten Egon Erwin K[isch]
und Richard K[atz] fand gestern vor-
mittag ein Säbelduell unter schweren
Bedingungen statt. Anlaß zu demsel-
ben hatte eine Kontroverse zwischen
den beiden genannten Herren anläßlich des sonntägigen Bummels – dem
einen der Herren war die Berichterstattung des Konkurrenzblattes nicht
»scharf« genug – gegeben. Das Duell
wurde, nachdem beide Duellanten
blutige Verletzungen erlitten hatten,
nach ungezählten Gängen abgebro-
chen, ohne daß eine Versöhnung zustande gekommen wäre.

Union, 5. Juli 1912 [13]

15. Nächtliche Eska-
paden brachten Egon
Erwin Kischs Konter-
fei in die Polizeikartei.

16. Paul Kisch als
Burschenschaftler
der »Saxonia« – Egon
gehörte wahrschein-
lich der »Normannia«
an. Paul wurde 1942
im KZ Theresienstadt
ermordet.

Militärdienst als Einjährig-Freiwilliger, 1904

Kisch absolvierte sein Einjährig-Frei-willigenjahr in der früheren Albrechts-kaserne in Smichow. Gelegentlich einer kleinen Prügelei kam er in die Arrestzelle. Ein Arrestlokal im alten Österreich war manchmal ganz ver-gnüglich. Diesmal befand sich unter den Mitgefangenen auch des Regi-ments berühmtester Tätowierer, und natürlich mußte Kisch ein Gemälde aufgepickt bekommen. Der Meister arbeitete stundenlang auf dem Rücken seines Mitgefangenen. Kisch fiel es auf, daß die anderen allmählich furcht-bar zu lachen anfingen, fragte, was denn los sei, bekam aber ausweichende Antworten. Aus dem Arrest entlassen, stürmte Kisch zu Hause vor den Spie-gel und sah, daß man ihm ein Porträt des Regimentskommandeurs auf den Rücken tätowiert hatte, und zwar mit dem Kopf nach unten und weit heraus-gestreckter Zunge. Unglücklicherwei-se rief die Tätowierung, wie das oft bei solchen Prozeduren der Fall ist, eine Entzündung hervor, und Kisch kam ins Spital. Der dort amtierende Arzt brachte das anrüchige Porträt zur An-zeige, und es hätte einen furchtbaren Krach gegeben, wenn nicht wenige Tage darauf der abgebildete Oberst von K. an einem Schlaganfall gestor-ben wäre.

Und nun kommt zur Satire die Über-Satire: man besaß kein Photo des Ober-sten für das Kasino, respektive die Regimentsgeschichte, und der heutige Vorsitzende des tschechischen Künst-lerverbandes Rabas, der damals zu-sammen mit Kisch diente, fertigte die Zeichnung nach dem Originalhaut-modell an.

Prager Montagsblatt,
12. April 1937[14]

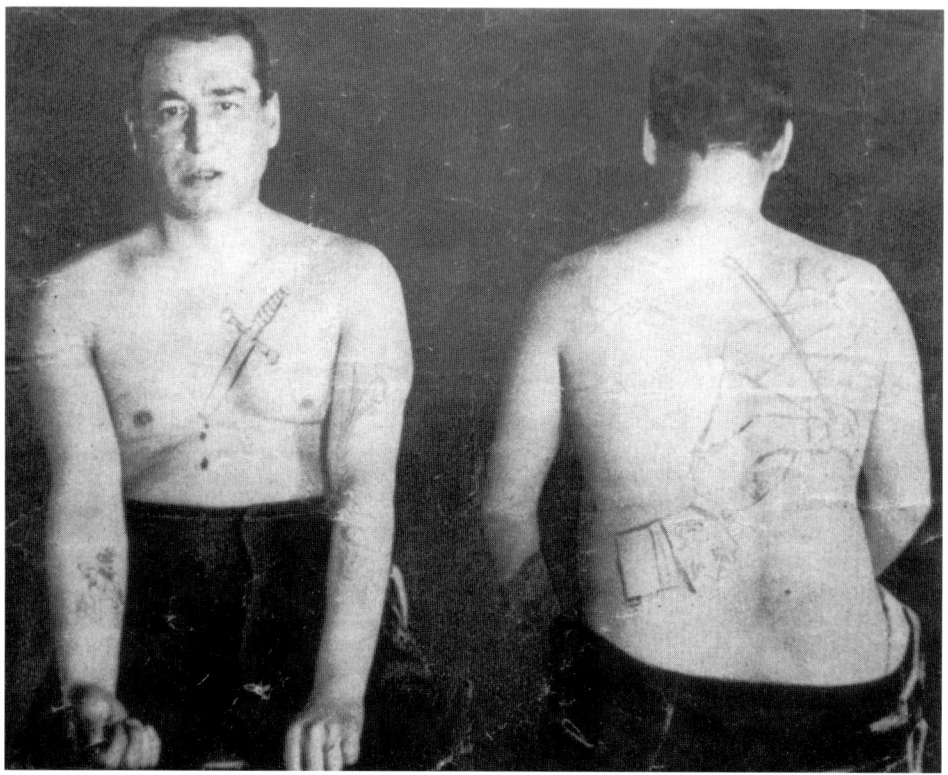

17. Tätowierungen aus
der Militärzeit

18. Selbsterkenntnis
im Zellenarrest

Journalistenschule in Berlin, 1905

Berlin im allgemeinen ist direkt furcht-
bar. Trotz der Annehmlichkeiten, welche das ungestörte, selbständige Leben
bietet, wäre ich lieber in Prag. Der Berliner ist im allgemeinen ein Ekel, im
besonderen zwei Ekel, die Berlinerin
ein ganzes Konglomerat an Ekeln. Und
der Byzantinismus hier – die Karika-
turen der Witzblätter sind noch Lobes-
hymnen dagegen. Der Kaiser in allen
Auslagen, in allen Gebäuden, und dabei sieht man erst in der Nähe, wie er
die Stadt ruiniert. Über die Siegesallee
ist viel, vielleicht für manche zu viel
gespottet worden, aber vor dem Bran-
denburger Tor z. B. steht das Denkmal
Kaiser Friedrichs und seiner Gemah-
lin, das mir, auf Ehrenwort, direkten
Brechreiz verursacht. […]. In der Journalistenschule habe ich Karriere gemacht. Es sind da zwar einige hochin-
telligente Leute, Doktoren, Redakteure,
1 Schauspielerin und 2 gewöhnliche
Damen, ich habe es aber, vermittels
meiner Posen, Aufschneidereien, Zita-
ten- und Titelkenntnis, hauptsächlich
aber durch meinen frechen Stil, zum
primus omnium gebracht. Zu tun ist
aber riesig viel: Romankritik, Theater-
kritik, prakt. Journalismus (Redigie-
ren, Depeschenabfertigungen, Artikel-
verwertung etc. etc.), Berichterstatten,
Korrespondieren, journ. Propädeutik,
Ästhetik, staatswissenschaftliche
Übungen und Druckwesen.

Egon Erwin Kisch an Paul Kisch.
Berlin, 11. November 1905 [15]

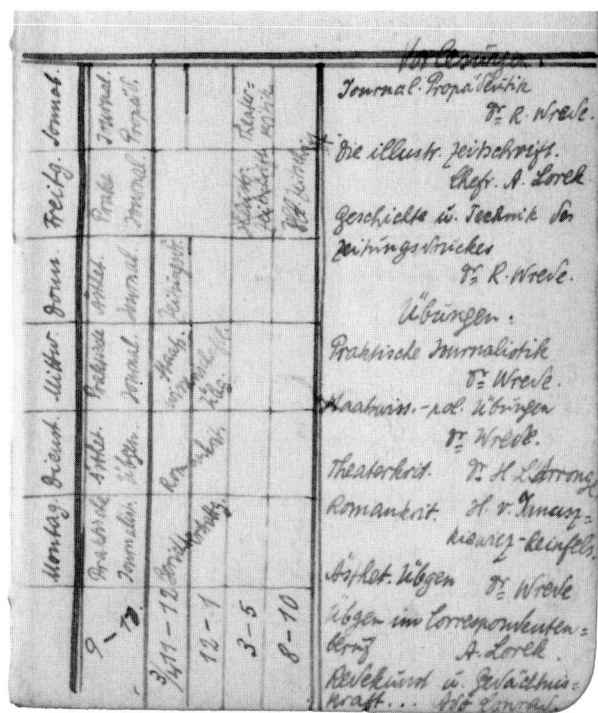

19. Notizbuch mit
Stundenplan

Nachtleben im Prager »Montmartre«, 1905–1914

So nahm man mich nach dem üblichen Kaffeehausbesuch auch in ein Nachtlokal mit: das Nachtcafé mit dem weltstädtisch-romantischen Namen »Montmartre« im »Kettengäßchen« der Prager Altstadt. Es war ein kleines Lokal, wie üblich nach dem Geschmack der damaligen »Flamender« [d. i. Nachtschwärmer]-Generation eingerichtet. Natürlich war da auch Musik und ein Platz zum Tanzen. Kaum saßen wir dort eine kleine, aber Lange-Weile, flüsterten mir meine Begleiter aufgeregt zu, daß ich »Glück« habe: Egon Erwin Kisch und die »Revoluce« seien gekommen. Es stellte sich heraus, daß man mich eben deshalb in dieses Lokal geführt hatte, um mir die größte Sehenswürdigkeit des Prager Nachtlebens zu zeigen: wie »Egonek« mit der »Revoluce« einen »slapák« tanzte.

Karl Kreibich [16]

20. Das »Montmartre« – legendäres Nachtlokal der Prager Boheme

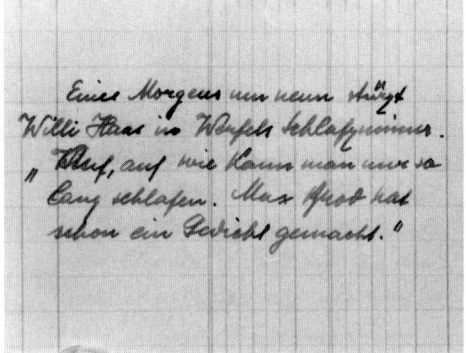

21. Eine Eintragung aus Egon Erwin Kischs Anekdotensammlung

Wir sind Jugendfreunde. Die ersten
Schritte aus wohlbehüteten Bürger-
stuben in das wilde herrliche Leben
des uns umgebenden Volks haben wir
gemeinsam getan. In jenen Prager
Gassen und Nächten, die Du, lieber
Egon, so meisterhaft geschildert hast.
Im Kampf gegen Ungerechtigkeit und
Gemeinheit der Ausbeuter haben wir
uns immer einig gefühlt. Wir haben
gemeinsam gezecht, gesungen, ge-
tanzt, sind denselben Mädchen nach-
gelaufen, den schönen Mädchen des
tschechischen Volkes, die uns die ersten Ahnungen unverbildeten Lebens
gegeben haben.

Max Brod [17]

22. Die Tänzerin mit
Namen Revoluce –
Königin des Prager
»Montmartre«

Sie war gut besucht, die Künstlerkneipe, die der Kabarettier Josef Waltner
aus der Dirnenspelunke »Olympia«
gemacht hatte, und stand wirklich in
geistiger Qualität der Gäste jener des
Moulin de la Galette auf dem Pariser
Montmartre keineswegs nach, glich
sogar noch eher den Stammlokalen
der Maler, Literaten und Studenten im
Lateinischen Viertel, dem Bal Bullier
zum Beispiel oder der Closerie des Li-
las. Sie war beliebt, die Künstlerkneipe
der Prager Altstadt, und das Gedicht,
das Freund Karl Ernst Schlesinger
»vom Montmartrepfahl« geschüttelt
hatte, war nicht bloß richtiger Schüt-
telreim, sondern auch unanfechtba-
rer Wahrheiten voll: »Um zwölf Uhr,
zur Montmartre-Zeit, begegnet man
manch zarter Maid, […] Erstaunen
selbst Nick Carter müßte, – Wüßt er,
wer im Montmartre küßte …«

Die Fortsetzung ist im Stammbuch
nachzulesen, in das die besten jungen
Dichter von hüben und drüben alkoho-
lisch trunkene und erotisch sehnsüch-
tige Stimmungen abreagierten, die
Maler Porträts und Szenen verewigten.
Auch an den Wänden hingen kubisti-
sche Rebusse und futuristische Bilder-
rätsel, hier gerne an Zahlungsstatt
angenommen.

Egon Erwin Kisch:
Zitate vom Montmartre [18]

23. Egon Erwin Kisch
(zweiter von rechts)
mit den Brüdern
(von links) Paul,
Arnold, Wolfgang
und Friedrich

24. Mit einer Freundin
beim Pferderennen

Redakteur der »Bohemia«, 1906–1913

Mir geht es zwar nicht direkt schlecht,
ich verdiene sehr viel Geld (diesen
Monat zwei Feuilletons kriminalfeuil-
letonistischer Natur), aber der Boden
brennt mir furchtbar unter den Füßen:
Ich möchte riesig gerne nach Wien
oder Berlin, weiß aber viel zu wohl,
daß man dort nicht auf mich wartet.
Und werde mich daher in Prag nach
der Decke zu strecken wissen.

Egon Erwin Kisch an Paul Kisch.
Prag, 30. April 1908 [19]

25. Lokalreporter der
»Bohemia«

Bei der »Bohemia« dagegen herrschten
patriarchalische Verhältnisse. Sie war
achtzig Jahre alt und ein vornehmlich
politisches Blatt. Ihre Stellungnahme
galt als die aller Deutschen in Böhmen,
wurde von den Provinzzeitungen nach-
gedruckt und an ausländische Zeitungen telefoniert. [...] Die Innenpolitik
war ein Seilziehen darum, ob die Deutschen oder die Tschechen von seiten
der österreichischen Regierung be-
nachteiligt seien, ob der neue Postbote
der Landgemeinde Melnik ein Tscheche oder ein Deutscher sein müsse, ob
auf den Wegweisern im Böhmerwald
die tschechischen Ortsnamen oberhalb
oder unterhalb der deutschen stehen
sollten.

Egon Erwin Kisch:
Deutsche und Tschechen [20]

26. Kisch (4. von
links) bei einem Emp-
fang für den späteren
Thronfolger Karl von
Habsburg. Links: Karl
Tschuppik, späterer
Biograph Kaiser
Franz Josephs

27. Thomas Alpha
Edison in Prag; rechts
hinter ihm Egon Erwin
Kisch

Egon Erwin Kisch war von Natur aus fröhlich und voller Einfälle. Ich lernte ihn in der Prager Zeitung »Česke slovo« kennen, wo ich meine Laufbahn nach Jaroslav Hašek begann. Meine Aufgabe bestand darin, gegen Abend auf die »Journalistenbörse« zu gehen, auf der wir Lokalreporter verschiedener Zeitungen Berichte aus Krankenhäusern, Polizeimeldungen, Feuerwehrnachrichten und dergleichen mehr austauschten. Das war in den Jahren um 1911 bis 1913. [...]

Wie sehr Kisch den jungtschechischen Stadtvätern auf die Nerven ging, ist am besten daraus zu ersehen, daß einer von ihnen Kisch eigenhändig aus der Versammlung hinauswarf. Als Kisch sich daraufhin an die Öffentlichkeit wandte, bemühte sich dieser ältere Herr, seine Heldentat so auszulegen, daß er Kisch nicht als unangenehmen Journalisten oder als Deutschen, sondern als – Juden hinausgeworfen habe. Ein Riesenskandal war die Folge, und die jungtschechische Partei erlitt eine empfindliche Schlappe. Aber nicht nur Jaroslav Hašek verlor seine Existenz, auch Kisch wurde gemaßregelt. Die Besitzer der »Bohemia« wollten sich's mit den tschechischen Stadtvätern nicht verderben und enthoben Kisch mit einem Verweis seiner Aufgabe, Referate über die Vorkommnisse im Rathaus zu schreiben.

Karel Nový [21]

Der Anfänger Kisch war in der Form viel unentwickelter als andere Anfänger, die weit weniger Ideen hatten. Dann aber ging es bei ihm schnell und schneller. [...] E. E. Kisch brannte vor Ehrgeiz. Sein Blick schaute nach allen Richtungen aus. Oft genug sah ich ihn auf der Straße, umringt von seinen Fußball- und Schnellauffreunden, deren Obmann er war, mit denen er, um Zeitverlust durch Lokale zu ersparen, Besprechungen, Vereinsberatungen stehenden Fußes abhielt. Ich sehe noch sein verschmitztes Lächeln, wenn er bei diesen Ehrenfunktionen im Vorbeigehen beobachtet wurde.

Emil Faktor [22]

Kisch ist der elementarste Ausbruch
aus dem Prager Lebenspferch, dem
unnatürlichsten Wohnbezirk, den
Juden nach Niederlegung der sicht-
baren Ghettomauern bezogen haben.
Aus einer hamletischen Lebensferne,
die durch die realste aller Erdenbega-
bungen nicht widerlegt wird, aus einem dingfremden Lebensraum stürzt
er sich auf die schöne wilde Welt vor
den unsichtbaren Ghettomauern. Der
Weg führt schnurstracks dorthin, wo
es von all dem wimmelt, was der Bleich-
sucht des perennierenden Ghettos
fehlt; der Weg führt ins Volk, in das
einzige Volk, das es in Prag gibt. Vorwand der Reportage – der deutsche
Ghettoflüchtling entdeckt tschechische
Volkstiefen, die Tiefen in den Untiefen
noch. Niemand, so heißhungrig wie
er, niemand so arglos bejahend wie er.
Und von hier aus ein jegliches Volk auf
Erden, Volk und Völker nicht in dem
nationalen, doch in dem anderen
Sinne.

Paul Eisner [23]

28. Das alte gotische
Rathaus von Prag, aus
dem Kisch 1908 hin-
ausgeworfen wurde.

29. Der junge Journa-
list, in Öl gemalt von
E. Ascher

30. Kischs Feuille-
tons erschienen bald
auch in Buchform.

Frühe Bücher, 1904–1914

Wenige werden wissen, daß Kischs
erstes Werk nicht etwa der berühmte
»Mädchenhirt« ist, sondern höchst poe-
sievoll den Titel »Vom Blütenzweig der
Jugend« führt. Er erschien in dem bekannten Selbstkostenverlag Pierson in
Dresden, und Mutter Kisch zeigte es
damals stolz mit dem Bemerken: »300
Kronen hat es gekostet«, in der Gesellschaft herum. Sie sollte später mehr
Grund zum Stolz bekommen. Kisch
selbst hat das Buch restlos aufgekauft
und als Jugendsünde verbrannt.

Manfred Georg [24]

31. Porträt von
Anton Jarosý

Mit werdender Liebe und kühner Entschlossenheit hat Egon Erwin Kisch
sein Prag durchwandert, um es bis
in seine intimsten Winkel kennenzu-
lernen. Es gehört Entschlossenheit
dazu, um in diese Winkel einzudrin-
gen. Da merkt man erst, daß auch
Prag eine Großstadt ist, mit Verbre-
cherkneipen, Volksküchen, Wärme-
stuben und den Erniedrigten, die deren Gäste sind. Da braut ein Sumpf mit
giftigen Gasen. Schmale Pfade führen
hindurch. Egon Erwin Kisch kennt
sie. Er hat eine Liebe zum Abenteuerlichen, Gefährlichen, Romantischen. Er
hat eine Liebe zum Kostüm. Wer macht
es ihm nach, eine Nacht als richtiger
Vagabund im Asyl für Obdachlose zu
verbringen? Die Möglichkeit liegt nahe, von den alten Kunden entlarvt oder
für einen Polizeispitzel angesehen zu
werden. Oder wer hätte Lust, auf einem Floß moldauaufwärts zu fahren
und dann auf der Elbe bis Mittenberg?
Es ist ein Stück journalistischen Kon-
quistadorentums, dessen Dokumente
in diesem Band niedergelegt sind.
Ein Quellenwerk für das Leben in
Prags Gassen und Nächten. Alles ist
aus unmittelbarer Beobachtung ge-
schöpft. Kisch schreckt vor keiner
Unbequemlichkeit zurück. Er ist kein
Handschuhmensch, kein Snob, kein
Nasenrümpfer. Jede Äußerung dieser
merkwürdigen Stadtindividualitäten
interessiert ihn.

Karl Hans Strobl über
»Aus Prager Gassen und Nächten« [25]

32. Auf Befehl seiner
Vorgesetzten beging
der k. u. k. General-
stabsoffizier Oberst
Alfred Redl am Abend
des 25. Mai 1913 in
Wien Selbstmord.

Der Fall des Generalstabschefs Redl, 1913

Im Jahre vor Beginn des Weltkriegs
hat der erzwungene Selbstmord des
Prager Korps-Generalstabschefs
Oberst Alfred Redl und die bald darauf bekannt gewordene Tatsache
seiner Spionagetätigkeit beispielloses
Aufsehen hervorgerufen, was durch
die gespannte europäische Lage politisch und durch den Rang und den
Wirkungskreis des Täters krimina-
listisch begründet war. Gerüchte,
Interpellationen, Beschuldigungen,
Verdächtigungen und Kombinationen
überstürzten sich bis in den Winter
1914, in welchem sich sowohl in
Rußland als auch in Serbien der Auf-
marsch der österreichisch-ungarischen Armee als mißglückt entschied.
Allein wie es die Tendenz dieses
Befehls zu freiwilligem Hinscheiden
gewesen war, den monströsen Vorfall
lautlos aus der Welt zu schaffen, so
hat man auch nachher, als sich dieser
Plan schon längst als undurchführbar
erwiesen hatte, kein Wort darüber ver-
lautbart, für welche Großmächte der
Generalstabsoberst seine Spionage betrieben, was er verraten, wohin er die
militärischen Dokumente geliefert,
wieviel Geld er dafür bekommen und
wer schließlich den ungeheuerlichen
Auftrag gegeben hatte, daß sich ein
Mensch selbst zu entleiben habe, wer
das Harakiri überwacht und wie sich
die Wirkung dieses Vorfalls auf Hof
und Wehrmacht äußerte. Ja, selbst
über die Entdeckung der Tat und die
Überführung des Täters wurden nur
Darstellungen bekannt, die einander

widersprachen oder die Wahrheit verschleiern sollten. […] Ich schreibe einen Bericht an mein Berliner Blatt.
Denn in Prag würde eine Mitteilung
ganz gewiß konfisziert werden. Oder
sollte man es doch versuchen? Beratung mit dem Chefredakteur. Wir entschließen uns zu einem Kompromiß:
werden die Beschlagnahme der Abendausgabe riskieren und die Nachricht
in Form eines Dementis bringen. […]
Das Memoire ist eben ein Dokument
des »flaschengrünen Korpsgeistes«,
mit dem sich die Korpsbrüder vom
österreichisch-ungarischen Generalstab als höchste Klasse der Militärkaste fühlten und sich nur von ihrem
Senior befehlen ließen. (Auch den Tod.)
Sie verachteten die Truppe, sie mißachteten das Rechtsgefühl, wenn es
sich um einen der ihren handelte, und
sie achteten auch des Thronfolgers
und seiner Militärkanzlei nicht – sie
duldeten keine Einmischung in interne Korpsangelegenheiten. Die feudale
Prätorianergarde war mächtiger als
der Regent. […] So einzigartig der Kriminalfall Redl auch scheinen mag – er
wird sich immer in irgendeiner Form
wiederholen. Denn die Staaten sind
selbst die Auftraggeber dieses Verbrechens, das die Staaten selbst bestrafen,
mit dem Tod durch den Strang oder
mit der Verbannung auf die Teufelsinsel oder mit dem Kommando zum
Selbstmord.

Egon Erwin Kisch:
Der Fall des Generalstabschefs Redl [26]

33. Egon Erwin Kischs
Dramatisierung des
Redl-Stoffes feierte
Erfolge auf der Bühne
und wurde mehrfach
filmisch adaptiert.

Literatur in Berlin, 1914

Unbeschadet meiner Sonntagsfeuilletons und der Tatsache, daß ich nun einen Assistenten hatte, war es noch immer meines Amtes, Polizeibüros und Tatorte zu durchschnuppern, mich in Wohnungen einzudrängen und Fragen zu stellen, so lästig sie auch dem Interviewten, so peinlich sie mir selbst scheinen mochten. Und bis in die Träume verfolgte mich die Furcht, einen Raubmord verpaßt zu haben.

Mit all dem sollte Schluß gemacht sein, als ich 1913 meine Stellung an der »Bohemia« kündigte und nach Berlin ging. Nur außerhalb von Reih und Glied des Redaktionsstabes beabsichtigte ich zu wirken, ein Free-lancer, der seine Lanze schleudert, wann und wohin es ihm gefällt.

Zunächst wollte ich einen Roman schreiben. [...]

Nun schrieb ich zu Hause, nicht mehr in einer Bahnhofshalle, wie es die Redaktion gewesen. Nun schrieb ich mit Tinte und auf glattem Papier und konnte dabei Schnörkel und Schlingen zeichnen. Nun war ich unabhängig von dem Raum, den der Metteur en pages verfügbar zu machen behauptete, und von der Stunde des Redaktionsschlusses. Nun war ich unabhängig von den Abhängigkeiten des Chefredakteurs und von den Zuschriften betroffener Abonnenten. [...]

Nichts und niemand brauchte ich mehr zu fragen, kein Faktum pfuschte mir ins Konzept, die Personen hießen und waren, handelten und litten, liebten und haßten, lebten und starben just nach meiner Laune und Logik.

Hatte ich zwei bis drei Stunden solcherart absolutistisch regiert, ging ich ins Café des Westens. Das wurde von der Außenwelt »Café Größenwahn« genannt, die Innenwelt nannte sich die deutsche Literatur.

Egon Erwin Kisch:
Literatur in Berlin [27]

Kisch liebte es, in der Gesellschaft der Armut, des Elends und des – Verbrechens unterzutauchen. Dort machte er seine Studien, und es ist geradezu erstaunlich, wahrzunehmen, mit wie großer Deutlichkeit und Schärfe der nicht aus diesen Kreisen stammende Schriftsteller zu beobachten und seine Beobachtungen wiederzugeben vermochte. Diese unbestrittenen Vorzüge des Feuilletonisten Kisch sind auch dem Romandichter Kisch treu geblieben. Wie es überhaupt scheinen mag, als ob der Feuilletonist dem Romandichter nur geringe Konzessionen gemacht hätte. Denn es ist gerade die Hemmungslosigkeit, das ungescheute Drauflosgängertum des Verfassers, das seinem Werk eine Frische gibt, eine Art, die nur wenig mit dem papierenen Inhalt vieler anderer Bücher gemein hat.

Leo Heller über
»Der Mädchenhirt« [28]

34. Ende 1913 übersie-
delte Kisch als freier
Schriftsteller nach
Berlin.

Kisch hatte eine Eigenschaft, die wenige Menschen haben – er war ein echter Freund. Das erste Mal sah ich meinen Freund vor dem ersten Weltkrieg,
als er mit seinem neu erschienenen
Roman Der Mädchenhirt ins »Café des
Westens« einzog, umgeben von seinen
Bewunderern und einer erklecklichen
Anzahl hübscher junger Mädchen (siehe Romantitel). Die Kampfgespräche
über Literatur begannen sofort. Sie
dauerten jeden Tag bis fünf Uhr früh.
Und da wir spätestens bis vier Uhr
nachmittag wieder im Café sein mußten und, wie ich mich mit Bestimmt-
heit erinnere, doch auch irgendwann
geschlafen haben, frage ich mich ver-
gebens, wann wir eigentlich unsere
Bücher schrieben. Der erste Weltkrieg
wischte diese Idylle weg, und die Oktoberrevolution lehrte die europäischen
Schriftsteller und Intellektuellen (die
guten Willens waren) den Grundsatz:
Zuerst müssen die sozialen Verhältnisse geändert werden, dann erst kann
der Mensch sich ändern. Kisch zog aus
dieser für uns neuen Erkenntnis entschlossen die Konsequenz – er organi-
sierte 1918 in Wien die »Rote Garde«.

Leonhard Frank [29]

35. Kischs erster und
einziger Roman, ange-
siedelt im Prager Rot-
lichtmilieu.

i.a. Korporal J. J. Kisch-Prag
n. C. Kriegsdirektion.
Sept. 1913

Soldat gegen Serbien und Rußland, 1914–1915

Kisch war einer der wenigen deutschen Schriftsteller, der niemals dem Hurrapatriotismus und der Kriegsbegeisterung verfiel. Im Gegensatz zu dem Juden Ernst Lissauer, der den berüchtigten Haßgesang gegen England verfaßte, dem Berliner Kritiker Alfred Kerr, der die Eroberungsfeldzüge des wilhelminischen Deutschland guthieß, und sogar Arnold Zweig, der in den ersten Kriegsjahren das Heldentum der deutschen Armee in zahlreichen Aufsätzen rühmte, war bei Kisch niemals eine Spur von Chauvinismus zu finden. Er unterschied sich aber auch deutlich von esoterischen Ästhetikern vom Schlag Hermann Hesses, der, um dem Krieg zu entgehen, in die neutrale Schweiz floh. Kisch war einer der ganz wenigen, die von Anfang an erkannten, daß keines der gegeneinander gehetzten Völker einen Nutzen aus dem Krieg ziehen konnte und daß die tausendfach variierten nationalen Haßparolen leerer Humbug waren.

Walter Grab [30]

36. Wenige Monate
vor Kriegsausbruch
bei Manövern

Der Serbe wurde sofort von Kugeln durchlöchert und lag auf dem Rücken, Hände und Füße von sich gestreckt, die Augen noch im Tode offen, und es schien, als ob er lächle, weil er sein Leben gegen das eines feindlichen Offiziers eingetauscht. Die meisten Komitatschis hatten sich auf Bäumen versteckt, ließen die Truppen passieren und gaben dann von hinten auf sie Feuer, wodurch heillose Verwirrung entstand und alles gegeneinander zu schießen begann.

Egon Erwin Kisch: [Kriegstagebuch], 12. August 1914 [31]

Zahllose Verletzte wurden an uns vorbeigetragen, auf Tragbahren, auf dem Rücken oder von je zwei Leuten bloß auf den Händen, Stöhnende, Wimmernde, Schreiende, Zugedeckte, Blutende, Verbundene und Unverbundene, Leuten, denen die Wange weggerissen war oder die Nase, Soldaten, die hinkten, und solche, die sich den blutenden Kopf mit ihrem Verbandzeug selbst verbinden wollten, und solche, deren Arm nur an einem Knochen und an Hautfetzen hing. Ein Kadettaspirant ist tobsüchtig geworden; vier Infanteristen führten ihn und hielten mit Mühe seine Arme fest, einer trug seinen Säbel, der Kadett aber schrie, Schaum stand vor seinem Munde, vom Augapfel war nur das Weiße sichtbar. [...] Es gab kein Stroh in dem Ziegelschuppen, der Kranke, der von den Blessiertenträgern nicht mitsamt der Bahre niedergestellt worden war, muß

te auf dem nackten Tennenboden liegen. In den schmalen Gängen zwischen den Ziegelregalen kauerten zu Füßen der Liegenden Verletzte, die ihre noch unverbundene, zerschmetterte Hand betrachteten oder aufschrien, wenn jemand auf ihr von Maschinengewehrfeuer durchlöchertes Bein trat. [...] Bäche von Blut flossen durch die engen Gänge, die zwischen den Ziegelstellagen führten, durch den betäubenden, stickigen Staub der Mauersteine. Durch den Geruch von Lehm und Blut und Schweiß und bloßgelegten Eingeweiden drangen die Schmerzensschreie, das Röcheln der Sterbenden und der Streit von Verwundeten, die um Plätze rauften.

Egon Erwin Kisch: [Kriegstagebuch], 16. August 1914 [32]

Heute erhielt ich vor der Front ein Diplom vom Armeekommando überreicht, in welchem mir »für tapferes, mutiges und beispielgebendes Verhalten vor dem Feinde« die belobende Anerkennung ausgesprochen wird.

Egon Erwin Kisch an Ernestine Kisch. [Ohne Ort], 31. August 1914 [33]

Das »Berliner Tageblatt« schreibt mir, ich möge Artikel über meine Erlebnisse schicken. Ich habe es in einem Briefe abgelehnt, in dem ich bemerkte, daß ich über das Erlebte nicht so schreiben könne, wie man jetzt schreiben dürfe. Es sei anders.

Egon Erwin Kisch: [Kriegstagebuch], 4. September 1914 [34]

37. Auf dem Weg zur
Front (rechts Egon
Erwin Kisch)

So spiele ich den Schalksnarren des Regiments, tanze, dichte und deklamiere, koche, wasche und flicke und mache Witze.

Egon Erwin Kisch an Ernestine Kisch. [Ohne Ort], 5. September 1914 [35]

Teure Mama, mir geht es – Unkraut verdirbt nicht – noch immer sehr gut, und es ist mir eigentlich ganz wurst, ob der Krieg noch lange dauern wird oder nicht. Ich habe mich im Feindesland schon so eingelebt wie daheim, und in der Erdhöhle, die ich bewohne, geht es zu wie in einem Pariser Salon zur Zeit Ludwig XV. Gelehrte, Aristokraten, Dichter und Millionäre geben sich in meiner Villa ein Stelldichein und fordern das Jahrhundert in die Schranken.

Egon Erwin Kisch an Ernestine Kisch. K.u.k. Feldpostamt 33, 22. Oktober 1914 [36]

Ich muß versuchen, mein Herz hier auszuschütten, auch diesen größten Jammer meines Lebens vielleicht doch zu lindern versuchen.

Ich hatte mich schon vor Wochen geängstigt, daß mein Bruder [Wolfgang] tot sei. Dann aber war doch eine lustige Nachricht von ihm gekommen. Immerhin: wir hatten ihn schon damals beinahe aufgegeben, und das war der Beginn seines Endes. [...]

Die glückliche Rückkehr in unser glückliches Heim war mir als das einzig mögliche Ende dieses Krieges erschienen. Wir würden wieder, Söhne und Mutter, beisammen sein und durch die Erzählung komischer oder abenteuerlicher Kriegsepisoden die Gedanken der Mutter zerstören, daß es uns etwa schlecht gegangen sei. Damit ist es vorbei! Dieses Heim ist nun auch befleckt und besudelt von dem wahnsinnigen Schlachten, das durch die Welt geht. Nur traurig und tröstend werden wir im besten Falle dessen gedenken müssen, der uns nun fehlt.

Warum hatte der Tod gerade Wolfgang treffen müssen, nicht einen anderen von uns! Er ist der einzige, der nicht bloß uns in Trauer stürzt, sondern auch eine blutjunge Frau, die er in diesem Jahre geheiratet hat und deren erster Schmerz im Leben dieser gräßlichste aller Schmerzen ist. Ein halbes Kind ist diese Frau und muß schon Witwe sein. [...] Was ich in den letzten Wochen erlebt, war nur fremder Jammer gewesen. Nun, da es mich unmittelbar ins Herz traf, erfaßte mich ein wahnsinniger Haß gegen den Krieg.

Egon Erwin Kisch: [Kriegstagebuch], 3. November 1914 [37]

38. (Seiten 52/53)
Österreichische Solda-
ten stürmen über die
Leichname gefallener
Serben.

39. Egon Erwin Kisch
mit dem russischen
Journalisten Michael
Merestschoff

Liebe Mama, statt jeder besonderen Anzeige: zwei Photographien von mir [...], die Herr Karl Weiner aus Saaz aufgenommen hat. Mein russischer Gefangener (denn er ist mein Gefangener und nicht etwa ich der seine, obwohl es so aussieht) heißt Dr. Michael Merestschoff und ist – Redakteur des »Kurier Nischni Nowgorodski«. Er ist mein bester Feind gewesen, und es hat mir direkt leid getan, ihn an das Divisionskommando abliefern zu müssen.

Egon Erwin Kisch an Ernestine Kisch. [Ohne Ort], 4. März 1915 [38]

Ich trat zu dem Tisch, ließ den Oberleutnant Klatovsky die Meldung lesen und bat um eine Ordonnanz, als ich mitten in meinem Satz dadurch unterbrochen wurde, daß ich unter grauenhafter Detonation einen furchtbaren Schlag auf den Kopf bekam, so daß ich rücküber steif zu Boden stürzte. Ich verlor nicht die Besinnung, auch nicht für den Bruchteil einer Sekunde, aber ich weiß, daß ich im ersten Moment ganz erstaunt den Kopf erhob, nicht recht wissend, was los sei. Im zweiten Hundertstel der Sekunde wußte ich bereits, daß eine Granate in das Zimmer geflogen sei, gerade auf mich. [...] Unterwegs spürte ich, daß Blut in dicken Strömen mir über Nase und Ohren auf die Bluse strömte und daß auch mein Körper irgendwie durchlöchert sei, da sich mein Hemd auf dem Rücken, auf dem Oberarm und auf dem Schenkel mit dickem Blut füllte. Jetzt blieb ich eine Sekunde stehen und dachte: Vielleicht brichst du im nächsten Moment zusammen und bist tot. Es schien mir wahrschein

lich, denn die Granate war direkt an meinen Kopf geflogen, sie hatte sich nicht vorher eingebohrt und mich dann mit ihren Sprengstücken überschüttet. Auch viele andere, die ich im Krieg sterben sah, waren wenige Minuten vorher bei Besinnung gewesen. Ich reckte mich und merkte, daß ich noch sehr intensiv lebe. Die linke Kopfseite schmerzte mich, und von dort floß mir das Blut über die Augen. Ist vielleicht mein linkes Auge weg? Ich hielt das rechte mit der Hand zu und konstatierte, daß ich zwar schlecht sehe, aber wohl nur deshalb, weil das Blut aus einer über dem Auge befindlichen Wunde rann.

Alle diese empirischen Untersuchungen meines Zustandes dauerten nur eine Sekunde, dann eilte ich weiter, der Wohnung unseres Chefarztes zu. [...] Ohne mich gerade des Satzes »cogito ergo sum« ausdrücklich zu erinnern, kam ich zu der gleichen Erwägung wie Cartesius.

Egon Erwin Kisch: [Kriegstagebuch], 18. März 1915 [39]

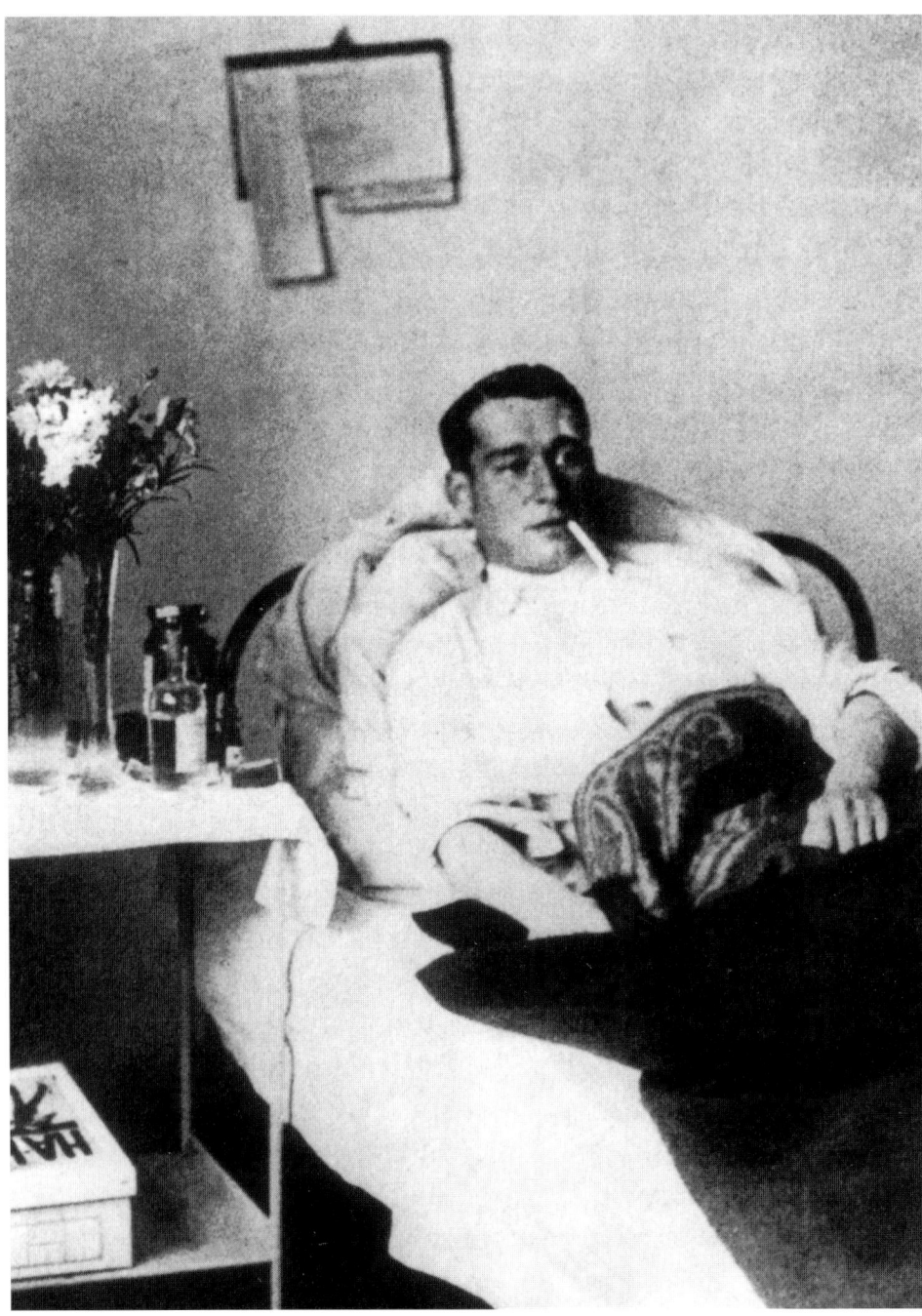

40. Nach der
Granatenverletzung
im Krankenbett

Etappen des Kriegs, 1915–1917

Lieb Mama, seit einer Woche gondle ich
an der Spitze einer Requisitionskom-
mission in den Städten, Dörfern, Far-
men, Bauernhöfen und Häusern des
Komitats umher, Boden, Kammern,
Betten, Ställe, Gärten, Felder etc. nach
altem Getreide durchsuchend und vieles konfiszierend.

Egon Erwin Kisch an Ernestine Kisch.
Békés (Komitat Békés), 31. Juli 1916 [40]

Ich exerziere wieder sehr viel und
bin dem geistigen Heldentod nahe.

Egon Erwin Kisch an Ernestine Kisch.
Gyula, 27. August 1916 [41]

Zur Bohemia ginge ich, wie Paul dem
Dr. Blau mitteilen kann, im Kriege
unter jeder halbwegs annehmbaren Be-
dingung, da es mir – wie z. B. im Falle
der letzten Kriegserklärung – schmerzlicher als alles ist, über Orsova, Eiser-
nes Tor, Donau fertige Artikel im Pult
zu haben, die wertvollsten Dinge zu
wissen, Wunder schreiben zu können
und kuschen zu müssen. Mit Serbien,
den Karpaten, militärischen Dingen
etc. ist es nicht anders, und ich schluch-
ze bei dem Blödsinn, den ich oft in den
Blättern lesen muß. Aber kriegstaug-
lich bin ich, und da gibt's für mich
nichts zu machen.

Egon Erwin Kisch an Ernestine Kisch.
Gyula, 1. September 1916 [42]

41. Wiedergenesen

An diesen Tagebuchblättern hängt noch Gestank des Augenblicks, in dem sie entstanden. Ein im Unflatmeer des Krieges Treibender übt Reporterpflicht. Jede Mitteilung kann die letzte sein, und von keiner weiß er, ob sie an ihr Ziel kommen wird. [...]

Nicht das Buch eines Agitators und doch und eben deshalb ein agitatorisches Buch. Es erzählt, wie's zuging. Wie Menschen die Nötigung, heroische Bestien zu spielen, erledigten. Wie sie gehäufte Martern des Leibes und der Seele ertrugen und nicht ertrugen. Der Mechanismus des Kriegsgeschehens liegt bloß, abgehoben ist die pathetische und heldische Umhüllung, denunziert in ihrer elenden fetzigen Papierigkeit.

Die Darstellung des Drina-Rückübergangs sollte in unsere Schulbücher übernommen werden. Ein erziehliches Lesestück, geeignet, den Tod in der Senkgrube der Ehre recht sehr zu entsüßen. Goethe pries die Chance der Zeitgenossen, die bei Valmy dabei sein durften. Die Drina hatte die Chance, daß Kisch dabeigewesen. Sein Bericht stellt für alle Zeit fest, daß sie sich in den Acheron ergießt.

Alfred Polgar über
»Soldat im Prager Korps« [43]

42. Fast zwei Jahre verbrachte Kisch in der Etappe.

43. Brief an Antonín Macek

Die „Liebe" im Krieg
von Egon Erwin Kisch

Für Heimat und Familie, für alte Art und Sitte" zogen die Heere aller Nationen in den Weltkrieg, jedes um das bedrohte Vaterland, den bedrohten Herd vor dem ruchlosen Feind zu schützen.

Wie diese Zucht und Sitte aussah, weiß jeder Frontsoldat zu erzählen, denn jeder Frontsoldat passierte hier und da die Etappe.

Die Kriegsliteratur, auch die sogenannt pazifistische, hat sich sehr wenig mit dem schamlosen Treiben befaßt, das sich in der Nähe der höheren Kommanden entfaltete. Als Heinrich Wandt nach dem Kriege einige Sittenbilder aus der Etappe Gent skizzierte, mußte er in den republikanischen Kerker wandern. Aber so, wie es in Gent zuging, ging es überall zu, im Lager der Alliierten und der Mittelmächte. Die großen Hauptquartiere waren umschwirrt von Kokotten aller Preislagen, von solchen, die nur die Herren Generale erschwingen konnten, und von solchen, die auch für die Herren Offiziere oder Rechnungsunteroffiziere ihre Arme ausbreiteten.

Liebesmahle im ursprünglichen Sinn des Wortes waren an der Tagesordnung, und die ungeheure Macht, die der Vorgesetzte über den entrechteten Untergebenen besaß, wurde hüben und drüben, überall dort, wo Gattinnen und Geliebte in Feldgarnisonen, Etappen oder zu den Ersatztruppen zu Besuch kamen, in schamloser Weise auszunützen versucht.

Im zweiten oder dritten Kriegsjahr erinnerte man sich auch an die Mannschaft und errichtete für sie Liebesstationen. Gaststätten mit Frauenbedienung zu einer vom höheren Kommando festgesetzten Taxe.

Vorher hatten die Wünsche der Soldaten und das Liebesleben der Etappenoffiziere nur einen satirischen Ausdruck gefunden, in einer in Form eines Armeebefehls verfaßten Anordnung zur Errichtung von Feldfrauenhäusern unter der Leitung von „Feldweibeln" und mit genauen Dienstvorschriften.

Diese Parodie eines Befehls, die in der deutschen und österreichischen Armee in tausenden von Exemplaren zirkulierte, ist wahrscheinlich verloren gegangen. Veröffentlicht worden ist sie auch nach dem Kriege niemals, — möglicherweise deshalb, weil alsbald die Wirklichkeit die Satire übertraf.

Und natürlich durfte noch weniger etwas über die wirklichen

Aus der deutschen Organisation des militärischen Geschlechtsverkehrs: Nach den Frequentierungslisten eines Wachpostens Seiner Majestät im Militärbordell Mitau empfing ein Mädchen an einem einzigen Tage von 4 bis 9 Uhr abends zweiunddreißig Soldaten!

Ein Kultur-Dokument

Maßnahmen verlauten, mit denen man Frauen hinter die Frontlinien beförderte, um sie dort mit bärtigen Landstürmern und achtzehnjährigen Knaben zusammenzubringen.

Solche Publikationen hätten den Gattinnen und Müttern die Augen geöffnet über das Heldentreiben „am Feinde", und deshalb hat auch Kerenski, obwohl er behauptete, den Krieg nicht mehr mit zaristischen Methoden, sondern „in freier demokratischer Form" fortsetzen zu wollen, ein russisches Buch, das sich mit dieser Erotik im Felde von 1914 – 1916 befaßte, verboten, so daß es erst nach seinem Sturz erscheinen konnte.

Was in Rußland vorkam, kam überall vor, die Marketenderinnen und Soldatendirnen des dreißigjährigen Krieges konnten für das Massenaufgebot des 20. Jahrhunderts nicht mehr genügen, der Gust! von Blasewitz, ihrer Romantik entkleidet und durch Ludendorffsche Dienstvorschriften gezwängt, hatte sich vertausendfacht, aber

trotzdem haben Kriegsdichter, Kriegsberichterstatter und Kriegsfotografen, sonst so beredt und mitteilsam, von diesem Angebot feinfühlend geschwiegen.

Damit den Herren Offizieren niemals d a s fehlte, was ihre Freude am Kriegführen und Kommandieren wesentlich anregte, gab es überall solche „Mobilen Feld-Freudenhäuser", die auf höheren Befehl von Etappe zu Etappe wanderten

„Vereint marschieren – getrennt schlafen . . ." Die Truppen der Mittelmächte konnten zwar gemeinsam den Heldentod sterben, aber bei Bordellbesuchen galt es als teils österreichische, teils deutsche „Belange" zu wahren

44. Käufliche Liebe im Krieg – AIZ 31/1929

Kriegspressequartier in Wien, 1917–1918

In Wien war der Standort des k.u.k.
Kriegspressequartiers – wohlgemerkt:
nur der Standort. Das Kriegspressequartier war überall, seine Bericht-
erstatter-Gruppe war in der Etappe, sein
Fronttheater fuhr die Fronten entlang,
seine Künstlergruppe malte Helden-
porträts der Generäle, während die
Lichtbild-Gruppe sie nur photogra-
phierte, und die Kinogruppe filmte
die großen Herren, um sie den kleinen
Männern vorzuführen. Überall übte
diese militärische Propagandastelle
eine harte Diktatur über das Geistes-
leben der Monarchie aus. [...] Zum
Glück herrschte in der österreichischen Armee das ungeschriebene, aber
auch unverrückbare Prinzip, jedermann in einer Funktion zu verwenden,
von der er nichts verstand. [...] Karbid,
fürwahr ein trübseliges Beleuchtungs-
mittel für die Kaiserstadt. Kaum ein
Schimmerchen von ihrem alten Glanz
ließ sich entdecken. Von der Backhen-
delpoesie war nicht einmal die Poesie
geblieben, und selbst der Galgenhumor
war den Wienern vergangen.

Egon Erwin Kisch:
Kriegspropaganda und ihr Widerspiel [44]

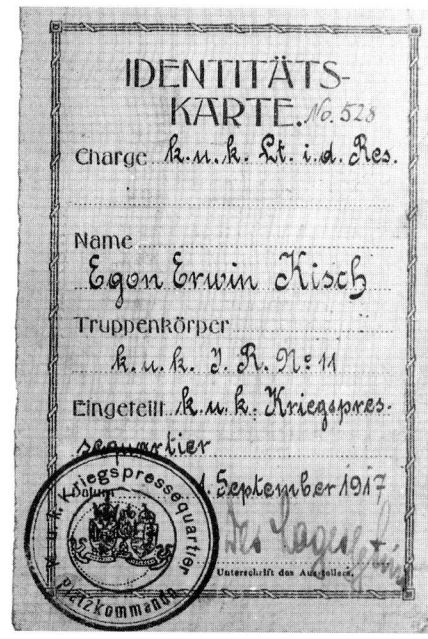

45./46. Dienstausweis
im k.u.k. Kriegspres-
sequartier

Hast Du keine überzähligen Zigaretten? Auch Emil habe ich noch nicht getroffen, weil ich ja fast nie aus meinem Bureau herauskomme und nur in der Nacht im Kollegenkreise im Café Central sitze. Was mir die Berliner Literatur lieber war!

Egon Erwin Kisch an Ernestine Kisch.
Wien, 24. Mai 1917 [45]

Bei den Intellektuellen, eben in jenem Kreis, den Franz Werfel in der »Barbara« schildert, herrschte der Pazifismus der Kriegsmüdigkeit vor, der nichts mit Politik und noch weniger als nichts mit Sozialismus zu tun hatte. Sie scharten sich um das Wochenblatt »Der Frieden«.

   Obwohl der Herausgeber dieser Zeitschrift, Benno Karpeles, ein ehemaliger Sozialist war und die Werke von Friedrich Engels mit dessen eigenhändiger Widmung besaß, stand er und mit ihm seine Mitarbeiterschaft den revolutionären Strömungen in der Arbeiterschaft und den Ereignissen in Rußland kühl, um nicht zu sagen feindlich gegenüber. [...] Gelegentlich spielte ich auch in diesem Orchester mit, und zwar saß ich links und schlug die Pauke.

Egon Erwin Kisch:
Kriegspropaganda und ihr Widerspiel [46]

47. Armut vor Otto Wagners Bauten in Wien

48. Bereit für das das
Café Central in Wien.
Dort traf Kisch Alfred
Polgar, Joseph Roth,
Franz Blei, Albert
Paris Gütersloh, Peter
Altenberg, Albert
Ehrenstein, Ernst
Weiß, Richard A.
Bermann u. v. a.

49. Freund und Vorge-
setzter: Robert Musil

50. In Wien verkehrte
Kisch oft mit Franz
Werfel, hier mit seiner
späteren Frau Alma
Mahler.

Übrigens habe ich dzt. gar keine Absicht, nach dem Kriege nach Prag zu gehen, wenn ich nicht eine ganz große journalistische Stellung bekommen sollte. [...] Ich verkehre jetzt fast bloß mit Franz Blei und den übrigen Leuten von der »Summa«, lauter unerhört gebildeten Dozenten und Doktoren der abstrakten Philosophie, und bin ihnen enfant chéri.

Egon Erwin Kisch an Paul Kisch.
Wien, 16. Februar 1918 [47]

Kisch und seine Bekannten finden sein Porträt sehr gut; ich male ihn später noch einmal, er ist jetzt auf Dienstreise, wird mindestens 4 Wochen ausbleiben; er ist ein netter Kerl, man muß immer über ihn lachen. Er hat ein sehr hübsches Buch geschrieben: »Der Mädchenhirt« (ist für Dich aber nicht recht passend), aber eigentlich ist er Journalist. Dienstag sitzt mir Werfel, ich will sehen, daß ich ihn in einem Male fertig mache; für Kisch habe ich zwei Tage gebraucht. Werfel ist auf den ersten Eindruck häßlich, sehr dick, aber wenn man ihn öfter sieht, findet man seinen Kopf sehr gut, sehr malerisch, aber nur wenn er lebhaft ist. – Kisch ist das reinste Quecksilber, daher sind beide schwer zu malen.

Martha Musil an Annina Marcovaldi.
Wien, 8. Juni 1918 [48]

K. u. k. Kriegspressequartier

Namensschreibweise und Standeszugehörigkeit überprüft

Zu Res. Nr.

i. d. Res

Rang No 66

Egon Kisch

Belohnungsantrag.

1	Charge	K. u. K. Oblt. d. R.
2	Vor- und Zuname	Egon (Erwin) Kisch
3	Standeskörper	K.u.K. Infanterie-Reg. Nr. 11
4	Diensteseinteilung	K. u. k. Kriegspressequartier Redaktion
5	Personaldaten	Oblt. d. R. mit Rang 1. November 1917.
6	Anlaß (Waffentat, Dienstleistung usw.) bei Angabe von Ort und Zeit	Oblt. Kisch ists seit 25. April 1917 zum K. u. K. KPQ kommandiert, wo er zuerst in der Auslandstelle, dann seit September 1917 in der Redaktion eingeteilt, durch seine eminente schriftstellerische und journalistische Begabung, verknüpft mit ausserordentlicher Pflichttreue und Eifer, schon hervorragende Dienste geleistet und sich jederzeit die erdenklichste Mühe zur Erfüllung der an ihn gestellten Aufgaben gegeben hat. Was Oblt. Kisch als Einj. Freiw. Korp. in fast 8 Monaten Felddienstleistung bei seinem Regt. vor dem Feinde geleistet hat, ist aus der Beilage ersichtlich. Da diesem braven Offizier seitAugust 1914 keine Allerhöchste Auszeichnung zuteil wurde,erscheint er einer solchen in ganz besonderem Masse würdig.
7	Seit wann im Felde (von — bis)	Kriegsbeginn bis 18. März 1915.
8	Verwundet, gefallen, vermißt oder kriegsgefangen	Am 18. März 1915 schwer verwundet.
9	Etwa unerledigter Antrag	Verleihung du O 2 im zuge
10	Besitzt bereits Inländische Friedens- und Kriegsdekorationen	Bronzene Tapferkeitsmed. verl. im August 1914,Karl Trupp Kreuz, Bronzene Med. vom roten Kreuz.
11	Antrag des Verfassers	Signum laudis mit Kriegsdekoration und Schwertern.
12	Datum und Unterschrift des Verfassers	Wien , am 1. May 1918
13	Brigadiers	Präs. Wien, am 2. März 1918. Adj. Nr. 14600
14	Kommandanten des Divisions	2. 3. 1918.
15	Korpskommandanten	, am 191
16	Armeekommandanten	, am 191
17	Für eventuelle Bemerkungen und Anträge sonstiger Kommandanten und Dienststellen	, am 191

51. Aus Egon Erwin Kischs Militärakte

Lieber Herr Kisch,
ich hoffe noch immer, dank Ihrer eigenen Energie, Sie am 17. begrüßen
zu können, denn ich bohre hier schon
seit Wochen auf Ihre Rückkehr [...].
Werde mich morgen wieder erkundigen und wenn Sie am 17. nicht da
sind, Verzweiflungssturm laufen. [...]
Sie werden von uns allen herzlichst
erwartet.

Robert Musil an Egon Erwin Kisch.
Wien, 14. Juli 1918 [49]

Beschlossen wurde die Gründung
des illegalen »Arbeiter- und Soldaten-
rates«, der im Januarstreik 1918 und
von da ab in allen innenpolitischen Ereignissen des Jahres, zu denen auch
der Sturz der Monarchie gehörte, die
entscheidende Rolle spielte. Mit der
politischen Arbeit unter den Soldaten
waren drei Genossen befaßt. Einer war
der besonders unter Jungarbeitern po-
puläre Leo Rothziegel [...]. Der zweite
Führer der vorbereitenden Soldatenor-
ganisation war der Korporal Stephan
Haller [...] und der dritte war ein Offizier, nämlich ich.

Es war ein seltsamer Sprung, gera-
denwegs aus einem zeitlebens leidenschaftlich ausgeübten Beruf, dem des
Öffentlichmachens, in die Tätigkeit
des Geheimhaltens zu springen. Da
nannte ich mich, der ich mir einen
Namen gemacht hatte, nun mit einem
anderen Namen und wechselte auch
diesen wieder mit jeder Stelle des Auftretens. Ebenso änderte ich wiederholt
die Egalisierung, die Regimentsfarbe
meines Uniformkragens, der aber gar
nicht mein Offizierskragen, sondern
der einer Mannschaftsperson war, bald

war ich ein Gefreiter, bald ein Feldwe-
bel. Ich nächtigte in den Sammelstel-
len der Soldaten, bald in der Rossauer-
kaserne, bald in der Augartenschule,
bald im Arsenal, bald im Hospital Ru-
dolfinerhaus, und traf mich mit den
Vertrauensleuten, die wir bei unseren
Nächtigungen gewählt hatten, zu Sit-
zungen auf der Praterwiese oder im
Keller einer wegen des Krieges still-
stehenden Schokoladefabrik. Alle Vor-
sichts- und Tarnungsmaßregeln wurden vorgekehrt, und während ich sie
vorkehrte, ertappte ich mich oft bei
dem Gedanken, wieviel schöner es
wäre, solch eine Verschwörerszene zu
beschreiben, statt sie zu organisieren.

Egon Erwin Kisch:
Kriegspropaganda und ihr Widerspiel [50]

52. Die Westfront im
Herbst 1918

53. Die Rote Garde –
mit Leo Rothziegel in
Wien

Revolution in Wien, 1918–1919

Revolutionstagebuch:
Hätten nicht Dynastie und Behörden
förmlich freiwillig demissioniert, so
hätte es beinahe keine Revolution gegeben. Die Vertreter der Volkssouverä-
nität sind nur zögernd in die geräum-
ten Positionen nachgerückt.

[…] K[isch] bemüht sich, da hinein Bolschewikismus zu tragen. »Kommen Sie hin, mich sehen?« frägt er vor
der Versammlung der Roten Garde
am Deutschmeisterplatz heute meine
Frau. »Heute abd. habe ich 4 000 Gewehre zur Verfügung. Es wird noch
viel Blut kosten«, sagt er mit der Mie-
ne ernsten Bedauerns. (Vor vier Wochen hat er den Tod jedes weiteren
Mannes an der Front für ein Verbre-
chen erklärt!)

Seit 48 Stunden glaubt er, nicht gegessen und geschlafen zu haben (wurde aber im Café bei einer Mahlzeit gesehen). Er ist ganz heiser, fahrig und
man kann nicht zwei zusammenhän-
gende Sätze aus ihm herausbringen.
Mit ihm zieht W[erfel], in diesen zwei
Tagen blaß, mager und heiser geworden. Hat anscheinend keine Ahnung,
was er tut, glaubt auf die Leute im
Sinne friedlichen Umsturzes zu wirken. Er ist enorm komisch. K. dagegen wirkt hysterisch. Um jeden Preis
bemüht, sich in den Mittelpunkt einer
Staatsaktion zu bringen. Geist vom
Geiste des Expressionismus. (Vielleicht gehört solche Lust am Theater-
spiel aber zu den Vorbedingungen
einer historischen Rolle.) Was man zu
ihm sagen wird, ist ihm jedenfalls
wichtig; dem KPQ eine Gänsehaut ein-

zujagen ist jedenfalls ein uneingestan-
dener Ehrgeiz. Ihn u. W. schieben zwei
richtige Anarchisten vor sich her.

Robert Musil: [Tagebuch],
2. November 1918 [51]

Kisch und Haller (Förster) agitierten
unter den Soldaten, wo immer diese
sich sammelten. Nun hatte am 30. Oktober eine Masse von Soldaten versucht, die Tore der Rossauer Kaserne
aufzubrechen, wo sich Tausende von
inhaftierten Militärpersonen befanden.
An diesem Tage gelang es der berittе-
nen Polizei, sie mit der blanken Waffe
auseinanderzutreiben. Obwohl der
Staatsrat darauf eine Amnestie erlas-
sen hatte, kehrten sie am nächsten
Tage wieder zurück und sammelten
sich auf dem Platze zwischen der Rossauer Kaserne und der Ringstraße,
wo das Denkmal für das Wiener Haus-
regiment »Hoch- und Deutschmeister
Infanterie-Regiment Nr. 4« steht.

Guido Žamis, 1982 [52]

54. Bei der Gründung
der Republik Öster-
reich am 12. November
1918 kam es zu Aus-
schreitungen.

Ein anderer meiner alten Bekannten, der Schriftsteller Egon Erwin
Kisch, legte damals seine Offiziers-
kokarde und seine beiden goldenen
Oberleutnantssterne auf jeder Seite
des Uniformkragens öffentlich ab,
während einer Rede, die er einer um
das Deutschmeisterdenkmal zusam-
mengerotteten Gruppe von Soldaten
hielt. Er kam von diesem revolutionären Akt direkt ins Café Central in der
Herrengasse und erzählte den dort,
wie immer, versammelten Literaten,
wie ihn beim Anblick der armen, halb
verhungerten, invaliden und elenden
Soldatenmenge eine große Wut über-
kommen habe; deswegen habe er die
Abzeichen seines Offiziersstandes vom
Kragen gerissen und unter die Soldaten geworfen. Die symbolische Tat er-
regte bei den damals sehr revolutionär
gesonnenen Insassen des »Central«
viel Enthusiasmus, obwohl ich mir
nicht verhehlen konnte, daß niemand,
in welchem gerechten Zorn auch immer, vier solide, an einem Rockkragen
angenähte Uniformsterne abreißen
kann, wenn er sie nicht vorher in aller
Stille gelockert hat.

Richard A. Bermann [53]

Ich hatte die Absicht, diese Woche nach Prag zu kommen, aber ich habe es unterlassen müssen, weil ich aus Briefen und mündlichen Mitteilungen ersehen habe, daß man sinnloserweise mir die Veranstaltung der Prager Krawalle zuschreibt, daß man in vielen Kreisen Wut gegen mich hat und auch Angst vor mir als Extremsozialisten. [...] Das Leben ist wahnsinnig teuer, Gage habe ich seit zwei Monaten nicht mehr gekriegt, Artikel kann ich für bürgerliche Zeitungen vorläufig nicht schreiben, sondern nur für Zeitschriften, so daß meine Geldausgaben kein Wunder sind. [...] Silvester war ich bis 4 Uhr früh in Riesengesellschaft bei Dr. [Franz] Elbogen [...] Es wurden massenhaft Lieder und Gedichte über mich vorgetragen. Heute abend bin ich bei Deiner Mitschülerin Frau Perutz [...] eingeladen. [...] Ich schreibe Dir das, damit Du siehst, daß ich zwar obdachlos, aber noch immer der alte Liebling der Welt bin. [...] Werfel fährt wohl heute nach Prag (und wird vielleicht diesen Brief mitnehmen), aber zum Bringen meines Mantels ist er nicht verläßlich genug.

Egon Erwin Kisch an Ernestine Kisch.
Wien, 3. Januar 1919[54]

Die erste öffentliche Heerschau des Kommunismus in Wien war alles, nur keine Parade. Sie fiel sehr würdig, aber keineswegs imposant aus. [...] Dann spricht der Schriftsteller Egon Erwin Kisch, der Vater der Roten Garde in Wien. Offiziersmantel, Distinktion vom Kragen abgetrennt, die Kappe zerknüllt in der geballten Faust, so spricht er von irgendeinem geschwind erstellten Podium. Alles an ihm ist Marke Volkstribun. Eine eherne Stimme, glühende Augen, bühnenreifer Gestus. Nur was er sagt, ist vielleicht zu gebildet für dieses schlichte Publikum, das aus Soldaten und Arbeitern – arbeitslosen Arbeitern, wie mir dünkt – besteht. [...] Und der Gedanke drängt sich auf, daß der Bolschewismus bei satten und gewaschenen Völkern unmöglich zu Hause sein kann, daß er eine Begleitplage des Weltelends ist, wie im Mittelalter die Pest, der schwarze Tod oder das Geißlertum. [...] Die Polizei, die nahezu in gleicher Stärke wie die Versammlung selbst ausgerückt war, wohl damit das Rathaus von dem Funken einer Brandrede nicht Feuer fange, mag tatenlos nach Hause ziehen. Das Ungeheuer Spartakus liegt einstweilen in Wien noch an der Kette seiner Führer, mit dem bösartigen Berliner Bruder verglichen, ist es überhaupt nur erst ein Drachenbaby ...

Neues Wiener Journal,
19. Januar 1919[55]

Er [Kisch] hat einmal zu meiner Frau
über irgendeinen Tratsch im Herren-
hof geklagt, und meine Frau erwiderte
ihm darauf: »Aber Sie sind dabeigeses-
sen, ohne fortzugehen.« – »Ja«, sagte
er, »aber ich bin feindselig sitzengeblie-
ben.«! – Ich finde diese Naivität ebenso
echt dort, wo er »zu beschäftigt« ist,
um sitzen zu bleiben; es gelingt ihm
ebenso ehrlich freundselig abwesend
zu bleiben wie feindselig anwesend zu
sein.

Robert Musil an Arne Laurin.
Wien, 21. April 1919 [56]

Allerdings stimmt es, daß ich seelisch
in einer Depression bin, wie ich's schon
seit Jahren nicht war. Das hat viele
Gründe. Vor allem kränkt mich mein
seinerzeitiger Austritt aus dem politischen Leben und die Folgen vor mir
und vor den anderen. (Heute fetzt mich
wieder der »Fackel-Kraus« an.) Ich
stand nun einmal im Vordergrund der
Ereignisse, und die Beobachtung und
Bekrittelung meiner Person hat durch
den Austritt sich nicht vermindert,
mir die Ausübung der Journalistik
erschwert, mein Leben kompliziert.
Von Wien will ich nicht weg, bevor ich
mich nicht einigermaßen rehabilitiert
habe […]. Aber ich darf jetzt nicht Zeitung machen, wenn ich mir den Rest
meines Rufes als Charakter wahren
will. Bücher werden bald erscheinen,
und Du wirst Freude haben.

Egon Erwin Kisch an Ernestine Kisch.
Wien, 1. August 1919 [57]

Männer der Zeit

I

Zeichnung von Stefan Slawa

55. Die Presse über-
schüttete Kisch mit
Spott und antisemiti-
schen Beschimpfungen.
– Karikatur aus »Der
Esel«, 1/1919

Weißt Du, Michaela, in dem Zimmer, in dem Du jetzt in Deinem Kinderwagen schläfst, habe im Winter 1918/19 ich geschlafen. Das war die Zeit, in der der Weltkrieg eben zuende gegangen war und ein vielhundertjähriges Kaisertum, und es Menschen gab, die soziale Revolution machten und eine bessere Welt aufrichten wollten. In Deinem späteren Kinderzimmer, kleine Michaela, habe ich die Zeit erlebt, in der alle Voraussetzungslosen, alle für die Allgemeinheit Hoffenden und Kämpfenden verdächtigt und verfolgt wurden und sogar einige von denen erschlagen, die in dem Zimmer (Meynertgasse 8) vor nicht langer Zeit bei mir zu Besuch gewesen waren.

Eintragung von Egon Erwin Kisch
in das Stammbuch von Michaela Perutz,
23. Mai 1920 [58]

56. Trauerkundgebung in Wien für die in Berlin ermordeten Karl Liebknecht und Rosa Luxemburg. Der Mann in Uniform auf dem Podium, dessen Gesicht vom Transparent verdeckt ist, könnte Egon Erwin Kisch sein.

57. Humor zur Bewältigung der Historie

1920–1933: Der rasende Reporter auf Reisen

1920	»Abenteuer in Prag« Theaterarbeit in der Tschechoslowakei
1921	Übersiedlung nach Berlin
1922	»Soldat im Prager Korps« »Die gestohlene Stadt« Reportagen für »Lidové Noviny«, »Berliner Börsen Courier«, »Das Tagebuch«, »Prager Tageblatt«
1923	»Klassischer Journalismus«
1924	»Der Fall des Generalstabschefs Redl« Eintritt in den Schutzverband Deutscher Schriftsteller (SDS)
1925	»Der rasende Reporter« Übertritt von der KPÖ in die KPD Mitglied der »Gruppe 1925« um Alfred Döblin, Redaktionsmitglied der »Neuen Bücherschau« Reportagen für »Rote Fahne« »Arbeiter Illustrierte Zeitung« und »Welt am Abend« Reise nach Moskau
1926	Reportagefahrten in den Kaukasus, das Donezbecken und nach Leningrad »Hetzjagd durch die Zeit«
1927	»Zaren, Popen, Bolschewiken« »Kriminalistisches Reisebuch« »Wagnisse in aller Welt«
1928	Gründungsmitglied des Bundes proletarisch-revolutionärer Schriftsteller, Reise in die USA
1929	April: Rückkehr nach Europa
1930	»Paradies Amerika« »Schreib das auf, Kisch!« November: Teilnahme am Schriftstellerkongreß in Charkow, Professor an der Universität Charkow
1931	»Prager Pitaval« Reise nach Moskau, Usbekistan und Tadschikistan
1932	März bis Juli: Reise nach Schanghai, Peking, Nanking und Tokio »Asien gründlich verändert«
1933	»China geheim«

58. Das Romanische Café in Berlin, intellektuelles Zentrum der Weimarer Republik

59. Nachdem Kisch
die Mißerfolge und
Schmähungen in
Wien überwunden
hatte, kehrte er 1920
nach Prag zurück.

Neubeginn in Prag, 1920

Er kommt nämlich immer aus Prag,
selbst wenn er aus Berlin kommt, wie
diesmal anläßlich der Vorlesung aus
eigenen Schriften, die er am Samstag
den 14. d. M. in der Produktenbörse
veranstaltet.

E. E. Kisch wieder einmal seine
Schnurren, Lokalskizzen und Abschnitte aus seinen umfangreichen
erzählenden Schriften vortragen zu
hören, ist stets ein doppelter Genuß:
Erstens für seine Leser, d. h. für die
Majorität der Prager Bevölkerung,
und zweitens für die Nichtleser, aber
Bewunderer Kischs. Letztere kennen
Kisch nämlich von der unliterarischen
Seite seines Wesens, von der rein
menschlichen her. Doppelt ist der Genuß für beide Gruppen: die Leser folgen gespannt und ergötzt den mündlichen Ausführungen des Schriftstellers
und Journalisten, dessen menschliches
Wesen sie nun auch kennenlernen. Die
Freunde und Genossen des »Egonek«
aber erfahren staunend, daß ihr nächt-
licher Kamerad auch Bücher geschrieben, Komödien verfaßt und das Prager
Feuilleton »Modell E. E. Kisch« geschaffen hat. Beide Gruppen jedoch
werden, sofern sie Kischs »Soldat im
Prager Korps« kennen, die eminente
Sachlichkeit anerkennen, mit der dieser Hans Dampf in vielen Gassen sich
im Kriege für die einzig richtige entschieden hat.

Prager Presse,
8. April 1923 [59]

EGON ERWIN KISCH

Die
Abenteuer
in Prag

VERLAG ED. STRACHE
WIEN   PRAG   LEIPZIG

60. Der Wiedereinstieg
ins literarische Leben

Die Prager Dichter, nein, die Dichter
überhaupt lassen sich in zwei Kate-
gorien scheiden: in solche, die es mit
dem Kosmos, und in solche, die es mit
Prag halten. Kisch gehört zur zweiten
Gruppe; er ist sozusagen ein intensiver
Prager und nicht zu seinem Schaden.
Das Buch besteht aus Feuilletons, nur
aus Feuilletons möchte man meinen,
aber die Intensität, mit der in ihnen
die gegebene, wenn auch vielfach kleine Wirklichkeit erlebt wird, erlaubt
es, hier das große Wort des »Dichteri-
schen« anzuwenden. Wer seine Jugend
mit solcher Eindringlichkeit, wir dürfen ruhig sagen Innigkeit, erlebt hat
und erzählen kann, wie es in diesen
Feuilletons geschieht, hat den Anspruch, dichterisch, richtiger künst-
lerisch genommen zu werden. […]
Er geht als Arbeiter unter Arbeitern
auf die Hopfenmühle, nächtigt als Be-
schäftigungsloser im Massenasyl, ist
in allen Lebensmöglichkeiten zu Hause und hat sich den spezifischen Hang
des Jugendlichen zur Auffindung des
Verborgenen bewahrt: er entdeckt eine
interessante Goethereliquie und ist ein
begeisterter Kriminalist und Detektiv
geblieben. So ist er ein Romantiker seines Lebens und daher wohl auch der
Revolutionär im vorhinein gewesen,
zu dem er sich entwickelt hat.

Hermann Broch über
»Die Abenteuer in Prag« [60]

61./62. Der Autor und
sein Theatermacher –
Egon Erwin Kisch
und Emil Artur
Longen, gezeichnet
von Longen

Theater und Film, 1920–1930

Erst nach der großen Unterbrechung
durch das Völkerringen und nach der
Wiener kommunistischen Epoche findet Kisch in Prag wiederum den Anschluß ans Theater: es ist das Theater
Rokoko auf dem Wenzelsplatz, wo
E. A. Longen ihn zum erstenmal auf-
führt. Hier kommen die Dramatisie-
rungen seiner berühmten Bücher heraus: »Die Galgentoni (Tonka Sibenice)«,
die rührende, volkslied-, ja balladen-
hafte Geschichte von der Dirne und
dem zum Tode verurteilten Mörder,
die die unvergeßliche Xena Longenová
meisterhaft darstellte; »Der Mädchenhirt (Pasák holek)«; »Die Affäre des
Obersten Redl« mit E. A. Longen als
Redl und Vlasta Burian als wunder-
voll blödelndem Erzherzog; »Die Reise
von Prag nach Bratislava in 365 Tagen«, eine gemeinsam mit dem Švejk-
Dichter Hašek verfaßte Groteske eines
Moldauflößers, der über Moldau, Elbe,
Nordsee, Ärmelkanal, Ozean, Mittel-
meer, Bosporus, Schwarzes Meer und
Donau von Prag nach Bratislava ge-
langt … mit Vlasta Burian in der
Hauptrolle.

[…] Während der späteren Berliner
Zeit Kischs kamen einige seiner Stük-
ke auch dort heraus; so der Redl in einem Programm des Kabaretts der Ko-
miker, so die »Galgentoni« mit Rosa
Valetti […]. Weit besser gelang dem
Prager Regisseur Karl Anton die »Galgentoni« mit Ita Rina: dieser Film darf
für sich den Titel des ersten tschechischen Tonfilms beanspruchen […].
Internationale Verbreitung fand der
1930 gedrehte »Redl«-Film Karl An-

tons: in der tschechischen Fassung
spielten E. A. Longen und Mary Grossová, in der deutschen Theodor Loos,
Lil Dagover, Friedrich Hölzlin und
erstmalig Trude Großlicht – sehr ul-
kig war das Paar der Detektive, das
Leopold Dudek und Rudolf Stadler
darstellten.

Franz Glaser [61]

Eine Kundgebung gegen die Brünner
Theaterzensur fand gestern anläßlich
der Wiedergabe von Kischs »Tonka
Sibenice« in der tschechischen Aufführung in der Redoute statt, und zwar in
einem Ausmaße, wie sie Brünn noch
nicht gesehen hat. Der Brünner Zen-
sor, der in den letzten Tagen nacheinander die Aufführung von Wedekind,
Schnitzler und Bronnen untersagt hat,
unterdrückte im letzten Augenblick
die Aufführung von Kischs Dramolett
»Abteilung C.«, an dessen Stelle vom
Künstlerpaar Longen zwei Einakter
gespielt wurden. Vor der Aufführung
erschien Kisch und hielt unter demon-
strativem Beifall der Zuhörer in tschechischer Sprache eine Rede, in der er
die Praktik der Brünner Theaterzensur in scharfer und sarkastischer
Weise geißelte.

Der Tagesbote [Brünn],
22. Juni 1923 [62]

63./64. Die Schau-
spieler Pavel Noll
und Vlasta Burian,
gezeichnet von
Herbert Jhering

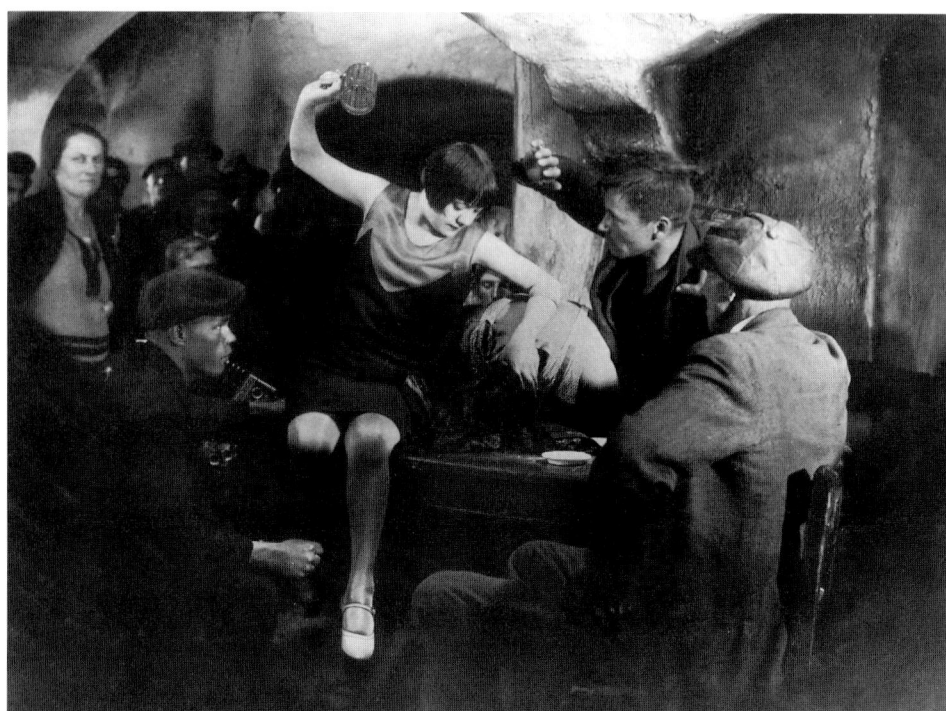

65. Ita Rina als
»Galgentoni« im
ersten tschechischen
Tonfilm

66. Auch in späteren
Jahren blieb Kisch dem
Showbusineß verbun-
den: hier mit den
Clowns Jan Werich
und Jiři Voskovec.

Im Romanischen Café von Berlin, 1923–1933

Wir sitzen süß und doof ohne Portemonnaie

vor unseren leeren Gläsern im Stammcafé

mittags von Punkt zwölf Uhr

bis abends um Punkt zwölf Uhr:

Verkehrsinseln in dem Meere der Literatur.

Schriftsteller rings im Kreise, von Brecht bis Kisch –

mancher benutzt uns episch am Nebentisch.

Das ist fürs Portemonnaie nicht viel wert,

aber fürs Renommee unerhört:

Endlich wird doch die Nutte einmal verklärt!

Zwei dunkle Augen,

zwei Eier im Glas

und ein Tröpfchen Herzblut

mit Rum!

Ein Täßchen Äther,

ein Band von Verlaine –

O laß uns literarisch sein

und mit den Dichtern gehn!

Friedrich Hollaender:
Gesang der Mädchen im Romanischen Café [63]

67. Egon Erwin Kisch
im Romanischen Café

68. Hamburger
Illustrierte 11/1930.

Denk Dir einen schlanken, fußballtrainierten Egonek mit einem Bubengesicht und über der schwarzen Haarflut einen staubigen Zylinder, der von Temperament sprühte, voll der Kraft zum Haß, der Macht zur Liebe war, und dem es in jedem Satz zustieß, daß statt der vorbedachten Sentenz ein blühender Witz seinem Mund entsprang – so hab ich Dich in frühester Erinnerung, und dies Bild hat sich nicht verwischt, als ich Dich mit einem Bauch, grauen Haaren und ohne Zylinder zum letztenmal sah. Es hatte sich auch außer diesen Äußerlichkeiten nichts an diesem Kisch verändert, dessen Lippen und Füllfeder flossen, als säße er immer am Kastalischen Quell. So wirst Du wohl auch heute noch sein, nachdem ich Dich geschlagene fünf Jahre nicht gesehen habe, Du Beaujolais 1923 unter den Kerlen!

Balder Olden an Egon Erwin Kisch.
Montevideo, 20. März 1945 [64]

Natürlich war das Romanische keine Sonntagsschule, natürlich gab es dort auch Mädchen, die im Jahr 365 verschiedene Liebhaber hatten, es gab Homosexuelle und Lesbierinnen. Aber Orgien gab es nie. Natürlich stimmt es, daß Kisch uns seine Geschichten in immer neuen Varianten erzählte und die verschiedenen Pointen an uns erprobte und schließlich die zu Papier brachte, die den meisten Erfolg hatten. Es stimmt auch, daß ein gewisser Herr Tucholsky gelegentlich mit zwei Damen erschien und wir darüber diskutierten, wie er solche Probleme wie Eifersucht oder eventuelle gleichzeitige Vaterschaft regelte. Wahr ist auch, daß Toller und Hasenclever nacheinander dieselbe Frau liebten, ohne daß ihre Freundschaft darunter litt oder deswegen zerbrach. Aber es stimmt keineswegs, daß die Elite der deutschen Literatur und Publizistik tagaus, tagein im Romanischen Café versammelt war und elitäre Gespräche über die Literatur führte. Im Gegenteil, es wurde ausgesprochen viel geblödelt, geklatscht und gelacht.

Konrad Wachsmann [65]

69. Gesehen von
Lotte Jacobi

Das ist eine Fundgrube. Kisch hat die unbekanntesten Seiten bekanntester Autoren zusammengetan und brillante Arbeiten unbekannter Autoren, und allen gemeinsam ist die herrliche Wildheit des Tages: »Jetzt oder nie! Morgen sind wir alle tot!« Zeitung im besten Sinne. Dreimal gelesen: den Aufsatz von Börne über Johann Wolfgang von Possart, Geheimbderath zu Weimar. (Ja, das war er nämlich auch – das vergessen wir zu leicht. Sollte man aber doch nicht. Bei aller Verehrung: man sollte nicht.) Und Helferich Peter Sturz und ein paar prachtvolle Aufsätze von Ernst Moritz Arndt, Herrschaften, wie haben sie uns die guten deutschen Patrioten verfälscht! Es ist wirklich eine Schande. Kisch hat da etwas sehr Gutes gemacht – ich möchte es jedem Journalisten zu Weihnachten schenken.

Kurt Tucholsky über
»Klassischer Journalismus« [66]

70. Zeichnung von
Wiss

71. Die Feier zum
50. Geburtstag von
Stefan Großmann
(1. Reihe sitzend), da-
hinter stehend Egon
Erwin Kisch, dahin-
ter stehend Carl von
Ossietzky, (hinter der
1. Reihe, 5. von rechts)
Kischs Sekretärin
und spätere Frau
Gisela Lyner

Geburt des rasenden
Reporters, 1925

Unlängst veranstaltete, wie man sich noch erinnern dürfte, der »Pariser Eclair« bei den namhaftesten Schriftstellern eine Rundfrage: »Wen halten Sie für den Schutzpatron der Journalisten?« […] Schade aber, daß Egon Erwin Kisch nicht befragt wurde, denn der hätte Plinius den Jüngeren, Daniel Defoe und den General Bonaparte genannt, und noch viele, viele andere, die man in seiner ausgezeichneten Anthologie »Klassischer Journalismus« finden kann.

Der deutsche Reporter hat selbst noch keinerlei Autonomie im Reich des Geistes; er steht einsam da und wird meist nur als Redaktionsbeamter bewertet. Er steht in der Hierarchie der Leitartikler und Kritiker auf der untersten Stufe. Er ist nicht »organisiert«. Und gerade das ist es, was augenblicklich die französischen Journalisten erstreben und oft in harten Kämpfen unterstreichen: sie wollen auf gleichen geistigen Rang mit den Bücherschreibern gesetzt werden. Sie behaupten, daß es ebenso schwer ist, wenn nicht schwerer, in einer genau abgegrenzten Zeitspanne, oft nur eine oder zwei Stunden bis zum Abgang eines Schiffs oder dem Druck der Zeitung, einen wohlfundierten, in allen Teilen, Werturteil und Stil gleichwertigen Aufsatz zu schreiben, als einen Essay oder eine Novelle, zu der man tage-, nächte- und monatelang am Federhalter kauen oder sich mit Kokain begeistern kann. Das ist eine Ansicht. Sie geht aber Irrwege. Nicht darauf kommt es an, wieviel Zeit zu einem Kunstwerk oder einem Artikel gebraucht wird, sondern wieviel Tiefe darin steckt.

Yvan Goll: Der Prinz der Reportage [67]

Kischs Reportage ist gekennzeichnet durch die Intention, den von den kapitalistischen Medien verfolgten Strategien entgegenzutreten und die dahinter liegenden politischen Interessen zu demaskieren. Er machte es sich ähnlich dem englischen Links-Reporter George Orwell zur Aufgabe, gegen die offizielle Historie anzuschreiben.

Keith Williams, 1990 [68]

72. Egon Erwin Kisch
als Kunstwerk im
Vergleich: Umbehr

73. Egon Erwin Kisch
als Kunstwerk im
Vergleich: Heinrich
Sußmann

Egonek schrieb leicht – aber mehrere Male. Texte, die nicht eilten, einzelne Kapitel der Buchreportage zum Beispiel, pflegte er umzuschreiben. Nötigenfalls schrieb er sie achtmal um, und mir scheint, daß er kaum einen Beitrag drucken ließ, wenn er ihn nicht mindestens fünfmal geändert hatte. Gab es genug Zeit, so begann er neue Sachen, indem er sie erzählte. Nachher schrieb er sie auf. Dann schrieb er sie um. (Alles mit der Hand und mit Feder!) Dann las er sie vor: den Gästen, mir, den Verwandten, dem Briefträger, dem Mann, der den Gaszähler ablesen kam, dem Elektriker, der uns die Sicherungen auswechselte, dem Arzt, der Hausmeisterin. In diesem Stadium konnte er sie schon fast auswendig und konnte so beim »Lesen« die Mienen seiner Hörer verfolgen. Wenn er feststellte, daß die Aufmerksamkeit nachließ, strich er die »schuldigen« Sätze an und feilte später noch daran. Seinen Grundsatz formulierte er so: Ich schreibe nicht nur für einen kleinen Kreis von Intellektuellen. Ich schreibe für alle. Auch der primitivste Mensch muß verstehen, auch den Gebildetsten muß es amüsieren und überzeugen.

[…] Und er hielt es für eine große Auszeichnung, was ihm nach dem Krieg, hier in Prag, eine junge Arbeiterin sagte: »Wissen Sie, wenn wir Ihre Sachen lesen – so hat man den Eindruck, man reise selbst durch die Welt …« Egonek hielt es für das größte Lob.

Gisela Kisch [69]

Liebstes Mutterl, was fällt Dir ein, Dir meinetwegen Sorgen zu machen? Ich hab Geld, Arbeit und Erfolg – wie soll mir's anders gehen als vorzüglich. Tausendmal hab ich Dir schon geschrieben: Wenn ich nicht schreibe, ist's immer ein Beweis, daß mir's gut geht. Außerdem liest Du doch in den Blättern gerade genug von mir und meinen Arbeiten. […] Heute las ich vom Tode Franz Kafkas im »Prager Tageblatt«. Schade, schade um ihn. Er war weitaus der echteste von den Prager Dichtern. Ein großer und feiner Mensch.

Egon Erwin Kisch an Ernestine Kisch. Berlin, 5. Juni 1924 [70]

Über den »Rasenden Reporter« habe ich in der Berliner Presse begeisterte Kritiken und überhaupt viel Ruhm. Jeder ist von dem Buch begeistert, aber leider ist im Buchhandel eine so furchtbare Stagnation, daß sich meine Hoffnung, auch finanziell damit viel zu erringen, nicht zu erfüllen scheint […] und auch sonst blühen die journalistischen Geschäfte, aber ich arbeite nicht mehr gerne für Zeitungen.

Egon Erwin Kisch an Ernestine Kisch. Berlin, 17. November 1924 [71]

74. Der literarische
Erfolg erforderte
den Druck von Auto-
grammkarten.

Eine bei E. Reiß erschienene Feuille-
tonsammlung »Der rasende Reporter«,
weil der »Tagesschriftsteller« Egon
Erwin Kisch kein durchgefallener,
sondern ein aus der Ewigkeitsschule
davongelaufener Dichter ist. Er wurde
lieber Pilot, U-Bootsmann, Reporter
bei Mördern, Henkern, Diplomaten,
Taschenspielern und Hochöfen; alles
nur für einen Tag oder ein Feuilleton,
ungeduldig, witzig, essentiell; der Leser, der die Nase in dieses Buch steckt,
sieht durch ein Periskop Gebiete der
Welt (samt Beleuchtung), die er sonst
nie kennenlernen könnte; diese Art
Reportage ist eine Zeitnotwendigkeit.

Robert Musil auf die Rundfrage »Welches Buch
des Jahres 1924 hat auf Sie den stärksten Eindruck gemacht?« [72]

Ich glaube nicht, daß irgendein zweiter lebender Journalist mit einer solchen Sammlung feurig und zugleich
exakt hingeworfener Berichte, Schilde-
rungen, Bilder aufzuwarten hat. Hier
ist das schroff Abwechselnde, Novel-
lenbruchstückhafte einer kinemato-
graphischen Revue voll Wirbel, Staub,
Tragik und von unerschöpflichem Si-
tuationsreichtum. Wenn Shakespeare
aus Dramen seiner Vorgänger und alten Novellensammlungen seine Stoffe
holte – hier sind ein paar Stoffe aus
unserer Zeit für eine spätere aufgehoben, Aufzeichnungen eines Beobachters, der selber durchaus kein Rasender ist, aber als ein Beobachter von
Beruf, für den die üblichen Absper-
rungen durch Pässe, Polizei, Sprachgren-
zen, Standesunterschiede nicht mehr
existieren, das Rasende der Zeit erlebt
und ihm mit seinem Bleistift standhält,

das Buch eines Meister-Reporters, der philosophiert, ohne eine Zeile Philosophie zu schreiben, und dessen ungewöhnliche Intelligenz und Darstellungskraft sich in der Treue gegen einen vom Publikum stets mißverstandenen Beruf versteckt.

Alfons Paquet über
»Der rasende Reporter« [73]

Die Verführung war groß, und die Zeitgenossen erlagen ihr. Aus dem Titel des Buches machten sie ein Synonym für den Verfasser – Egon Erwin Kisch, der rasende Reporter. Es hat seitdem an Versicherungen nicht gefehlt, er sei das genaue Gegenteil gewesen, ein akribischer Rechercheur und Spurensammler, ein penibler Arbeiter und skrupulöser Stilist, die Sätze feilend, die Worte wägend, langsam, unendlich langsam schreibend, kurzum: ein Schriftsteller – dem ja, nach der Definition von Thomas Mann, das Schreiben schwerer fällt als anderen Menschen.

Hans-Albert Walter [74]

75. Beim Signieren
seiner Bücher

76. Kisch vor seiner
Bibliothek in der
Güntzelstraße, neben
Literatur interessiert
ihn vor allem die
Kriminologie.

Hetzjagd durch die Zeit, 1926–1930

Das Tempo einer »Hetzjagd« durch
die Zeit, die Kisch ausführt, bestimmt
nicht die Flüchtigkeit seiner Beobachtungen und nicht die kurze Dauer seiner Feststellungen. Sie können ewiger
sein als die Langeweile der sogenannten »Beschaulichkeit«. [...] Der Titel
ist journalistisch, seiner Bestimmung
nach gehörte er über einen Zeitungs-
Aufsatz. Aber die Aufsätze, die er zu-
sammenfaßte, die Reportagen, Novel-
len, Tagebuchblätter sind Stoffe für
sechsundzwanzig Romane – die nicht
etwa eine Behandlung durch den Ro-
man-Autor erwarten. Sie haben ihr
Schicksal bereits gefunden. Die Reportage braucht nicht erst in den Rang
einer »Kunstgattung erhoben« zu werden. Sie hat die künstlerische Form,
ihre eigene – eben weil sie »nur Tatsachen« berichtet. Was Kisch mitteilt,
ist Wirklichkeit von sensationellem
Rang. Wieviel »Kunst« gehört dazu,
eine nackte Realität zu einer künstle-
rischen Wahrheit zu machen? In einer
Novelle (Der tote Hund und der lebende Jude) zeigt der Verfasser sein rein
poetisches Können, das Handwerk des
Dichters. Im übrigen benutzte er es,
um tatsächlichen Erlebnissen formale
Gültigkeit zu verleihen.

Joseph Roth über
»Hetzjagd durch die Zeit« [75]

Die Lage des Verlages Reiß bringt mich in eine schlimme Situation, einerseits könnte ich natürlich zu einem reicheren Verlag übertreten, andererseits ist es für einen Schriftsteller sehr schädlich, sich in verschiedenen Verlagen zu zersplittern, und ich wäre heute schon viel weiter, wenn die »Abenteuer in Prag«, der »Soldat im Prager Korps« in Deutschland erschienen wären, und noch weiter, wenn's bei dem selben Verlag wäre, und der »Redl« und der »Klassische Journalismus« auch. Ich weiß also noch nicht, wo ich das Geld hernehme, um wegzufahren und das Buch zu vollenden.

Egon Erwin Kisch an Ernestine Kisch.
Berlin, 18. Juni 1926 [76]

Neuigkeiten von mir zu melden ist schwer. Viel Arbeit und noch mehr Rummel, ununterbrochen klingelt das Telefon, ununterbrochen sind Leute da, ich verdiene genug Geld, aber die meisten Menschen halten einen nur auf oder wollen Gefälligkeiten unmöglicher Art. Es sind keine Prager mehr, Berlin ist für die tschechoslowakische Währung derart teuer, daß niemand mehr herkommt, aber leider habe ich hier schon dieselbe Bekanntenzahl und sogenannte »Beliebtheit«, die ich daheim hatte, und noch stärker. Ich entfliehe oft, habe in den letzten Tagen in Düsseldorf, Köln, Danzig, Wittenberg Vorträge gehalten (zweimal im Radio).

Egon Erwin Kisch an Ernestine Kisch.
Berlin, 16. Dezember 1927 [77]

Egon Erwin Kisch, rasender Reporter, Hetzjäger durch die Zeit, las im Feurich-Saal »Reportagen mit Humor«. Ein äußerst vergnüglicher Abend. Kisch hat eine glückliche, leichte Vortragsart [...]. Man lacht, ja man lacht sehr über diese so ungemein vergnüglichen Enthüllungen und Entkleidungen der Macht. Trotzdem, trotzdem: man kann ein bißchen dabei das Gruseln lernen. »Reportage«; die Bezeichnung klingt nüchtern und dürftig, aber im Grunde ist es nur – und nicht weniger – das Stenogramm des Lebens. Kunst, Philosophie, Wissenschaft, sie alle sind in dieser scheinbar so bescheidenen Übung gefangen. Ein sehr heiterer Abend, ja, aber auch ein sehr ernster Abend.

Acht Uhr Abendblatt (Berlin),
4. Oktober 1927 [78]

77. Von Berlin aus
bereiste Egon Erwin
Kisch in der ersten
Hälfte der zwanziger
Jahre Norddeutsch-
land, die Niederlande
(hier der Käsemarkt
von Alkmaar), Däne-
mark, Frankreich und
die Slowakei.

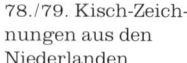

78./79. Kisch-Zeich-
nungen aus den
Niederlanden

Denn seit einiger Zeit stand es für mich fest, daß ich »rasender Reporter« werden wollte. Wie ein alter Prager Freund meines Vaters namens Egon Erwin Kisch.

[...] Ich liebte diese halbdunklen Zimmer mit ihren Türmen von Zeitungspapier, war dankbar für die einfache kameradschaftliche Art, in der sich dieser »große Mann«, den ich im Bademantel oder in Hemdsärmeln, telefonierend, diktierend und einmal auch wütend seine Gefährtin anschreiend kennenlernte, mit einem jungen »Lausbuben« wie mir von gleich zu gleich unterhielt. Dabei fielen mir vor allem seine ungewöhnlich beweglichen Augen auf, die ständig auf der Suche nach etwas zu sein schienen. [...] Kisch, das wußte ich, sah sich gerne in zweifelhaften Milieus um. Er kannte die wüsten Kaschemmen, die Schnapslöcher, Diebes- und Hehlertreffs, hatte bei Obdachlosen in ihren heruntergekommenen Herbergen übernachtet und in die Bordelle von ganz Europa hineingerochen.

Robert Jungk [79]

80./81. Mit Georg Hermann (oben) bzw. Camill Hoffmann (?) im Kaffeehaus

82. Demonstration
gegen Klassenjustiz
in Berlin

83. Am 18. November
1925 wurde Kisch
Mitglied der Kommu-
nistischen Partei
Deutschlands.

Politisches Engagement mit Gleichgesinnten, 1925–1930

Er wurde [...] zum Symbol für das unnachgiebige Durchleuchten dessen, was »gespielt wird«. Kisch, der sozialistische Journalist, machte die Erkenntnis der Fakten für den Klassenkampf nutzbar, aber er lehnte es ab, Propaganda zu fabrizieren.

Frank Trommler [80]

Jede wirkliche Kunst ist Opposition, Rebellion oder Revolution.

Jede wirkliche Kunst muß wahrhaft sein und sich daher gegen die Lügen richten, mit denen die herrschenden Klassen die Unterdrückung der anderen Klassen motivieren.

Jede wirkliche Kunst ist eine Gefahr für die Machthaber. Deshalb haben ihr die Machthaber etwas anderes gegenübergestellt, was sie – um die Begriffe zu verwirren – gleichfalls »Kunst« nennen. Diese Kunst der Besitzenden heißt »zeitlose Kunst«.

Zeitlose Kunst ist eine kunstähnliche Betätigung, die sich mit den Problemen der Zeit entweder gar nicht auseinandersetzt oder nur auf Umwegen, eine Betätigung, welche die thematischen Elemente der Zeit entweder überhaupt nicht erfaßt oder nur verhüllt in sich aufnimmt.

Diese Art von Schriftstellerei, Reimerei, Malerei oder Musiziererei ist Ablenkung – ein von den Herrschenden gegen die revolutionierenden Wirkungen der wirklichen Kunst befohlenes Gegengift.

Egon Erwin Kisch:
Gibt es eine proletarische Kunst? [81]

Im überfüllten Theater am Nollendorfplatz fand gestern nachmittag eine Protestkundgebung statt, [...] Rechtsanwalt Dr. Apfel wies darauf hin, wie sehr der Prozeß Becher die Sache des gesamten deutschen Schrifttums, das hier in elementarer Weise bedroht würde, sei.

Ernst Toller meinte, daß dieser Prozeß ein Hochverrat an der Freiheit des Wortes bedeute. Man wolle die revolutionären Dichter unterdrücken und ihnen jedes Schaffen unmöglich machen. Egon Erwin Kisch wies gleichfalls darauf hin, daß dieser Fall symptomatische Bedeutung habe.

Welt am Abend (Berlin),
9. Januar 1928 [82]

84. Gemeinsam gegen die Zensur: (von links nach rechts, sitzend) Georg Ledebour, Dr. Alfred Apfel, Arthur Holitscher, (stehend) Erwin Piscator, Wieland Herzfelde, Franz Höllering, Egon Erwin Kisch, Alfred Wolfenstein, Ernst Toller, Erich Mühsam, Kurt Kläber, Erich Weinert

85. Mit Anatoli Lunatscharski (zweiter von links) und Freunden in Berlin

Was die Polizeiausstellung nicht zeigt

Die Polizei nimmt es gern in Kauf, daß bei ihrer Ausstellung auf dem Kaiserdamm die Mittel zur Bekämpfung des Verbrechens viel weniger zur Geltung kommen als die Mittel des Verbrechers selbst, und daß die Verbrechung nicht nur zur Verherrlichung der Polizei, sondern in weit größerem Maße zur Verherrlichung des Verbrechens dient und einen Anschauungsunterricht für werdende Verbrecher bildet. Die Polizei nimmt es gern in Kauf, daß man sich bei den dargestellten Kriminalfällen, bei allen Reliquien von Massenmördern, bei allen Andenken an Kinderschändungen und bei dem Grünen Gewölbe mit der Juwelenbörse eines Fassadenkletterers vollständig berechtigt fühlt, der Täter haben jahrelang, jahrzehntelang ihr Gewerbe ausgeübt, ohne erwischt worden zu sein, und sind nur durch Anzeige von Komplizen, aber niemals durch kriminalistische Schlauheit ausgeforscht worden, wenn sie überhaupt ausgeforscht wurden. Die Polizei nimmt es auch gern in Kauf, daß man sich anläßlich der Ausstellung daran erinnert, daß die großen Berliner Kriminalfälle der letzten Jahre überhaupt nicht aufgeklärt wurden, der Mord am Pagen Schäpel im "Café Vaterland", die Fememorde im Grunewald und Tegeler Forst, die Bluttat an der Prostituierten Stanzeski am Arnswaldeplatz usw. Die Polizei nimmt es gern in Kauf, daß der denkende Zeitungsleser mit Ekel die Namensnennung und Beweihräucherung von Kriminalfritzen liest, die den Filmschauspielerinnen und Operettensängerinnen den Rang ablaufen wollen.

Die Polizei nimmt all das gern in Kauf, denn ihr gilt es nur für wichtig, von dem wahren Zweck ihrer Tätigkeit abzulenken, von dem rein politischen Hauptzweck ihrer Existenz, von ihrem Charakter als

Instrument der herrschenden Klasse zur Einschüchterung, Niederhaltung und Bekämpfung des Proletariats. An den wahrhaft ungeheuren, ziffernmäßig gar nicht zu berechnenden Spitzelapparat, der alle linksgerichteten Organisationen, alle Betriebe und alle Straßen durchsetzt, erinnert nichts in den großen Propagandaschau des Büttelamts, nichts erinnert an die glanzvolle Eroberung der Russischen Handelsvertretung in Berlin, nichts erinnert an die Salven gegen unbewaffnete Versammlungsteilnehmer von Halle, nichts an Svits Erschießung im Polizeipräsidium, nichts an die polizeilichen "Verrätermorde" von Bayern, und selbst in der "Geschlossenen Abteilung" wird nicht gezeigt, wie die Karikaturisten der neuen Zeit, Künstler vom Range George Grosz, Rudolf Schlichter, John Heartfield und Griffel an der Ansicht des Volkes über die Polizei Ausdruck geben.

Am allerwenigsten aber ist etwas von dem Hauptgebiet der Polizei zu sehen: von ihrer Tätigkeit auf der Straße bei Manifestationen des Proletariats, wo sie, von schneidigen Leutnants und karrierelüsternen Bureaukraten aufgehetzt, mit Rippenstößen, Fußtritten, Gummiknüppeln, Revolvern, Panzerautos und Maschinengewehren wahre Heldentaten gegen Waffenlose, gegen Knaben und Frauen zu leisten imstande ist. Zwar drängen sich Zehntausende in den Hallen am Kaiserdamm und werden für ein paar Stunden abgelenkt von den wahren Leistungen der Polizei, aber zu Hause erinnern sich die Denkenden unter den Besuchern doch an die Opfer, die in Deutschland, in China, in Ungarn, in Bulgarien, in Rumänien und in Polen wegen politischer Ueberzeugung von der Polizei zu Krüppeln geschlagen, in den Kerker geworfen oder ermordet worden sind.

Egon Erwin Kisch.

Aus Pferd gefesselt, von Polizei bewacht.
Abtransport von gefangenen Arbeitern im mitteldeutschen Aufstand 1921.

Polizeiangriff auf Streikende in New Jersey (Amerika).

Englische Polizei in Shanghai
zerstreut eine chinesische Demonstration und schleppt die Anführer in sicheren Verwahrsam.

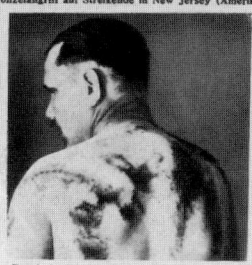

Bayrische Landespolizei verprügelte in brutalster Weise den kriegsbeschädigten Arbeiter Schindler
aus Straubing, der sich wegen eines Mieter-Streites an die Behörden gewandt hatte.

Wie man Bergleute fesselt.
Polizei in Südafrika fesselt Bergleute, die sich an einem Streik beteiligten.

Die Polizei "hat gesiegt".
Geschossene rumänische Gendarmen gegen rumänische Arbeiter, die den revolutionären Arbeiterparteien angehören.

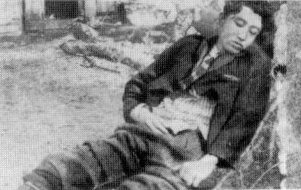

Bulgarischer Student, von Polizisten ermordet.

86. Immer wieder zieht Kisch gegen die Klassenjustiz und Übergriffe der Polizei zu Felde. – AIZ 20/1926

Da die Landesprüfstelle nicht jedes deutsche Buch lesen kann, ist sie auf Anzeigen angewiesen, und das Gesetz ist geeignet, eine Hochflut von solchen Denunziationen des Muckertums, der Nuditätenschnüffelei, des Neides und der Impotenz hervorzurufen. [...] Dieses Gesetz gilt nicht zum Schutz der Jugend. Denn wer die Jugend schützen wollte, müßte all den Schmutz und Schund verbieten, der mit obrigkeitlichem Wohlwollen in Lesebüchern, auf Filmen, in Knaben- und Mädchenromanen der Jugend aufgepfropft wird, all jene romantisch-verlogenen Kriegs- und Fürstengeschichten, alle die kitschigen Couleurstudenten- und Militärfilme und alle die süßlich-aristokratisch-vornehm-sentimentalen Schundromane von der Courths-Mahler e tutti quanti, gegen die keine Landesprüfstelle etwas einzuwenden haben wird. Nein, dieses Gesetz geht nicht zum Schutz der Jugend. Dieses Gesetz geht [...] zur Knebelung des Geistes, es geht zum Schutz der Lüge gegen die Wahrheit [...].

Egon Erwin Kisch:
Weg mit dem Schmutz- und Schundgesetz [83]

Immer mehr ringt sich die Überzeugung durch, daß Max Hoelz unschuldig im Gefängnis sitzt. Immer weitere Kreise der Arbeiterschaft, immer weitere Kreise des Mittelstandes und der Bauern müssen heute zugeben, daß an Max Hoelz ein Justizverbrechen begangen wird. [...]

Egon Erwin Kisch präzisierte den Fall Hoelz als das, was er ist: als einen politischen Fall. Nicht um Gerechtigkeit geht es, sondern um Rache. Die Bourgeoisie will jetzt die Furcht, die ihr einst das kämpfende Proletariat eingejagt hat, an den politischen Gefangenen vergelten. Die Bourgeoisie will die proletarischen Gefangenen zermürben und zerschlagen.

Rote Fahne (Berlin),
28. November 1927 [84]

87. Bei einer Reise
nach Moskau machte
Diego Rivera (links)
in Berlin Station.

Freundschaft mit
Willi Münzenberg

Man hat Münzenberg den Erfinder der
»fellow traveller« genannt, jener für
den Kommunismus bis heute unent-
behrliche, großenteils aus den Reihen
der Intellektuellen stammenden Hilfs-
truppen, die, ohne Mitglieder der kommunistischen Parteien zu sein, diesen
jedoch tätige Sympathie entgegenbrin-
gen und sie durch öffentliche Bekennt-
nisse moralisch unterstützen. Münzenberg hat sie nicht erfunden. Es gab sie
von Anfang an. Seine Leistung war
vielmehr, sie in einem bis dahin unbekannten Umfang mobilisiert und für
die Kommunisten dienstbar gemacht
zu haben. […] Der Anteil des Organisa-
tors Münzenberg an seiner Leistung
ist groß. Er überließ, wenn möglich,
nie etwas dem Zufall, schon gar nicht
die Manipulation der Sympathisieren-
den. Er wußte sehr genau, wessen Mit-
wirkung oder Unterschrift in einer be-
stimmten Angelegenheit von besonde-
rem Wert war, und er bemühte sich
systematisch um diese Namen. Dazu
hatte er sich ein Netz von Verbindungs-
leuten geschaffen. Otto Nagel stellte
die Kontakte zu bildenden Künstlern
her, Otto Katz oblagen die Beziehungen zu Schauspielern und Filmleuten,
Kurt Kersten und Egon Erwin Kisch
die Verbindungen zu Schriftstellern
und Journalisten.

Babette Gross [85]

88. Willi Münzenberg
leitete ein Verlagsim-
perium und war die
treibende Kraft der
linken Gegenkultur
in der Weimarer Re-
publik. Im Exil wurde
er Motor der Volks-
frontpolitik, bis
es zum Bruch mit
Moskau kam.

Zehn Minuten nach drei rast der »rasende Reporter« ins Kolleg der Piscatorschule und schwingt sich aufs Katheder. Er sitzt im wahrsten Sinne des Wortes am Katheder, in der einen Hand eine Zigarette, in der anderen Hand einen Stuhl schwingend. Er spricht über die erzählerische Technik Jack Londons, erklärt sie aus dessen Werdegang und gibt eine charakteristische Reportage von Jack London wieder. Ein dutzendmal wird er unterbrochen und läßt sich in Debatten ein, wobei ihn die Hörer beschimpfen, was er lachend zur Kenntnis nimmt. Ein dutzendmal unterbricht er sich selbst, wobei er sich beschimpft. Anschließend daran läßt er sich die in der letzten Stunde gestellten Aufgaben vorlesen. [...] Dann erzählt Professor Kisch journalistische Witze und, als ihn ein Hörer interpelliert, ob Kischs Artikel über die »Taschenspielerschule« Wahrheit sei, macht er Zauberkunststücke. »Egonku!« ruft plötzlich eine Studentin, »erzähl' doch noch die Geschichte: ›Wenn ein Jud' blöd ist‹, bitte.« Der Professor erwidert würdig: »Genossin, die hast Du doch schon vor zehn Jahren von mir in Prag gehört. In Prag bin ich der Clown, hier aber bin ich der Herr Professor, verstanden, und ich verlange von meinen Hörern Disziplin! Ich lese Euch dafür ›Die Mutter des Raubmörders und ein Reporter‹ vor und werde Euch meine Einstellung als Reporter in diesem Falle erklären.«

Felix Kühne [86]

89. Freunde und Mitkämpfer gegen soziale Ungerechtigkeit: (von links) Wieland Herzfelde, John Heartfield, Kurt Kersten

90. Zugfahrt nach
Moskau

Erste Reise in die Sowjetunion, 1925/26

Liebstes Mutterl, ich bin also in Moskau und bin ganz glücklich, denn diese Stadt ist äußerlich und innerlich das Schönste auf der Welt.

Egon Erwin Kisch an Ernestine Kisch. Moskau, 30. Dezember 1925 [87]

Moskau kriecht vorbei, Orgie der Kontraste, asiatisches Dorf mit Häusern in amerikanischem Wolkenkratzerstil, Kistenschlitten und Autobus, Barockpalast und Holzhütte, Stanislawskij und Meyerhold, Presseaufschwung und Diktatur, Hofopernballett und »Blauen Blusen«, Straßenbasar und Warenhaus. Von den Turmknäufen des Kreml leuchten goldene Zarenadler unversehrt herüber, zwischen ihnen weht Tag und Nacht die rote Fahne von der Kuppel. Vierzigmal vierzig goldene Kreuze mit je acht Enden (auch dort, wo Kopf und Füße Christi waren, sind Querbalken) und mit einer goldenen Kette richten sich fromm zu Gott empor, vierzigmal vierzig blutrote Sterne mit je fünf Enden richten sich trotzig gegen Gott empor. Und die Türme selbst! Es war dafür gesorgt, daß goldene Zwiebeln in den Himmel wachsen – an einer Straßenecke hat man mit einer Ananas Fußball gespielt, und sie blieb in der Luft hängen –, am Roten Platz steckt eine buntgewürfelte Gesellschaft von beturbanten Emiren, Scheichs und Großwesiren die Köpfe zusammen und flüstert sich, o heiliger Basilius!, pikante Geheimnisse aus dem Harem zu – jemand erhob feierlich seinen Becher, und der Becher ward zum Kirchturm.

Egon Erwin Kisch:
Rußland in der Eisenbahn [88]

Übrigens muß man sagen, daß ein Eisgang nicht die langweiligste Art von Volksbelustigung ist. Die Natur zeigt sich hier in ihrer wahren Natur. (»Kisch«, pflegte ein alter Lokalredakteur zu einem jungen Reporter zu sagen, »Kisch, schimpfen Sie nicht immer auf die Natur, ein Journalist weiß nie, ob er sie nicht brauchen wird. Kann er kein Tatsachenmaterial bekommen, muß er froh sein, wenn er fünfzig bis sechzig Zeilen lyrische Landschaftsschilderung zu schreiben hat.«) Also, es sei anläßlich des Eisgangs nicht die Natur beschimpft, im Gegenteil, loben wir sie, daß sie diesmal nicht heuchlerisch die Maske frommer Idyllik umgebunden hat, sondern sich in ihrer ganzen rohen Wut und Gier und Geilheit dem versammelten Publico offenbart. Sexualkampf zwischen Wind und Winter. Es ist lange her, seit sich Winter, Selbstherrscher Rußlands, auf die temperamentvolle Moskwa warf, und mochte Genosse Wind noch so eifersüchtig die spanische Wand aus Eis entlangjagen, hinter der sich sein Komparativ mit der Moskwa verbarg, er konnte nicht erfahren, was dahinter vorgehe, er zischte vor Wut und Erregung, er ahnte nichts Gutes, er war neurasthenisch von der Zurückhaltung, sehnte sich, da unten im Bett mit dem Wasser wieder seine Liebesspiele zu treiben. Vergeblich, jetzt aber, der 1. Mai ist nahe, jetzt hat er die Macht, den Nebenbuhler

zu zertrümmern und die Mauer seines Liebespavillons, jetzt prügelt der Wind den Winter und die Wand und das Wasser, das sich bäumt unter den Hieben des Geliebten und unter den Leichenteilen des Schänders davonjagt in irrsinniger Flucht.

Egon Erwin Kisch:
Hochwasser als Spaß [89]

91. Die alte Königsburg
von Tiflis (Tbiblissi)

Ob er die Reisegesellschaft in einem
überstopften Abteil zwischen Moskau
und Tiflis schildert, ob er durch die
Zarenschlösser wandert oder in die
Fabriken und Putilow-Werke, durch
Börsen und Hochschulen, ob er Theater aufsucht oder Gefängnisse, Irren-
häuser oder Kirchen, ob er Audienz
hat beim Moskauer Polizeichef oder
beim armenischen Patriarchen, beim
kleinen Vagabunden einer Besserungs-
anstalt oder in Pawlows psychologi-
schem Institut, ob er die Sternwarte
Pulkowo schildert oder das Donezbek-
ken, seine Eindrücke im Marx-Engels-
Institut oder im türkischen Dampf-
bade. Egon Erwin Kisch ist immer
sinnfällig, immer spannend, immer
lebendig, weil er unbegrenzt aufnah-
mefähig, begeisterungsfähig und im
Kern ein weiser und grundgütiger
Mensch ist. […] Man kann ein riesiges
Material von Tatsachen und Menschen
nicht gefälliger, nicht in liebenswürdi-
gerer Form und mit besserem Humor
vorüberziehen lassen.

Theodor Lessing über
»Zaren, Popen, Bolschewiken« [90]

92./93. Rudolf Schlichter illustrierte Kischs Buch »Wagnisse in aller Welt«.

Afrika, 1927

Liebstes Mutti, ich bin bei sengender Hitze ganz allein tief in einem arabischen Ort in der Sahara, habe seit Wochen nichts von Europa gehört und denke mit Sorgen zärtlich an Dich. Ich bleibe noch vier bis fünf Tage in Südalgerien, dann gehe ich nach Tunis (Afrique du Nord), wo ich poste restante von Dir Brief erwarte.

Egon Erwin Kisch an Ernestine Kisch. Tuggurt, 31. Januar 1927 [91]

Selbst hat Egon Erwin Kisch nur ein einziges Mal vor der Filmkamera gestanden und auch das nur infolge eines abenteuerlichen Zufalls. Es war im Sommer 1926, als er sich gerade auf der Reise durch Nordafrika befand: in der Algerier Hotelhalle stößt er unter Arabern und uniformierten Franzosen plötzlich auf ein bekanntes Berliner Gesicht – WolfgangHoffmann-Harnisch, damals Regisseur der Berliner Staatstheater, ist aufgetaucht, er dreht hier seinen großen Ufa-Film »Die Frauengasse von Algier«. Da es zur Zeit noch keinen Arierparagraphen gab, mußte Kisch mittun: es wurde besonders für ihn eine kleine, aber drastische Charge eingefügt: ein Bettler. Kisch spielte sie originell und wurde zu seiner Überraschung bei der Berliner Premiere sogar auf das Personenverzeichnis gesetzt. Trotz diesem Erfolg hat er die Filmschauspielerlaufbahn nicht ergriffen.

Franz Glaser [92]

94./95. Ein UfA-Fim-
team engagierte Kisch
für eine kleine Neben-
rolle als Bettler in
»Die Frauengasse
von Algier«.

Weltreportage auf Radiowellen, 1926–1930

In einem schrecklichen Sonntagspro-
gramm, zwischen Musik, Musik und
wieder Musik, ein einziger Lichtblick:
Egon Erwin Kisch. Er sprach im Berliner Rundfunk und erzählte uns
einiges »Aus der Praxis des Lokalreporters«.

Gut und lebendig der geschichtliche
Abriß, den er gab. Schon vor langen
Zeiten gab es Reportagen. Dann aber
kamen wieder Zeiten, in denen man
die Zeitungen mit erfundenen senti-
mentalen Geschichten füllte, in denen
man nichts von der Wirklichkeit wissen wollte.

Heute hat man erkannt, daß die
Phantasie der Wirklichkeit, die Phantasie der nackten Tatsachen stärker
ist als erfundene Geschichten. Die Zeitungen dürfen nicht fliehen vor der
Realität. Sie müssen gerade die realen
Dinge des Lebens wiedergeben.

Und Kisch stellte drei Forderungen
auf, die notwendig sind, wenn man ein
guter Reporter, ein wirklicher Über-
mittler des Lebens sein will: Der Wille
zur Sachlichkeit, ein starkes soziales
Gefühl und der Wille, den Unterdrückten zu helfen.

Rote Fahne (Berlin), 13. Juni 1928 [93]

96. Federzeichnung,
anonym

97. Zum Jahreswechsel 1929/30 begleitete Kisch die Fahrt eines historischen Benz-Wagens von Berlin nach Hamburg, um allabendlich seine Eindrücke im Radio zu schildern.

Bettler in Tunis, Industrielle in Essen, Moskauer Volkskommissare und Marseiller Nutten, Chefredakteure und Schnorrer, Arbeiter und Snobs, Neger und Ostjuden, Kaiser und Revolutionäre kennen ihn, den ersten wahren Reporter, den Kisch.

Ein kleiner gedrungener Mann saust durchs Romanische Café. Keinen Tisch läßt er aus. Eben noch sprach er mit Karin Michaelis, jetzt erzählt er dem Portier Nietz den neuesten Journalistenwitz. Kaum ein Statistiker darf wagen, die Zahl seiner persönlichen Bekannten abzuschätzen. Immer ist er mittenmang im Kaffeehaus, bei Schwannecke, bei Schlichter, und es bleibt für den Laien ein Rätsel, wann er nun eigentlich seine Bücher schreibt. [...] Noch weiß er nicht, wohin ihn seine Abenteuerlust führen wird, auch vermag er nicht anzugeben, wie der Titel seines nächsten Buches heißen wird. Mit Spannung warten aber heute schon die Bücherfreunde Europas auf das kommende Buch, mit eben der Spannung, mit der die Rundfunkhörer dem neuen Auftreten des rasenden Reporters vor dem Mikrophon entgegensehen. Funk Heil, Egon Erwin Kisch!

Hans Tasiemka [94]

98. Foto Lotte Jacobis
mit dem Titel: Egon
Erwin Kisch im Roma-
nischen Café, 30 Minu-
ten vor der Abreise in
die USA.

99. Lob für die Bibliothek in New York, Entsetzen über den Strafvollzug – AIZ 10/1931

Paradies Amerika
Landung in New York, 1928

In New York geriet ich gleich in den gigantischen Rummel der Präsidentenwahl, aber auch sonst ist's hier nicht sehr ruhig, werde viel zu schreiben haben.

Egon Erwin Kisch an Ernestine Kisch.
New York, 2. November 1928 [95]

Ich wollte schon Jänner zurückkreisen, aber infolge Deines gütigen Anerbietens wegen des Geldes bleibe ich länger. Bin trotzdem sehr sparsam, bin ja nicht zum Vergnügen hier, aber es ist wahnsinnig teuer, und meine Honorare für Zeitungsartikel decken den Aufenthalt nicht einmal dann, wenn ich täglich ein Feuilleton schreibe. [...] New York ist ein Nest – man muß immerfort Bekannte grüßen, wenn man über die Straße geht.

Egon Erwin Kisch an Ernestine Kisch.
New York, 30. November 1928 [96]

100. Um das Reisegeld zu sparen, heuerte der dreiundvierzigjährige Kisch als Leichtmatrose auf dem Frachter »Jefferson Myers« an.

Paradies Amerika
Als Matrose durch den
Panamakanal, 1928/29

Liebstes Mutterl, da ich heute auf einem Frachtdampfer, auf dem ich schon
14 Tage südlich fahre, an Florida und
Westindien vorbei, durch den Panamakanal komme, wo Post abgeholt wird,
so schreibe ich Dir, daß es mir gut
geht, was ich vor allem Dir verdanke.
[…] Am 4. Februar bin ich in Los Angeles und Hollywood, der Filmstadt in
Kalifornien, wo ich etwa eine Woche
bleiben will, dann kommt San Francisco und schließlich über Chicago die
Heimfahrt nach New York und Europa, wenn alles gut geht.

Egon Erwin Kisch an Ernestine Kisch.
[Vom Schiff] S. S. »Jefferson Myers«,
22. Januar 1929 [97]

101.–105. Die Fahrt
ging von Baltimore aus
an Haiti, Cuba und den
Bahamas vorbei durch
den Panamakanal nach
San Francisco und Los
Angeles.

Von acht Uhr morgens bis vier Uhr
nachmittags ist daywork. Auf dem
Bootsmannstuhl sitzend, wird man
den Mast emporgezogen, oben macht
man sich das Brett mit einem Knoten
fest; dem Knoten vertraute ich anfangs
wenig und war allzeit bereit, wenn er
sich lösen sollte, mich mit den Händen
am Tau zu fangen und festzuhalten.
Schließlich lernt man es aber, auch an
den selbstgeschürzten Knoten zu glauben. […] Senkrecht bleiben die beiden
Hauptmasten, wenn sie neues Schiffs-
gelb empfangen. Um den Kamin zu
lackieren, wird man wieder auf den
Bootsmannstuhl hochgezogen, einen
Topf mit schwarzer, später je einen mit
weißer und roter Farbe unter sich an
das Sitzbrett gehängt. Der Kamin hat
einen roten Ring und darin eine mäch-
tige weiße Swastika, zu deutsch: Ha-
kenkreuz, das schön und ordentlich
zu streichen und dabei der Heimat zu
gedenken ich mir nicht nehmen ließ.

Egon Erwin Kisch:
Als Leichtmatrose nach Kalifornien [98]

105.

Die Matrosen und die Leichtmatrosen erzählen mir, der ich in der Mitte des Schlafraums schwebe, gleich Mohammeds Sarg in der Kaaba, mit Begeisterung von den Freibeutern und ihren Kaperschiffen. Ihre Begeisterung gilt den Piraten, nicht mir. Warum sollten sie für mich auch nur Sympathie empfinden? Ich bin der ungeschulteste Arbeiter, offenkundig ein Außenseiter, kenne die Personen und Lokale nicht, um die die Gespräche gehen. […] Und doch werde ich als einer der ihren angesehen, denn ich habe etwas mit ihnen gemeinsam: ich habe Jack London gelesen und liebe ihn, wie alle rings um mich. Wir sprechen von dem Ende des Romans »Martin Eden«, das dadurch nicht weniger unwahrscheinlich wird, daß der Autor später selbst dieses Ende nahm […].

Heute wuschen wir das Bootsdeck, nachmittags war Feueralarm, abends stürmische See. Dazwischen ein Tag, eingeschnürt in eine Schlinge des Äquators, wir glaubten zu ersticken.

Egon Erwin Kisch:
Als Leichtmatrose nach Kalifornien [99]

106. Auf den Spuren seines Idols Jack London reiste Kisch zu den großen Goldfeldern im Norden der USA.

Paradies Amerika
Mit Upton Sinclair bei
Charlie Chaplin, 1929

»Chaplin? Ja, wir können uns inzwischen bei ihm aufhalten, wollen Sie?«

Selbstverständlich wollte ich, denn er ist einer von den Gerechten, um deretwillen Amerika verschont werden muß vor dem Schicksal Sodoms und Gomorrhas.

Ein anderer dieser Gerechten ist der, der mir die Frage stellt, ob wir uns inzwischen bei Chaplin aufhalten wollen. Er heißt Upton Sinclair. […]

Zwei Männer begrüßen Sinclair, es war gerade Aufnahme, erzählen sie, und einer sagt: »Dort kommt ja der Boß!«

Der Boß! Der Alte! Der Chef! Wir wenden uns um nach dem Boß. Nach Charlie Chaplin. Wenn er wenigstens in einem anständigen Anzug daherkäme, wie sich's für einen Boß, einen Chef, den Alten geziemt, so könnte er allenfalls außerhalb dieser Zeit – wenn er kein Boß, kein Chef, nicht der Alte ist – jener tieftraurige Vagabund mit den komischen Einfällen sein, den wir so sehr lieben. Aber er naht auch jetzt in den herabhängenden geflickten Hosen, in den geflickten großen Schuhen, mit der verschobenen Krawatte und mit dem zerschlissenen Röckchen. Er kommt eben von der Arbeit, er ist ein Boß, der arbeitet.

[…] Die Gespräche mit Chaplin drehten sich immer und immer wieder um die Einheit von ästhetischem und sozialem Zweck. Er, in dessen Werk diese Einheit sich verkörpert, er, der als ein »radical« und »bolshevik« gesellschaft

lich fast geächtet ist, spricht immerfort Zweifel aus, vielleicht aus Gründen der Diskussion, vielleicht um von den Besuchern neue Argumente zu erhalten, vielleicht infiziert von der Atmosphäre Hollywoods.

Egon Erwin Kisch:
Arbeit mit Charlie Chaplin [100]

Die Reise war der Höhepunkt meines Lebens, Panamakanal, Los Angeles, Hollywood, San Francisco, Sacramento, Chicago, Detroit etc. Es wird bis Weihnachten dauern, bevor alle Artikel erschienen sein werden.

Egon Erwin Kisch an Ernestine Kisch.
New York, 1. April 1929 [101]

Amerika war nicht nur die längste Reise meines journalistischen Lebens, sondern auch weitaus die ergiebigste, und ich habe eine wunderbare Zeit verlebt, wenngleich ich keinesfalls drüben leben möchte, die Leute haben überhaupt nicht das geringste Interesse an etwas anderem als dem Dollar, die kulturelle Verwahrlosung ist unbeschreiblich.

Egon Erwin Kisch an Ernestine Kisch.
[Vom Schiff] S. S. »Homerie«,
19. April 1929 [102]

107. Aus der Begegnung Egon Erwin Kischs mit Charlie Chaplin, vermittelt durch Upton Sinclair, machte die AIZ eine Titelseite. – AIZ 21/1929

108. Noch einmal
mit Charlie Chaplin

109. Vor der Skyline
von Chicago

110. Immer wieder zog es Kisch in ländliche Abgeschiedenheit, um an seinen Büchern zu arbeiten. Pension Teufelsmühle bei Sokolov – (v. l. n. r.) Egon Erwin Kisch, Ernestine Kisch, Herr Lederer aus Königsberg, Gisela Lyner und das Ehepaar Fehre aus Eger.

Wirtschaftskrise in Europa, 1929/30

E. E. Kisch hat eine Eigentümlichkeit, die ich immer sehr bejaht habe. Er sieht sich in fremden Ländern allemal die Gefängnisse an. Denn maßgebend für eine Kultur ist nicht ihre Spitzenleistung, maßgebend ist die unterste, die letzte Stufe, jene, die dort gerade noch möglich ist. Wir können Griechenland nicht so sehen, wie Jakob Burghardt es uns geschildert hat: griechische Heloten sind wichtig, mindestens so wichtig wie Praxiteles und die ewig strahlende Sonne.

Kisch hat in Amerika viel gesehen, und er hat, was er gesehen hat, gut erzählt, lebendig erzählt, frisch erzählt. Man hat nicht den Eindruck, er sei nur hingegangen, um auf alle Fälle in Amerika alles schlecht zu finden – aber er ist marxistisch geschult und läßt sich nichts vormachen. Nur ein Amerikaner wird beurteilen können, ob er nun auch alles so gesehen hat, wie es wirklich ist – aber wie »ist« ein Land? Der das Land beherrscht, wird ein anderes Bild haben, als der, der es erleidet; Kisch ist bei den Leidenden gewesen.

Kurt Tucholsky über
»Paradies Amerika« [103]

[...] die Liga hat am Sonntag beschlossen, unbeschadet ihrer Neutralität im Gedanken- und Weltanschauungsstreit über Sowjet-Rußland, die Verletzung der Menschenrechte durch die Moskauer Machthaber nach wie vor zu geißeln. Kisch empfand das Bedürfnis, sich von diesem Beschluß der Liga, als deren Gast er sprach, zu distanzieren. Sein ungebändigtes Temperament entlockte ihm heftige, ja provozierende Worte, und so begann der Abend gleich lebhaft.

Dann ging es endlich nach Amerika. Aber Kisch ist kein Rhetor, sondern ein Caseur. Er bedarf des Kontakts mit denen, zu denen er sich wendet, er muß sich entzünden. So wurde sein Vortrag eine Art improvisierte Schnelldichtung. Einem Couplet-Sänger gleich, bat er um Zurufe. [...] Inzwischen plaudert er über die Prosperitätsethik, über das Auto-Ideal, diskutiert, polemisiert. Findet er Amerika etwa deshalb schrecklich, weil es in diesem reichen Land einigen Leuten ebenso schlecht geht wie in Rußland – vielen? Es hagelt Widersprüche. Kisch, in Liebe und Haß gleich entschieden, hat für niemanden Schonung. Auch der Presse, insbesondere des Tempos, gedenkt er mit ablehnender Reaktion. Das hindert uns trotzdem nicht daran, dem auch in der Raserei charmanten Reporter für eine amüsante Stunde zu danken.

Tempo (Berlin),
26. Februar 1930 [104]

111./112. Zeichnungen von A. W. Drechsler und Erik Saunders

Als Professor der Universität Charkow, 1930

Aus Spaß ist nun ernst geworden. Egon Erwin Kisch, der uns jungen Reportern in seiner Bude in der Güntzelstraße bei schwerem schwarzem Mokka so manches lustige Kolleg im Journalismus gegeben hat, wird nun an der Zeitungshochschule von Charkow als Professor im Hörsaal vor Hunderten von Studenten dozieren. […] Es wäre sehr, sehr traurig, wenn diese eminente Begabung des deutschen Journalismus, dieser erste große deutsche Reporter, für immer nach Rußland ginge. Wenn heute der Reporter keine Witzblattfigur mehr ist, wenn »Reportage« heute neben den anderen Sparten des Journalismus gleichberechtigt stehen darf, so ist das vor allem das Verdienst von Egon Erwin Kisch. Er hat jenen verlogenen Feuilletonismus, der eines Witzes wegen eine Sache verriet, durch seine Arbeit ad absurdum geführt. Dieser glänzende Berichterstatter, zu dessen Schülern viele Publizisten zu rechnen sind, die in den letzten Jahren von sich reden machten, hat bei den zahllosen Gelegenheiten immer und immer wieder die Wahrheit um der Wahrheit willen gesagt.

Hans Tasiemka [105]

113. Winter in der Ukraine

КОМУНІСТИЧНИЙ УНІВЕРСИТЕТ
ІМЕНИ
тов. АРТЕМА
м. Харків, вул. Артема, № 54

ТЕЛЕФОН : Ректор 36-19
Проректор—Зав. Навч. 22-37
Проректор—Завадмгосп.
част. 22-3?
Бюро п о. 22-36
Профком. 36-09

По питанню :

Листопаду 15 дня   1930 р. № 461
При відповіді обов'язково посилатися на Н№

На В.№   (н. вх. №   )

П О С В І Д Ч Е Н Н Я .-

Видано це тов. Е Г О Н У ЕРВІНОВІ
КІШУ в тому, що иого дійсно обрано на члена
катедри газетознавства Факультету Журналістики
Комуністичного Університету імени АРТЕМА в
ХАРКОВІ .-

ДЕКАН ч. Ж.   / П .РОМАНІВ /

СЕКРЕТАР   / СИЧОВ /

Зам. 1282. т. 5000.

114. Die Ernennungs-
urkunde zum Profes-
sor für Journalistik
an der Universität
Charkow

Künstler und neue Medien
in Moskau, 1931/32

Hans Richter arbeitet drüben an dem
Film »Metall«. Karl Junghans, dessen Afrika-Film noch immer nicht zu
sehen war, dreht einen Nationalisie-
rungsfilm; der »Zuiderfee«-Ivens einen Film, der das Leben der heutigen
Jugend zeigt. Alle drei machen rus-
sische und deutsche Versionen. Bei
Richter spielt Ernst Busch die Hauptrolle. Junghans läßt in dem Film, der
in mehreren Ländern spielt, die Sprache dieser Länder sprechen. Meschrapom hat mit der Gruppe Brecht-Eisler-
Dudow, die eben den Film »Kuhle
Wampe« beendete, ein Übereinkom-
men getroffen, daß diese Gruppe ihren nächsten Film in der Sowjetunion
dreht. Mit Fritz Kortner schweben Verhandlungen, und Meschrapom hofft,
den großen Außenseiter von Hollywood, Erich von Stroheim, mit dem
eben Verhandlungen angeknüpft sind,
zu verpflichten. Traugott Müller wird
wahrscheinlich drüben einen Film aus-
statten; John Heartfield hat bereits
beim Piscator-Film mitgewirkt. Béla
Balázs schreibt zur Zeit in Moskau
den Film der ungarischen Revolution;
Egon Erwin Kisch, Paul Vaillant-
Couturier, Berta Lask, F. C. Weiskopf
und Albert Hottopp wurden als Autoren gewonnen.

Paul Marcus [106]

115. Friedrich Wolf,
Egon Erwin Kisch,
Erwin Piscator und
Erich Weinert in
Moskau

116. Egon Erwin Kisch
und John Heartfield
(hintere Reihe, 2.und
3. von links) in einem
Klub der Roten Armee

Egon Erwin Kisch äußert sich über
den Rundfunk in Amerika und Rußland: »Alle fünf bis acht Minuten wird
der amerikanische Rundfunk durch
Reklame unterbrochen, durch Sprech-
Inserate. […]« […] In Rußland dagegen
ist der Rundfunk glänzend durchor-
ganisiert. »Es werden sehr viele auf-
klärende Vorträge gehalten, über den
Zeppelin, über Volkswirtschaft, über
Hagel usw. Hier gibt es keine Unter-
brechungen durch Reklame. Eine
sehr schöne Einrichtung ist es, daß
die Hörer aufgefordert werden, ihre
Meinung zu dem gehörten Vortrag zu
sagen. […]« Kisch hat in Moskau und
Leningrad vor dem Mikrofon gesprochen, und zwar über das Thema: »Was
mir in Rußland gefällt und was mir
nicht gefällt.« Auf beide Vorträge gingen ihm zahlreiche Zuschriften zu, sogar aus dem Kaukasus und dem Ural,
die keineswegs immer zustimmend
waren, und unter den Briefschreibern
befanden sich auch solche, denen man
anmerkte, daß sie nicht oft mit der
Feder umgingen.

Die Sendung (Berlin),
30. Januar 1931 [107]

117. Ansprache zur
internationalen Kin-
derwoche

118. Mit Rudolf
Margies (Mitte) und
Max Hoelz vor einer
Moskauer Skyline.
Hoelz war unschuldig
verhaftet worden und
wurde nach einer von
Kisch maßgeblich mit-
initiierten Kampagne
in Freiheit gesetzt.
1934 wurde er von der
GPU ermordet.

119. In Moskau

Da wächst ein Rauschen wie das eines Meeres im Lautsprecher. Punkt neun! Eine Stimme durchdringt das Rauschen: »Achtung, hier Moskau! Sie hören jetzt den Genossen Kisch, der Sie durch das ›Zentralinstitut der Arbeit‹ führen wird. Wir schalten um.«

In das Rauschen mischt sich der wirbelnde Gesang der Transmissionen, Klingen der Hämmer, Feilen, Stanzen, Drehen ... Gesang der Arbeit, Klangsymphonie des Fünfjahresplanes. Und das, was bisher noch kein deutscher Reporter fertiggebracht hat, wird tausend Kilometer von uns zur Wirklichkeit. Kisch, dieser glänzende Reporter, vermittelt ein so packendes, ein so elementares Bild von der Arbeit und dem Arbeiter.

Welt am Abend (Berlin),
20. April 1931 [108]

Plötzlich vernahm ich die Stimme meines alten Freundes Egon Erwin Kisch, der als deutscher Kommentator ins Mikrofon sprach: »Hier Moskau, hier Moskau, ich spreche zu Ihnen vom Roten Platz, wo in diesem Moment die grandiose Militärparade zum 1. Mai stattfindet. Die Sonne scheint zur Feier dieses besonderen Festtages, sie schimmert im Meer der Helme, sie gleicht einem Heiligenschein aus warmen Lichtstrahlen etc. ...

Als er die Übertragung beendet hatte, fragte ich ihn erstaunt: »Aber du lügst! Wie kannst du dermaßen lügen! Du siehst doch genau, daß es regnet!« Doch leidenschaftlich wie er war, gab er mir eine der durchtriebenen Posse angemessene Antwort: »Du weißt doch genau, daß ich ein Taschenspieler bin (wie wahr, ein exzellenter Taschenspieler war er!). Das geschah, um die Sonne wieder scheinen zu lassen!«

Lotte Schwarz [109]

Dann aber schlug seine Heiterkeit in bittere Kritik um, und nicht ohne Staunen hörte ich ihn gegen die verdammte Heuchelei in Sowjetrußland vom Leder ziehen. Gott, war das herzerfrischend. Als aber Kisch so richtig in Fahrt war, ertönte aus dem Nebenzimmer Giselas warnende Stimme: »Egon, hör auf! Du gehst wieder einmal zu weit!« Augenblicklich wandten sich seine Bissigkeiten, nun aber in sanfterer Form, gegen sein Eheweib.

Margarete Buber-Neumann [110]

Neuland in Sowjetasien, 1931

Ich kam gerade aus Moskau nach Taschkent und bin noch voller Eindrücke vom Flug.

Unter mir erstreckten sich drei Tage lang das jahrhundertealte Land der Kirgisen, Kosaken, nomadisierenden Hirten, primitive Hütten und verstreut liegende Ländereien. Aber gleichzeitig sah ich neben diesen baufälligen Wirtschaften riesige Anbauflächen der neuen Kolchosen, neben Jurten nach dem letzten Stand der Technik erbaute Fabriken und zahlreiche Wohnhäuser, neben Kamelen neue Bahnhöfe, neben Maultieren die modernsten Automobile.

Das alles sah ich während eines Fluges, aus dem Aeroplan, der die unendlichen Räume in drei Tagen überwindet, der Jahrtausende auf wenige Jahre reduziert.

Egon Erwin Kisch in der »Usbekskaja Prawda«, 8. Juni 1931 [111]

Ich bin in Gorki bei Moskau – dem Ort, wo Lenin starb –, um in Ruhe mein Buch über Mittelasien zu vollenden, wo ich jetzt war. Es war heiß und interessant.

Egon Erwin Kisch an Paul Kisch. Gorki bei Moskau, 21. August 1931 [112]

»Asien gründlich verändert« [...] ist das erste Buch, das dem ausländischen Leser ein lebendiges Bild des neuen Asien vermittelt, weil es Dinge und Menschen im Fluß, in ihrer Entstehung und Entwicklung, weil es den Sprung aus der mittelalterlichen Welt der »Tausend und einen Nacht« in die Epoche der sozialistischen Planwirtschaft, in seiner ganzen Größe mit allen Widersprüchen und Anachronismen zeigt. Eine Geburt wird geschildert, mit tiefer Freude über das, was geboren wird, doch ohne daß dabei die Schmerzen vergessen werden, die zu jeder Geburt gehören.

F. C. Weiskopf über »Asien gründlich verändert« [113]

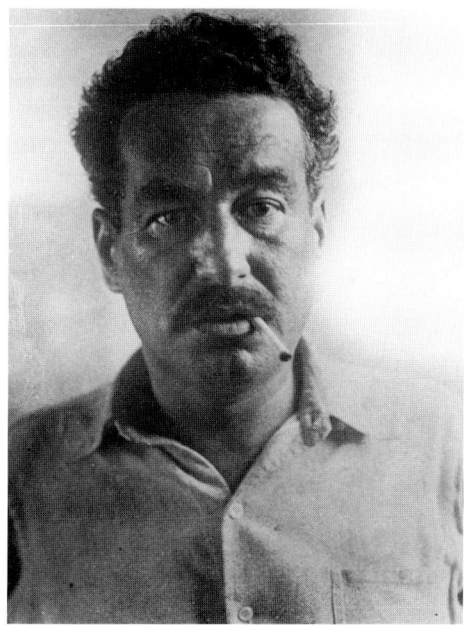

120. Kurz vor der
Abreise in die Tiefen
Asiens

121. Alte und neue
Welt: moderne Trakto-
ren in Buchara

122. Illustration von
Rudolf Schlichter zu
»Wagnisse in aller
Welt«

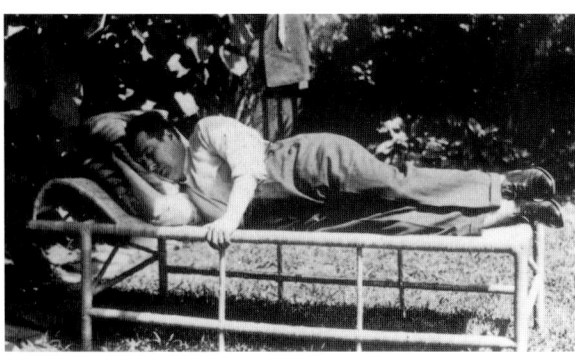

123. Im Garten des
Hauses von Ruth
Werner

China geheim, 1932

Hatte Kisch ein abenteuerlich funkeln-
des Leben, so war es für Gisl zumeist
vor allem recht schwer. Natürlich
bangte sie um ihren Mann, wenn er
mit falschen Papieren in das damals
geheime China fuhr. Sie meisterte
ihre Angst damit, daß sie in Moskau,
wo sie auf ihn wartete, während der
ganzen Zeit seiner Abwesenheit als
Sekretärin und ständige Begleiterin
von Clara Zetkin arbeitete.
Lenka Reinerová [114]

Du trittst aus irgendeinem Haus, im
gleichen Augenblick stoßen sie von allen Seiten auf dich zu, im Augenblick
bist du umzingelt von einer Wagen-
burg, umtost von einladenden, flehen-
den Rufen:

Rikscha

Rikscha   Rikscha

Rikscha   du   Rikscha

Rikscha   Rikscha

Rikscha

Zwölf Mark dafür, daß er dreißigmal
im Monat, wochentags und sonntags,
vom frühen Nachmittag bis zum früh-
en Morgen, tagaus, tagein, hafenaus,
hafenein, von Nantao bis Tschapei,
von Siccawei nach dem Broadway,
kreuz und quer, hin und her, auf und
ab, Schritt und Trab, federnd und zer-
rend, durchschnittlich hundertdreißig
Meter in der Minute macht, bis zu zehn
Kilometer in der Stunde. Die Lunge
wird vernichtet durch diesen Lauf, sie
muß auch noch als Hupe dienen; die
Autos erkennen das Signal nicht an.

Fast täglich sieht man, daß Rikschas
angefahren werden, und bei jedem
Zusammenstoß steigt der Chauffeur
vom Auto und verprügelt den Kuli.
Überanstrengung, Herzkrankheit,
Lungenschwindsucht, Gefahr und
Mißhandlung sind des Rikschakulis
Los. Fünfeinhalb Jahre lang. Dann
stirbt er.

Egon Erwin Kisch:
Rikscha, Rikscha [115]

Da starb einer von des Henkers Hand,
Blut stieß in langem und breitem
Strahl aus seinem Nacken, das Leben
spritzte hoch aus einem, der tot gewesen schien vorher.

Unwirklich, blaß im gelben Gesicht,
huschte er morgens aus dem Raum
des Polizeiautos, seine Hände staken
in Nickelspangen, sein fadendünner,
fadenlanger Körper im grauen Chine-
senmantel. Er wiegte sich in den Hüf-
ten, er schwebte dahin wie ein Gespenst
im Kirchhofswind.

Ich hatte mir seine Physiognomie
und seine Gestalt, während ich wartete, nicht vorgestellt, ich weiß, daß
Mörder im allgemeinen keinen Stier-
nacken, kein vorgeschobenes Kinn,
keine fliehende Stirn haben. Dieser
aber sah doch allzusehr nach Nicht-
Mörder aus, sah eher wie ein Ermor-
deter aus, nicht wie einer, der noch
vom Leben zum Tode zu befördern ist.

Egon Erwin Kisch:
Die Hinrichtung [116]

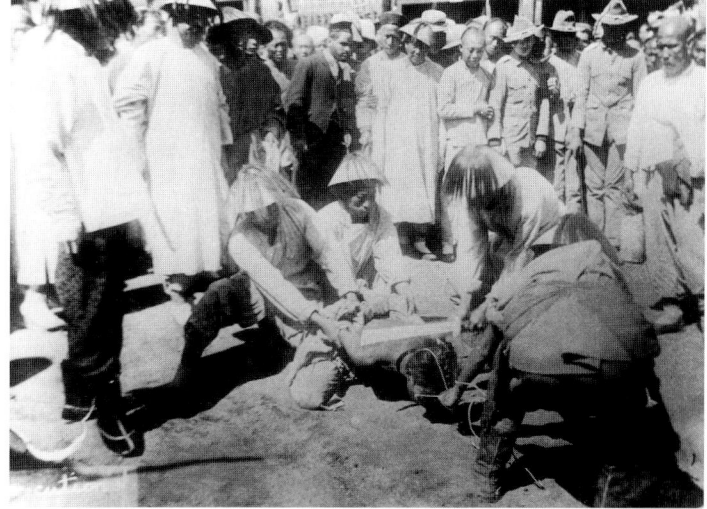

124. Hinrichtung in
China

Europa am Vorabend des Untergangs, 1932/33

125. Die politischen Gegensätze spitzen sich zu: das Karl Liebknecht-Haus der KPD in Berlin.

Er ist nur für wenige Stunden in Berlin, auf der Reise von Moskau nach Wien, wo er einen Vortrag zu halten hat, aber im Januar kommt er wieder und bleibt dann für lange Zeit in Berlin. [...] Was ihm bei seiner Rückkehr nach zweijähriger Abwesenheit in Deutschland am meisten aufgefallen ist? Die Steigerung des Massenelends, die Verschärfung der Krise, die endlosen Scharen von Arbeitslosen, von Schnürsenkelverkäufern, von Stadtbahnsängern, von Hof- und Straßenmusikanten, von Bettlern aller Art, die alle arbeiten möchten und nicht arbeiten dürfen und die im Land der proletarischen Diktatur, im Land des sozialistischen Aufbaus anstatt herumzulungern und zu hungern (oder zum Teil in der braunen Uniform der SA herumstolzieren) vernünftige und nützliche Arbeit tun können. [...] »Wenn man wieder zurück nach Europa, nach Deutschland fährt, glaubt man sich in eine andere Welt versetzt; man ist aus der Zukunft in die Vergangenheit, aus dem Leben in eine sterbende Welt gekommen!«

Berlin am Morgen,
23. November 1932 [117]

126. Zu lange Zeit hielt Kisch den Nationalsozialismus für eine zu vernachlässigende Größe.

Liebste Mama, es ist zwar erst zehn
Tage, daß ich von Dir fort bin, aber
vielleicht machst Du Dir Sorgen, daß
es mir in Hitlers Reich nicht gut geht,
und da will ich Dich beruhigen. Es
geht mir gut. Freilich kann niemand
sagen, ob der Ausländer hier ein alter
Jud werden wird. Ich trage mich mit
dem Plan, meine Bibliothek nach Prag
zu schicken, 40 Kisten mit 4 000 Bänden […] es wäre schade, wenn sie ka-
puttginge.

Egon Erwin Kisch an Ernestine Kisch.
Berlin, 4. Februar 1933 [118]

Der Polizeipräsident von Berlin,
Melcher, ist eifrig damit beschäftigt,
werktätige Ausländer in Berlin auf-
zuspüren und sie auszuweisen. Her-
vorragende Künstler, wie der Schriftsteller Kisch und der Zeichner Bi,
sollen ausgewiesen werden.

Rote Fahne,
8. Januar 1933 [119]

127. Fotomontage von
John Heartfield

1933–1939: Exil in Europa

1933 28. Februar: Verhaftung nach
dem Reichstagsbrand, Einliefe-
rung in die Festung Spandau,
Abschiebung nach Prag
Mitbegründer des »Gegen-
Angriff«, Mitinitiator des
»Braunbuch über Reichstags-
brand und Hitlerterror«
Vortragsreise durch Europa

1934 »Geschichten aus sieben
Ghettos«
»Eintritt verboten«
November: Einreiseverbot
in Australien, Sprung vom
Schiff, zahlreiche Prozesse
und Agitation gegen den
Nationalsozialismus

1935 Teilnahme am 1. Internatio-
len Schriftstellerkongreß zur
Verteidigung der Kultur in
Paris

1936 »Abenteuer in fünf
Kontinenten«
Teilnahme am Weltfriedens-
kongreß in Brüssel

1937 »Landung in Australien«
7. Mai: Tod der Mutter
Juni: Teilnahme am 2. Internationalen Schriftstellerkongreß
zur Verteidigung der Kultur in
Valencia und Madrid,
Aufenthalt in Benicasim

1938 »Die drei Kühe«
Mai: Rückkehr nach Frankreich
29. Oktober: Heirat mit Gisela
Lyner in Versailles

1939 März–April: Aufenthalt in
Torlaque (Südfrankreich),
Teilnahme an einem Kongreß
von Tschechoslowaken im Exil
September: Übersiedlung in
ein Dorf bei Versailles unter
Polizeiaufsicht
Dezember: Mit Hilfe der League
of American Writers Flucht
nach New York

128. Paris wurde zur
Metropole der Exil-
Literatur und -Politik.

Haft in der Festung Spandau, 1933

Die prominentesten Gefangenen wurden in der alten Festung von Spandau interniert. Dort sind Carl von Ossietzky und andere Märtyrer der deutschen Kultur. Nicht alle von ihnen sind Kommunisten. Dort befinden sich auch der ergraute [Otto] Lehmann-Rußbüldt, Präsident der deutschen Liga für Menschenrechte, mit ihm verhaftet wurden der Anwalt Dr. [Alfred] Apfel und Egon Erwin Kisch, ein radikaler Schriftsteller. [...] Außerdem waren in Spandau der Anwalt Dr. Darvas und Dr. Schminke, ein Physiker. Als erster wurde der Romancier Heinz Pol eingeliefert. Die Nazis rissen das Manuskript seines eben vollendeten Romans in Fetzen und zwangen ihn, diese zu essen. Er ist noch immer nicht in der Lage zu gehen. Auch Ossietzky ist völlig gebrochen.

New York Times,
15. März 1933 [120]

129. In der Festung von Spandau verbrachte Kisch elf Tage. Er blieb körperlich unbehelligt, doch seine Mitgefangenen zeigten ihm Spuren grauenvoller Mißhandlungen.

Liebstes Mutterl, wie Du wahrscheinlich schon weißt, bin ich vor ein paar Tagen eingesperrt worden, und ich kann mir denken, daß Du Dir Sorgen machst, wie vor fast 30 Jahren, als ich als Kasernenarrestant ein paar Tage nicht nach Hause kam. Ich kann Dich aber beruhigen, mir geht es gut, ich bin gesund und gutgelaunt, und ich würde es noch mehr sein, wenn Du mir schreiben würdest, daß Du dasselbe von Dir sagen kannst. Meine Adresse ist: Spandau bei Berlin, Wilhelmstr. 23.

Egon Erwin Kisch aus der
Festungshaft an Ernstine Kisch.
Spandau, 4. März 1933 [121]

Die Gefangenen mußten Rizinusöl trinken, dann ihre Hosen herunterlassen, sich über den Tisch beugen und wurden dann mit Stockhieben so bedacht, daß die Haut platzte und das rohe Fleisch hervorschwoll. (Fast alle haben diese Wunden, ich habe sie mit meinen Augen gesehen.) Wenn während dieses Prügelns das Abführmittel seine Wirkung tat, so wieherte die Gesellschaft der Peiniger vor Lachen. […] Immerfort wurde den Gefangenen angekündigt, daß sie erschossen würden, daß im Keller heute fünf Leute erschossen worden seien, bei Nacht machte man sich den Spaß, in den Schlafraum hineinzuschießen. Jede Tortur wurde mit höhnischen Worten begleitet. Besonders beliebt waren Sätze solcher Art: »Du hast wohl wenig Freude von uns, was? Dafür hat deine Frau um so mehr Freude von uns gehabt. In neun Monaten werden eure Frauen forsche Hitlerjungen von uns kriegen.« Diese Bemerkungen waren um so beunruhigender und quälender, als keiner der Verhafteten auch nur die geringste Verbindung mit seinen Angehörigen hatte, nicht wußte, ob nun auch seine Frau weggeschleppt worden war. […] Bärte wurden abgeschnitten, die Haare geschoren, meist nur auf einer Kopfhälfte, oder abgesengt und büschelweise herausgerissen, einigen war das Haar in Form eines Hakenkreuzes herausrasiert.

Egon Erwin Kisch:
In den Kasematten von Spandau [122]

Der Polizeipräsident.   Berlin, den 28. Februar   1933.

Abteilung I.

Herrn   Egon-Erwin Kisch

h i e r.

Sie stehen in dem dringenden Verdacht einer nach den §§ 81 bis 86 StGB. strafbaren Handlung.

Auf Grund des § 22 der Verordnung des Reichspräsidenten zum Schutze des deutschen Volkes vom 4.2.1933 - RGBl. S.35 - ordne ich hiermit an, daß Sie bis auf weiteres im Interesse der öffentlichen Sicherheit in polizeiliche Haft zu nehmen sind.

Im Auftrage:

ges. Schnoppel.

Beglaubigt:

Kanzleiangestellte.

130. Der Haftbefehl gegen Kisch. Dank der Intervention des tschechischen Konsuls wurde er nach Prag abgeschoben.

Die Wahrheit über den
Reichstagsbrand, 1933

Cui prodest – wem sollte die Tat nützen? Dem, der durch sie seine parlamentarischen Gegner vom Parlament ausschließen, dem, der die kämpfende Arbeiterschaft schwächen, dem, der seine Anhänger damit das längst versprochene Fest der langen Messer bieten wollte. Dem Nationalsozialismus.

Egon Erwin Kisch in einer Tarnschrift,
die 1933 nach Hitler-Deutschland geschmuggelt wurde [123]

Das Hyänenpack hat alle Macht an sich gerissen, zunächst betörte es den alten lahmen Wolf, der dort herrschte, einer Hyäne den Vorsitz im Rat der Alten zu übertragen. Kurz darauf schlichen die Hyänen durch ihre heimlichen Gänge zum Rätefelsen und machten ein Feuer an, daß alles brannte, was nicht aus Stein war – das Moos der Bänke, das Holz der Bäume. Als die rote Blume zum Himmel stieg, heulte das Hyänenpack, daß diesen Frevel die anderen verübt, daß die anderen auch andere Baue anzünden, das Wasser des Stromes vergiften und die Wege des Dschungels ungangbar machen wollten, um in dem Gewirr die Macht an sich zu reißen. [...] Das Hyänenpack. Je verachteter es gewesen war wegen seiner Feigheit, desto mehr redete es davon, welchen Heldenmut es immer bewiesen, und die Jungen des Menschenvolks müssen lernen, daß die Hyäne das tapferste Tier des Menschenvolks sei. Das Hyänenpack. Je verachteter es gewesen war wegen seines Mangels an Weisheit, desto wütiger wütet es gegen alle, die ihm verdächtig sind, klug und erfahren zu sein. [...] Wer nicht in die Klauen der Machthaber, des struppigen, hinkenden, verfetteten und päderastischen Hyänenpacks fiel, versucht aus diesem Gebiet zu entfliehen, und aus anderen Dschungeln kommt niemand gern in den Dschungel der Hyänen. [...] So geschieht nun in anderen Dörfern anderer Dschungel, was früher nur im Dschungel Deutschlands geschah: daß man eure Felle verändert nach dem Geschmack des Menschenvolks. Auf dem Brühl verblieben nur die zu freien, wilden Tieren des Dschungels umgefälschten Kaninchen. Das Hyänenpack nennt solches Rassenveredelung.

Egon Erwin Kisch:
Drei Reden über Pelzwerk [124]

131. Für Egon Erwin
Kisch und viele seiner
Zeitgenossen gab es
keinen Zweifel, daß
die SA den Reichstag
angezündet hatte, um
einen Vorwand für die
Massenverhaftungen
zu schaffen.

Sammlung der Kräfte
in Prag, 1933/34

Anlaufpunkt für die ersten eintreffenden Gruppen, vor allem jüngerer und gänzlich mittelloser Emigranten, war nicht selten ein Teller Suppe auf dem Tisch der Familie Kisch.

Eva Maria Siegel [125]

Wer aus dem großen Konzentrationslager flüchtet, daß sich »deutsche Erhebung« nennt, wer zum persönlichen Opfer jener nationalen Ertüchtigung ausersehen ist, die sich in Stahlrutenhieben, Rizinusöl, Körperverstümmelungen, Pogromen, Selbstmorden in der Zelle und Erschießungen auf der Flucht und ähnlichem äußert, der sucht seinen Weg über den Kamm und durch die Pässe. [...] Auch hier liegt die braune Gefahr auf der Lauer. In den Grenzbauden sind ganze Koppeln von Nazis einquartiert, ihre Patrouillen durchstreifen mit Hunden das Grenzgebiet, auf den Aussichtswarten stehen Posten mit Scheinwerfern und Feldstecher, an jedem Bahnübergang stehen SA-Leute mit Karabinern. [...] Und wer die Grenzpfähle hinter sich hat, darf sich beileibe noch nicht in Sicherheit dünken. Auch vom Staatsgebiet der Tschechoslowakei holen sich die Henker ihre Opfer. Die sudetendeutschen Nazis betätigen sich als Henkersknechte, wer möchte sich nicht eine Fangprämie verdienen!

Egon Erwin Kisch:
Was geht an der böhmischen Grenze vor? [126]

In drei Zentren versammelte sich die deutsche antifaschistische Emigration, vor allem die literarische: in Moskau, Paris und Prag [...] die Stadt an der Moldau wurde Umschlagplatz für die nach und nach in großer Zahl aus Deutschland Fliehenden. Auch wer nach Paris und Moskau wollte, nahm seinen Weg sehr oft über Prag. Der deutschen Literatur, in dem Augenblick, da sie auszuwandern gezwungen war, wurde es zur glücklichsten Gelegenheit, daß Prag sich als Auffangstation anbot, Prag wurde für viele zu einer Art Ersatzheimat. [...] Welche Aufgabe sich die Gruppe des »Gegen-Angriffs« gestellt hatte, war bereits im Titel ausgedrückt: den Gegenangriff führen. [...] Wir waren stolz auf die klangvollen Namen, die wir als ständige Mitarbeiter vorstellen konnten, Egon Erwin Kisch, F. C. Weiskopf, Stefan Heym, Ernst Ottwald. [...] Politische Aktivität war illegal, kulturelle jedoch legal. So rührten wir uns kräftig, um Kultur zu verbreiten; das heißt vielschichtig tätig sein.

Bruno Frei [127]

Der dritte Stammtisch war im Café »Continental«. Einst für die Prager Deutschen da, diente es nun der politischen Emigration. Hier war Kisch eine zentrale Gestalt. Man sagte: »Der Tisch von Kisch«.

Wer saß noch daran? Die Brüder Wieland Herzfelde und Jonny Heartfield, manchmal F. C. Weiskopf und Alex Wedding. Am Anfang auch Willi

Bredel und Fritz Erpenbeck. Und, wenn er aus Brünn zu Besuch kam, Oskar Maria Graf. [...] Wer Kisch in harten kämpferischen Diskussionen und Auseinandersetzungen erleben wollte, der mußte den »Bert Brecht-Club« der Schriftsteller aufsuchen. [...] Ich erinnere mich noch eines Abends, als F. C. Weiskopf, Max Zimmering, Kisch und andere eine Fehde mit dem Philosophen Bloch, mit Hermann Kesten und Burschell austrugen. Nachdem der erste vor Aufregung aufgestanden war, folgte ihm der nächste. Schließlich standen alle Kampfhähne und brüllten sich an. Wir wurden von der Erregung angesteckt. Die Anwesenden hatten sich erhoben. Das rief und schrie wild durcheinander. Der große Schlichter war F. C. Weiskopf. Seiner diplomatischen Besonnenheit und der suggestiven Kraft seiner Liebenswürdigkeit gelang es, die Ruhe wiederherzustellen. Freilich zu spät. Der besorgte Hauswart hatte die Polizei geholt. Kisch sah die Hüter des Gesetzes durch die Glastür, und da wir alle standen, stimmte er den zweiten Takt eines Liedes an ...: »Brüder, zum Lichte empor«. Alle sangen mit, und die Situation war gerettet. Nachher zog der ganze Haufen erregter Geister durch das nächtliche Prag dem Pulverturm zu und bemühte sich, mit etlichen Rückfällen ins Laute, die Streitfrage angestrengt flüsternd zu klären.

Jan Koplowitz [128]

132. Zeichnung von Nickl

133. Wieder im »Bärenhaus«

134. Permanent
wurde die politische
Lage diskutiert.

135. Zeichnung
von Karla Mraková

Anti-Nazi-Agitation
in Europa, 1933/34

Liebstes Mutterl, bin seit vorgestern, abends, in Paris, und übermorgen reise ich wieder weiter. In der Schweiz war's ganz nett, meinen Vortrag hat man mir verboten, in England wird's ähnlich sein. Gisl erwartete ich auf der Bahn in Zürich, fuhr dann mit ihr nach Basel und Mühlhausen, jetzt sitzen wir in Paris.

Egon Erwin Kisch an Ernestine Kisch.
Paris, 27. Juni 1933 [129]

Wir wissen noch nicht, wo wir unseren ständigen Wohnsitz nehmen werden, vielleicht wird es doch Prag sein. [...] Aber das hat alles noch Zeit. Vorläufig habe ich noch hier und in England zu tun.

Egon Erwin Kisch an Ernestine Kisch.
Paris, 7. September 1933 [130]

Liebstes Mutterl, vor sechs Wochen war ich noch in Spanien, jetzt bin ich wieder nordwärts aus Frankreich heraus und bleibe übers neue Jahr, bis zum 11. Januar, hier sitzen, um eine Arbeit ungestört fertigmachen zu können. Da ich hier keinen Menschen und keine Zeitung sehe, wäre ich doppelt froh, Post von Dir zu bekommen und zu hören, daß es Dir und allen Kindern und Enkeln gutgeht.

Egon Erwin Kisch an seine Mutter.
Mecheln (Belgien), 29. Dezember 1933 [131]

Liebstes Mutterl, ich bin in Amsterdam. [...] Von hier fahre ich nach Nordfrankreich [...] leider kann ich Dir meine nächste Adresse nicht angeben, da ich sie noch nicht weiß; ein Zigeunerleben führe ich, hab schon eine Zeitlang genug davon.

Egon Erwin Kisch an Ernestine Kisch.
Amsterdam, 31. Januar 1934 [132]

Egon Erwin Kisch [...] machte zwischen irgendwelchen abenteuerlichen Fahrten für ein paar Tage in Amsterdam Station, vibrierend von nervöser Vitalität, geplagt von nie ganz erfüllten, vielleicht unerfüllbaren Ambitionen, aggressiv, humorvoll, enthusiastisch, ein echter Weltfreund und Weltverbesserer, fast ein Romantiker, mit marxistisch-materialistischen Grundsätzen.

Klaus Mann [133]

136. Immer wieder
reiste Kisch nach Am-
sterdam. Weitere Zie-
lorte seiner Anti-Nazi-
Vorträge waren
Zürich und London.

Neuer Wohnsitz Versailles, 1934–1939

Heute nacht habe ich das letzte Manuskript meines Buches »Eintritt verboten« weggeschickt, drei Monate lang
habe ich daran gearbeitet (in fünf Ländern), jetzt wird es in Paris deutsch
und französisch erscheinen, es ist ein
schweres, aber nicht uninteressantes
Buch, Erlebnisse aus Lourdes, in einem Quecksilberbergwerk in Spanien,
in einer Brillantschleiferei in Amsterdam, im Casino von Monte Carlo etc.
etc. Im großen Pariser Verlag Galli-
mard erscheint jetzt »China geheim«
in einer anständigen Übersetzung.
Materiell hat sich das alles noch nicht
ausgewirkt, von den Honoraren habe
ich ein Jahr lang gelebt, wenn die Bücher gut verkauft werden, muß ich
noch Geld kriegen.

Egon Erwin Kisch an Ernestine Kisch.
Versailles, 31. März 1934 [134]

137. In der Vorstadt
Versailles lebte man
billiger als in Paris.

Den Freunden erschloß sich der wahre Kisch in Versailles. Wir kamen sonntags mit Frau und Kind. Er bewohnte ein banal möbliertes Zimmer in einem kleinen Hotel. Wurden die Kinder vorzeitig müde, legte man sie in das Bett des »rasenden Reporters« schlafen. Frau Gisl kochte unvorstellbare Mengen Kaffee für den ständig sich erneuernden Strom der Besucher. Unterdes führte Kisch seine Gäste an die historischen Stätten von Versailles – Fremdenführer aus Passion. Im Musée du Jeu de Paume, dem historischen Ballhaus, wo 1789 der Funke der Revolution zündete, kannte er buchstäblich jedes Stück. Gerne verweilte er bei dem Bilde des Doktor Guillotin. Welche Anregungen von dem Bildnis des Erfinders der Guillotine ausgingen, hat er nicht verraten.

Bruno Frei [135]

Seit Kisch nach dem Titel eines seiner frühen Bücher der »rasende Reporter« genannt wurde, ärgerte er sich offenbar über einen Titel, der dem Buch gehörte, nicht ihm. Mehr als das, er wollte nichts, auch nicht das geringste davon wahrhaben; schon deshalb erschien ihm dieser Buchtitel selber übereilt. […] Aber der Mann der fünf Erdteile liebte außer dem »Rasenden« auch die Kategorie »Reportage« nicht. Ja, er suchte, erstaunlicherweise, eine solide Entschuldigung, mindestens eine Deckung dafür.

Es war in der ersten Zeit des Faschismus, als ich Kisch nach längerem wiedersah. Wir trafen uns in Versailles, wo er damals wohnte, übrigens von der französischen Polizei belästigt, die

nicht erst auf Vichy zu warten brauchte. In einigen gegen den Garten offenen Räumen des Schlosses gibt es nun Wandgemälde, Schlacht- oder Haupt- und Staatsaktionen darstellend. Auf recht genaue Weise darstellend, Beschreibung und Erzählung zugleich – und nun sagte Kisch: »Das hier ist doch auch Reportage, aber niemand nennt es so, der Maler hat es nicht nötig gehabt, Reporter zu heißen.« Recht unvermittelt kam dieser Ausbruch; mit einer Art von ruhmrediger Ironie fügte Kisch noch an: »Ich habe dreißig Bücher geschrieben, aber ich brauche nicht einmal einen Schreibtisch, um Sachen herzustellen, die nicht schlechter sind als das hier.« So eigentümlich also beurteilte ein weitgeliebter, weltberühmter Schriftsteller die ihm eigene Form seiner Kunst, eine Form überdies, die zum revolutionären Kampf dermaßen tauglich und wirksam war. […]

Dieser rasende Reporter war in Wirklichkeit der langsamste, nämlich sorgfältigste – kraft des Willens zur großen Form in der kleinen.

Ernst Bloch [136]

138. Mit Gisela Lyner
und Anna Seghers in
einem Bistro

139./140. Mit Gisela
Lyner und Frau Holm
im Schloßpark von
Versailles

Eröffnung der »Freiheitsbibliothek« in Paris, 1934

Kisch unterstrich die Wichtigkeit und Notwendigkeit einer klaren revolutionären Zielsetzung auch im geistigen Kampf. Er betonte, daß auch bei der Errichtung dieses Werkes, der »Deutschen Freiheitsbibliothek«, die tragenden Kräfte die in Deutschland kämpfenden antifaschistischen Massen seien, deren Sieg allein eine Fortführung und sozialistische Entwicklung der Kultur sichern könne.

»Der Gegen-Angriff« (Prag, Paris),
19. Mai 1934 [137]

Als dritter sprach Egon Erwin Kisch und zwar in deutscher Sprache, da angeblich unter den Versammelten »einer aus dem anderen Lager sich befinde«. […] In Deutschland herrschten entsetzliche Zustände, das Volk sei unzufrieden und murre offen. Aber ob auch Konzentrationslager, Martern und selbst der Tod sie bedrohe, die Juden arbeiteten in Deutschland genau so, wie im Ausland für sie gearbeitet würde, durch illegale Presse, die nicht unterdrückt werden könne, mit allen erdenklichen Mitteln. Diese Bibliothek solle die Quelle sein, von der aus die Welt über das Dritte Reich, sein wahres Antlitz, aufgeklärt wird. Sie werde noch bestehen, wenn Hitler und das Neue Deutschland längst vernichtet sind.

Der Mann redete wie von Wut und Haß geschüttelt, und die Drohungen, die er aussprach, die Andeutungen, die er fallen ließ, besonders in Bezug auf den Apparat, der in Deutschland das Dritte Reich unterminieren will, waren entsetzlich, geradezu furchteinflößend. Er schloß mit der Behauptung: wenn es Dr. Goebbels einfallen solle, was immerhin im Bereich der Möglichkeit liege, seinerseits eine ähnliche wie diese hier zu schaffen, nur im Sinne einer Propaganda für das Dritte Reich, so könne das niemals mit der gleichen Sicherheit geschehen, und der Erfolg würde nur sein, daß man die Bücher dieser nationalsozialistischen Bibliothek wieder nach Deutschland zurücksenden würde.

Observierungsbericht der Gestapo.
Paris, 10. April 1934 [138]

141. Am 10. Mai 1934
wurde in Paris die
»Bibliothek der ver-
brannten Bücher«
eröffnet.

Geschichten aus
sieben Ghettos, 1934

Bei dieser Erzählung [»Der tote Hund und der lebende Jude«] werden die beiden für Kisch typischen Charakteristika deutlich, daß er nämlich niemals Apologie für das Judentum trieb, daß er die Juden weder verteufelte wie etwa Egon Friedell oder Otto Weininger noch auch als Träger der Aufklärung und des Geistes verherrlichte wie Lion Feuchtwanger. Mit aller Sympathie für sein verfolgtes und gehetztes Volk verschwieg oder verkleinerte er niemals die jüdischen Fehler und Schwächen.

Walter Grab [139]

In Kischs Ghettogeschichten werden jüdische Schicksale, jüdisches Leben und Fühlen ermittelt und dargestellt. Reicht die geographische Spannweite der Geschichtensammlung, in der frühere Arbeiten neben jüngst entstandenen stehen, von Amsterdam bis nach Bagdad, so durchmessen die Geschichten einen Zeitraum, der sich von dem Jahrhundert des dreißigjährigen Krieges bis zur Gegenwart erstreckt. [...] Die Geschichten, die ins Ghetto des Mittelalters zurückführen, zeigen eindringlich, mit kulturhistorischer Akribie die Tragik eines versprengten, ausgesperrten, zur Ruhelosigkeit verurteilten und inquisitorisch gequälten Volkes. Sie vermitteln eine anschauliche Vorstellung von der Handhabung der jüdischen Geheimlehre, von der Besessenheit der jüdischen Wundergläubigkeit, von der mystischen Beherrschtheit jener Unterdrückten, die im Übersinnlichen Hilfe, Rat und Rettung suchen und in diesem Bedürfnis nicht selten den ärgsten Gassenmystagogen zum Opfer fallen. Kisch durchleuchtet das Rätselhaft-Dunkle, das Mystisch-Gespenstische, das Sagen-Umwobene kritisch. Aber er besorgt diese enträtselnde Durchleuchtung nicht mit einer billigen, simplen Aufgeklärtheit, sondern geht in diesem Bemühen viel feiner, behutsamer ans Werk.

Den kulturhistorisch aufschlußreichen Geschichten gehen im Ghetto-Buch erfrischend heitere Erzählungen voran: böhmische, altösterreichische Erzählungen mit überraschenden, anekdotischen Pointierungen. Der Humor, der sie beschwingt und durchhellt, ist so echt, daß die Zeit ihn nicht auszubleichen vermag.

Werner Türk über
»Geschichten aus sieben Ghettos« [140]

142. P. L. Urban illu-
strierte »Geschichten
aus sieben Ghettos«.

144./145. Gezeichnet
von Bil Spira und Erik
Saunders

Goebbels «Angriff» for-
dert zur Ermordung von

Egon Erwin Kisch
auf.

Egon Erwin Kisch ist der erste
deutsche Schriftsteller gewesen,
der nach seiner Entlassung aus
Hitlers Kerker die Nazigreuel
enthüllte. Deshalb wird er von
den Nazis so gehasst.

Das neue Buch von Egon Erwin Kisch

Eintritt   verboten

erscheint soeben.
Das Buch ist 240 Seiten stark

Preis brosch. ffrs. 20,—, geb. ffrs. 30,—

143. Anzeige für
»Eintritt verboten«
im Gegen-Angriff

[…] nachher gingen wir auf einen
Aperitif in ein daneben liegendes Café.
Dort war gerade Egon Erwin Kisch
mit einer Gruppe junger Tschechen
angekommen, die ebenso malerisch
wie konspirativ wirkten. [Joseph] Roth
zu Kisch: »Was für ein grauslicher
Bolschewikenjud', hahahaha!« Kisch
zuckte mit den Achseln, gestikulierte
mit Handbewegungen, wie man sie
am ehesten bei großen Kursschwan-
kungen an der Börse sehen kann und
sagte: »Was willst Du denn, Du grauslicher schwarz-gelber Habsburg-Jud'?«
Roth lachte und trank, dann: »Dieser
gottverdammte Hitler, sogar den Antisemitismus hat er uns versaut.«

Max von Riccabona [141]

146.

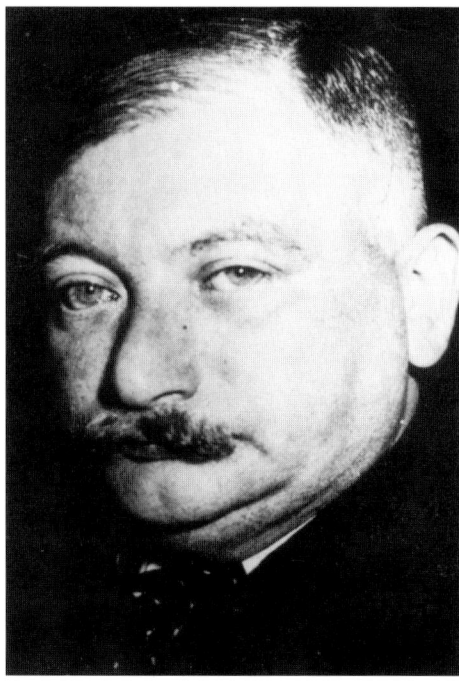

147. Joseph Roth –
langjähriger Freund
über politische Gräben
hinweg

Politik in Paris, 1934–1939

Es gab keine Aktion der antifaschistischen Schriftsteller in Paris, an der Kisch nicht führend beteiligt war.

Bruno Frei [142]

Obwohl meine literarische Legitimation dürftig war, betrauten mich die Schriftsteller mit der Funktion eines ehrenamtlichen Sekretärs im SDS. Alles mußte bedacht, vorbereitet, organisiert werden: die Kundgebungen im großen Saal, die Diskussionsabende im Hinterzimmer des Café Mephisto, die Zeitschrift des SDS, die für den illegalen Vertrieb in Deutschland bestimmte Tarnschrift »Deutsch für Deutsche«, die Campagnen für Renn, für Ossietzky, Mühsam und nicht zuletzt die anläßlich der Expo 1937 eröffnete Ausstellung »Das deutsche Buch in Paris – 1837–1937«, ein Unternehmen, das die Kontinuität der Pariser Emigration über hundert Jahre, von Heinrich Heine zu Heinrich Mann, anschaulich machen sollte. […] Vieles wurde neben und außerhalb der Autorität des SDS gegründet, so die »Deutsche Freiheitsbibliothek«, die Alfred Kantorowicz unter dem Ehrenschutz von Heinrich Mann auf die Beine stellte. […] Diese umfangreichen Aufgaben lasteten auf den Schultern einer kleinen Gruppe von Aktivisten: Egon Erwin Kisch, Anna Seghers, Bodo Uhse, Alexander Abusch, Rudolf Leonhard und dem stillen Max Schroeder.

Bruno Frei [143]

Anna Seghers und Kisch gehörten übrigens zu denen, die offen über Irrtümer der Partei sprachen und die politischen Verhältnisse in Deutschland nicht nur als Verschwörung des Großkapitals darzustellen versuchten, natürlich hatte die Finanzoligarchie als Steigbügelhalter Hitlers den entscheidenden Anteil an der Katastrophe. Aber sie wäre zu vermeiden gewesen, wenn die KPD sich nicht viel zu lange dem Kampf gegen die Sozialdemokratie gewidmet und mit der Selbstdezimierung der NSDAP kalkuliert hätte. Und die Sozialdemokraten? Über mangelndes Vertrauen in ihre Politik brauchten sie sich tatsächlich nicht zu wundern. Erfahrungen mit Männern wie Noske und Zörgiebel hatten sogar die SPD-Sympathisanten in der bürgerlichen Linken verunsichert und abgeschreckt.

Konrad Wachsmann [144]

148. Egon Erwin Kisch wurde Vizepräsident des Schutzverbandes Deutscher Schriftsteller im Exil.

149. Carte d'Identité

Der Mann, bei dem man in den schwersten Stunden Erheiterung fand, war der ebenso beliebte und bewunderte »rasende Reporter« Egon Erwin Kisch. [...] Wie so viele andere, freute ich mich jedesmal, ihn in einer Fraktionssitzung, im Schutzverband oder in einem der Cafés wiederzusehen, wo man zu einer Besprechung in ganz kleinem Kreise zusammenkam. Ich besuchte ihn auch manchmal in Versailles, wo er mit seiner Frau wohnte, die, hieß es, ihn später gehindert haben soll abzuspringen. Das hatte er für den Fall gedroht, daß Stalin es wagen sollte, Bucharin zu vernichten. [...] Ich denke gerne an Egon Erwin Kisch zurück, an ihn und seine Bücher, von denen gewiß mehrere ihren Platz wiederfinden und behalten werden. Er bleibt trotz seiner Treue zur Generallinie in meinen Augen als Zeuge seiner Zeit viel schätzenswerter, fast immer vertrauenswürdiger als so viele namhafte Schriftsteller, die ohne Zwang als Lobhudler der Tyrannen aufgetreten sind, als falsche Sachverständige in der Verteidigung einer Sache, die ihnen im Grunde nicht wichtig und nicht gut genug war, als daß sie sich jeder Partei angeschlossen hätten.

Manès Sperber [145]

Als 1935 die ersten Nachrichten von den großen Schauprozessen gegen Sinowjew und Kamenew und ihre Kameraden kamen, sah ich am Abend in Ostende Tränen in den Augen von Kisch und hörte seine verwirrte dunkle Klage. [...] Er hatte ein Herz für das Volk und liebte den kleinen Mann. Er erzählte schier besser, als er schrieb, und er schrieb ausgezeichnet. Er erzählte wie ein Komödiant, der einen Schriftsteller spielt. Er war voller Kindereien und wollte die Welt retten, vermittels Marxismus und der Arbeiterklasse. Er zauberte für Kinder und Erwachsene, mit den besten Tricks von Varietézauberern. Er hatte charmante und jähe Einfälle. [...] Er war ein unbotmäßiger und exzentrischer Journalist, der sich bemühte, ein parteigerechter Volksschriftsteller zu werden, ein journalistischer Volkserzieher, ein Kulturkritiker des Bürgertums, aus dem er herkam und das er für verrottet erklärte. Er mußte ein Prophet jenes kindlich genialen Proletariats sein, das er weder auf der Prager Kleinseite noch auf seinen kritischen Reisen durch die Welt getroffen hatte, da es dieses idealisierte Proletariat nirgends gibt. [...] Die Parteistrategen nahmen ihn nicht ganz ernst; denn Kisch hatte Witz. Die Parteifanatiker mißtrauten ihm ein wenig; denn Kisch war anfällig – er hatte Anfälle von Humanität. [...] Kisch war ein ungeduldiger Skeptiker, der zur Orthodoxie übergelaufen war vor lauter bitterer Sehnsucht, endlich mit dem altehrwürdigen Unrecht aufzuräumen, endlich die fatale Ungleichheit unter Menschen abzuschaffen und das Paradies von morgen schon heute einzurichten.

Hermann Kesten [146]

Landung in Australien
Ankunft 1934

Liebstes Mutterl, ich schreibe Dir wieder von einer Reise, von einer sehr weiten sogar, über die ich sehr glücklich bin, […] aber ich will nicht lange dort bleiben und Anfang nächsten Jahres nach Prag kommen. Über meine Reise brauchst Du vorläufig nicht zu sprechen, ich liebe es nicht, wenn Projekte bekannt werden, erst wenn Dir Gisl schreibt, daß ich angekommen bin, dann ist's gut. […] Heute, nachts, lichtet die »Strathaird« die Anker, sie kommt von England, aber ich bin erst hier in Marseille zugestiegen. In den Straßen ist noch große Aufregung wegen des schrecklichen Vorfalls von vorgestern.

Egon Erwin Kisch an Ernestine Kisch.
[Vom Schiff] S. S. »Strathaird«,
12. Oktober 1934 [147]

Am 13. November 1934 um zwei Uhr sprang ein Mann von dem Schiff »Strathaird« achtzehn Fuß tief auf den Kai des Hafens von Melbourne hinab und brach sich ein Bein. Beinahe über Nacht verwandelte sich die Bewegung gegen Krieg und Faschismus in Australien, die bis dahin nur von einer kleinen Gruppe getragen wurde, in eine große Massenbewegung.

Der Name des Mannes war Egon Erwin Kisch. Er war als Delegierter für den gesamtaustralischen Antikriegskongreß nach Australien gekommen und besaß ein Einreisevisum des britischen Konsulats in Paris. Bei seiner Ankunft in Freemantle am 6. November hatte man ihm mitgeteilt, daß er nicht landen dürfe, und sein Gepäck war eine Stunde lang von Zollbeamten durchsucht worden. […] An Bord des Schiffes wurde eine große Protestkundgebung abgehalten. In der Menge befanden sich die Schriftsteller Katharine Susannah Prichard, E. J. Brady, Vance und Nettie Palmer, die Labourpolitiker Senator [Arthur] Rae und Dr. Maloney und verschiedene Gewerkschaftsführer.

Vierzig Leute aus der Menge, die von der Polizei auf dem Kai festgehalten wurden, mieteten ein Motorboot, nahmen ein großes Antikriegsbanner aus der Kongreßhalle, und innerhalb einer halben Stunde waren alle an Bord und fuhren der »Strathaird« entgegen. […] Das Schiff begann sich zu bewegen. Der Mann und der Augenblick waren da, die Kühnheit und der Mut. In einem Augenblick schüttelte Kisch seine »Beschatter« ab, warf einen Blick auf den Zementboden des Kais, der achtzehn Fuß unter ihm lag, und sprang.

Frank Hardy [148]

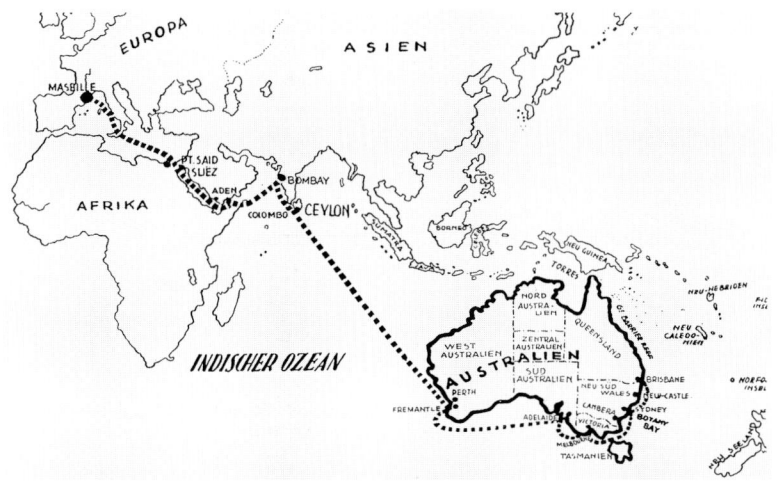

150. Der Weg des
Schiffes »Strathaird«

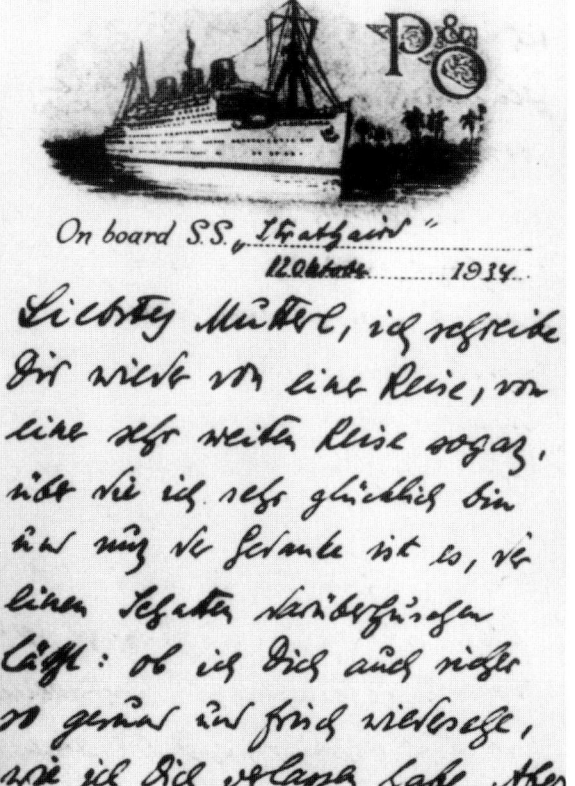

On board S.S. „Strathaird"
12. Oktober 1934

152. Boote mit Kisch-
Sympathisanten um-
kreisten die »Strathaird«
im Hafen von Melbourne.

151. Brief an
Ernestine Kisch

DER RASENDE REPORTER EROBERT AUSTRALIEN

Wollen Sie Näheres über das australische
Abenteuer E. E. Kischs wissen?
Lesen Sie die nächste Nummer der AIZ!

EGON ERWIN KISCH
an Bord des Dampfers bei
der Ankunft in Australien.
(1)

Ein Mann fährt nach Australien. Wie das Schiff im Hafen anlegt und der Passagier an Land gehen will, erscheint die Polizei.
„Halt! Eintritt verboten!"
„Warum?"
„Staatsgeheimnis!" Eintritt verboten? Das gilt für unsern Passagier nicht. Wie
viele verschlossene Türen hat er schon zu öffnen verstanden! Wie viel Ein-
trittsverbote hat er schon durchbrochen. Er bekommt auch bald das „Staatsgeheimnis" heraus. Er wird — die Nazis, die braunen Diplomaten, die Agenten
der Gestapo stecken dahinter — geheimer verschwörerischer Absichten be-
zichtigt. Am Ende ist er gar einer der Attentäter von Marseille! Auf jeden Fall
ein höchst gefährlicher Mensch, den man nicht nach Australien lassen darf.
Er wird an Bord festgehalten. Aber der rasende Reporter läßt sich nicht halten.
Im Augenblick, da das Schiff abfahren will, springt er vom Deck auf den Kai.
Zwar bricht er sich das Bein, aber er hat den fünften Kontinent betreten und
darf wohl nicht an Bord zurückgebracht werden.
Und nun beginnt ein Kampf zwischen dem einen Mann und dem ganzen Staats-
apparat der Australischen Union. Und der eine Mann, Egon Erwin Kisch, bleibt
Sieger. Er erobert wirklich den australischen Kontinent. Die Massen der Bevölkerung geraten in Bewegung, um dieses einen „unerwünschten Einwanderers"
wegen. Menschenmengen, wie sie sonst nur zur australischen „National-
leidenschaft" gewordenen Pferdesport anzuziehen vermochte, marschieren auf,
um gegen die Verurteilung Kischs zu protestieren. Eine wahre Volksbewegung
entsteht ... die Gerichte müssen den Angeklagten freisprechen, die Behörden
werden zum Rückzug gezwungen. Als Triumphator zieht Kisch durch die australischen Städte und führt seine Sendung — er war Delegierter zum Friedenskongreß — durch, wie die, ohne die aufregenden Zwischenfälle und Abenteuer des „Kisch-Case" (der Sache Kisch, wie sein Fall in Australien heißt) nie

BEGEISTERTER EMPFANG. Oben: Besuch auf dem Schiff. Links: Begrüßung
nach dem Freispruch.
(2)

hätte durchführen können. — Die Nazis toben. Die Presse des fünften Kontinents,
die große Presse der andern Kontinente bringt tagelang auf den Titelseiten die
Schlachtberichte vom Kisch-Case.
Mitten im Wirbel der Kampagne, der Gerichtsverhandlungen, Verhaftungen notiert
Kisch in sein Taschenbuch seine Beobachtungen über Land und Leute, Historie und
Gesellschaftsgeschichte. Er hat ja auch im Krieg, vorn an der Brüstung des Schützen-
grabens, seine Notizen gemacht. Er hat nichts von seiner Spannkraft, seiner Energie,
seiner durchdringenden Beobachtungsgabe verloren, im Gegenteil, die Erfahrungen
des Fünfzigjährigen vereinigen sich bei ihm mit dem Wagemut und der Abenteuer-
lust des Zwanzigjährigen, und er liefert wieder einmal den Beweis, daß er der erste
deutsche Reporter, daß er einer der großen Meister der Reportage in der Welt ist.
Die AIZ ist die erste und einzige Zeitung in deutscher Sprache, der Egon Erwin
Kisch seine Schilderung der „Eroberung Australiens" zur Verfügung gestellt hat.
Der Abdruck dieses Berichts, der so spannend ist wie ein Kriminalroman, bunt wie
eine exotische Seemannsgeschichte und von unbestechlicher Klarheit der sozialen
Erkenntnis, wie die besten Untersuchungen revolutionärer Gesellschaftsforscher.

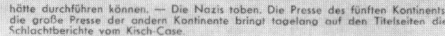

BEGINNT SCHON IN DER NÄCHSTEN NUMMER (10) DER AIZ,
DER SONDERNUMMER „ÖL UND BLUT"!

153. Die AIZ brachte
Kischs Australien-
abenteuer in Fortset-
zungen.

154. Beim Verlesen
seiner Botschaft

Als bekannt wurde, daß man Gerald Griffin, dem Neuseeländischen Delegierten zum Friedenskongreß, einen britischen Staatsbürger, ebenfalls die Erlaubnis zur Landung verweigert und ihn nach Neuseeland zurückgeschickt hatte, verstärkten sich Unwille und Erbitterung.

Bis auf den letzten Platz besetzt war die Stadthalle in Port Melbourne bei der Eröffnung des Friedenskongresses, auf der ich sprach. Eine begeisterte und entschlossene Stimmung erfüllte die Versammlung. Zwei leere Stühle auf dem Podium riefen Ovationen für Kisch und Griffin hervor. [...] Die Losung »Kisch muß landen« wurde nicht nur der Kampfruf zur Verteidigung eines Menschen, sondern darüber hinaus zur Verteidigung der demokratischen Rechte des australischen Volkes.

Katharine Susannah Prichard [149]

155. Wurfzettel
des Kisch-Empfangs-
komitees

156. Nach dem
Sprung vom Schiff
wurde Kisch verletzt
dorthin zurückge-
bracht. Das Gericht
ordnete seine Frei-
lassung an.

157. Transparent der
Sympathisanten von
Egon Erwin Kisch
und dem Delegierten
aus Neuseeland,
Gerald Griffin

Beiden Delegierten wurde als unerwünschten Ausländern von der australischen Regierung die Landung verboten, und als sie sich diese erzwangen,
wurden sie in Haft genommen und zu
sechs Monaten Zwangsarbeit sowie zur
Tragung der Kosten verurteilt. Eine
ungeheure Bewegung der Arbeiterschaft, übergreifend auf die ganze Bevölkerung, veranlaßte die Regierung
zu dem Plan, mich abzuschieben, und
zwar auf einem Nazischiff. Dieser Plan,
der Mord bedeutet hätte, wurde [...]
vereitelt. Die Kampagne der Arbeiterschaft endete damit, daß die Regierung
die Kosten der viermonatigen Prozeß-
verhandlungen einschließlich unserer
Anwälte bezahlte und uns, entgegen
ihren offiziellen Erklärungen und entgegen den Protesten des deutschen Ge-
neralkonsulats, in Hunderten von Versammlungen und vor allem gegen den
Naziterror und für die Freilassung
Ernst Thälmanns sowie der anderen
Gefangenen öffentlich sprechen lassen
mußte.

Egon Erwin Kisch an die
Internationale Arbeiterhilfe.
Amsterdam, 11. Juni 1935 [150]

Landung in Australien
Domain Meeting, 1934

Egon Erwin Kisch hielt seine erste Rede in Australien vor zwanzigtausend Menschen im Domain, dem berühmten, nach bitteren Kämpfen errungenen Forum der Arbeiter von Sydney. […] Kisch suchte nach den passenden Worten in der fremden Sprache. Zuerst schien es, als sei es ihm nicht möglich, zu sprechen. Die Leute warteten gespannt, und als dann seine Worte kamen, verstummte das Gemurmel der Erregung. »Ja, mein Englisch ist gebrochen, auch mein Bein ist gebrochen, nicht gebrochen ist mein Herz …« Er sprach als ein Mann, der Schrecken und Taten überlebt hatte, über die hier in dem Land der südlichen Hemisphäre nur unbestimmte Gerüchte umliefen.

Frank Hardy [151]

Wie das Naziregime herrscht, wurde schon oft beschrieben und es könnte noch weit mehr darüber gesagt werden. Die Grausamkeiten waren weder zufällig noch vorübergehend. Sie werden auch jetzt noch begangen und bilden den Kern dieser sogenannten Revolution, die nichts Besseres zu bieten hat. Die Juden hat man unterdrückt und mißhandelt, sie wurden durch die Straßen geschleppt, brutal geprügelt und umgebracht, und ihr Eigentum wurde beschlagnahmt. Jüdischen Rechtsanwälten ist es nicht erlaubt, im Gerichtssaal zu erscheinen. Jüdische Ärzte dürfen nicht in Krankenhäusern praktizieren. Juden dürfen weder etwas herausgeben noch für eine Zeitung schreiben, auch sind sie von den Universitäten ausgeschlossen. Im Blatt des Statthalters von Nürnberg, des Herrn Streicher, werden die Juden unaufhörlich der Ritualmorde und der Vergewaltigung beschuldigt. Am Ortseingang vieler Dörfer haben die Nazis Schilder angebracht mit der Aufschrift: »Eintritt von Juden auf eigene Gefahr« oder »Für Juden Zutritt verboten«. […] Heute verfügt Deutschland über dreitausend Kampfflugzeuge, deren Zahl die Streitmacht Britanniens und Amerikas weit übersteigt. Deutschland nimmt in der Welt die führende Stelle in der Produktion von Bomben und Giftgas ein, und in den deutschen Werften werden Kriegsschiffe gebaut. Nichts für den Frieden, alles für den Krieg – das ist die Losung der Nazis. Inzwischen steigen und steigen die Lebenshaltungskosten, während die Staatseinnahmen unverhohlen für Gewehre, Bomben, Panzer, Kanonen und Ausrüstung aller Art sowie für großzügige Gehälter an Offiziere und Instrukteure ausgegeben werden.

Aus Egon Erwin Kischs verhinderter Rede vor dem australischen Friedenskongreß 1934 [152]

158. Links hinter dem
Führerhaus des Last-
wagens sitzend bei der
Kundgebung im Syd-
ney Domain

159. Max Meldrum,
Vance Palmer,
Egon Erwin Kisch,
Katharine Susannah
Prichard, Gerald
Griffin

160. Zeitungen und
Karikaturisten spotte-
ten über die australi-
sche Regierung

Landung in Australien
Begegnung mit einem
Poeta laureatus, 1934

Nein, Australien besitzt keinen Poeta laureatus, aber derjenige, der diese mittelalterliche Höflingscharge gegenwärtig in England bekleidet, ist nach Australien beordert worden, um mit dem Sohn des Königs an der Jahrhundertfeier teilzunehmen. Selbiger Poeta laureatus heißt John Masefield. [...] Die Fellowship of Australien Writers, der Schutzverband australischer Schriftsteller, veranstaltet zu Ehren des hohen Kollegen ein Bankett, die Bundesregierung und die Regierung von Neusüdwales haben ihr Erscheinen zugesagt.

Nun aber haben linksstehende Mitglieder des Verbandes, gerade so viele, als zur Einladung eines Gastes statutengemäß berechtigt sind, beschlossen, einen ausländischen Kollegen zu dem Bankett einzuladen. Und zwar jenen, der nach Ansicht der Regierung widerrechtlich im Lande ist.

Krach im Schutzverband. Die Rechte beschuldigt die Linke, Politik in den Verband hineingetragen zu haben, die Linke entgegnet, die Politik sei vom Vorstand hineingetragen worden, indem er aus rein politischen Gründen den fremden Kollegen nicht von selbst einlud. Der Vorstand behauptet, unser Mann sei nicht als Schriftsteller, sondern zu politischer Tätigkeit nach Australien gekommen. So? antwortet die Opposition, und was ist's mit den offiziellen Jubiläumsgästen aus Übersee, den Hankey und Baden-Powell und all den noch höheren, fuhren sie etwa nicht zu politischer Tätigkeit nach Australien? Glaubt der Vorstand, der Poeta laureatus kam hierher, um sich uns anzusehen oder um ein Gedicht auf Australien zu machen? Nein, Mister Masefield wurde zu politischer Tätigkeit hierhergesandt, und deshalb beteiligt sich die Regierung an dem Empfang.

Egon Erwin Kisch:
Weg zu den Antipoden [153]

161. Egon Erwin
Kisch, S. R. Grover
(britischer Besucher),
Keith Walker (vom
Sydney Solicitor),
A. B. Piddington
(Kischs wortgewalti-
ger Anwalt), Kenneth
Slessor (australischer
Schriftsteller),
Norman Lindsay,
Barlett Adamson

162. Am 10. Dezember
1934 in einem Studio
bei Filmaufnahmen für
die Wochenschau. Der
Film wurde von der
Polizei beschlagnahmt.
(Von links nach rechts:
die Schriftsteller Louis
Esson, K. S. Prichard,
Vance Palmer, Egon
Erwin Kisch, der Politi-
ker T. M. Harcourt, der
Maler Max Meldum
und Gerald Griffin)

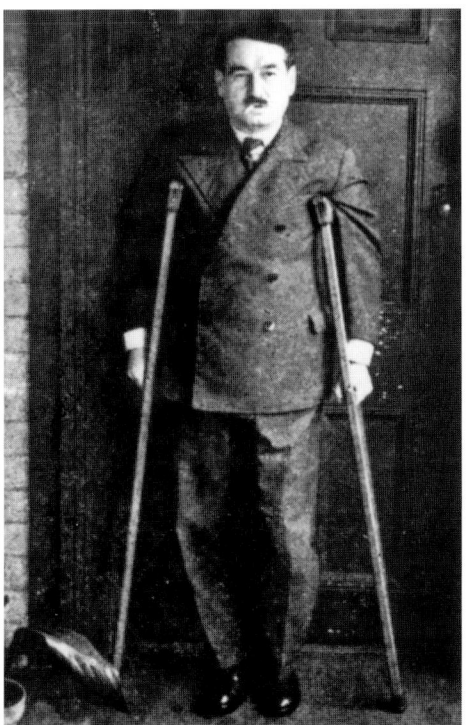

163. Postkartenmotiv:
Egon Erwin Kisch auf
Krücken

Landung in Australien
Tournee durch den Kontinent, 1935

Die Tournee durch Queensland beginnt, die Versammlungen finden in
Stadien, in Theatern, in Hochschulen,
in Kinos und Kriegergedenkhallen
statt; aus den Dörfern, die noch die
alten Namen aus der Buschnegerzeit
tragen, und aus den Dörfern mit englischen und deutschen Namen kommen die Bewohner in geschlossenen
Trupps. [...] Die beiden längst des Landes verwiesenen Delegierten [...] sind
auf einer Vortragsreise im Newcastler
Bezirk, einem schwarzen Land am
blauen Pazifik, einem grauen Elend
unter goldener Sonne, des Kumpels
Reich. Hier ist in jeder Stadt das Rathaus Versammlungsraum, Bürgermeister und Abgeordnete führen den
Vorsitz, die Reden werden durch den
Rundfunk verbreitet, die Polizei ist un-
sichtbar. [...] Einmal trugen Jugend-
genossen unseren Mann meilenweit
durch submarine Kohlenstollen, um
zu zeigen, wie unter dem Meeresgrund
Kohle gefördert wird. Eine Welle von
rührender Kameradschaft umfängt
die Delegierten.

Egon Erwin Kisch:
Weg zu den Antipoden [154]

164. Kundgebung im
Eisenbahnwerk von
Ipswich

Für den 27. Februar, den Jahrestag
der Nacht, in der die Nazis das deutsche Reichstagsgebäude anzündeten,
bereiten die Melbourner Antifaschisten
einen Fackelzug vor, Kundgebungen
gegen den Terror in Deutschland; den
Zug sollen die beiden Delegierten führen. [...] Mit Fackeln und Fahnen bewegen sich die Kolonnen, du siehst sie
bis zur Straßenbiegung, fast eine Meile
lang, aus Russell Street stampfen neue
nach, und du weißt, der Strom ist unendlich, nicht nur in den Straßen Mel-
bournes erzwingt er sich den Weg, er
fließt durch Europa, Amerika, Asien,
Afrika. Ein mächtiger Strom. Ein
mächtiger? Sind nicht weit mächtiger
die ererbten, die erbeuteten Vorrechte,
der starre Besitz, die Interessen des
Profits, der Cäsarenwahn der Staatsmänner, die Verbreiter der Volksver-
dummung, die korrupten Politiker,
die glatten Diplomaten?

Du siehst die australische Nacht
erhellt, und du weißt, auch anderswo
und überall sind Fackeln entfacht.
[...] Und ...? Und kann nicht ein General nach Gutdünken einen Kanzler
ernennen, der ein Sechzigmillionen-
volk versklavt? Und darf ein Ölmag-
nat, ein Rüstungsmagnat, ein Zei-
tungsmagnat nicht Order geben zu
bewaffneten Interventionen? Und ...?
Und dieser Strom von arbeitenden
Menschen – ihre Fäuste und Fahnen
und Fackeln heben sich durch die
Nacht, rufen zur Befreiung der gefangenen Genossen –, diese Tausende
von Melbourne, mit denen Millionen
in aller Welt marschieren, haben noch
nicht die Macht, das Mauerwerk der
faschistischen Bastillen zu sprengen.

Es ist so, aber es kann nicht so sein.
Und ...? Und es wird nicht so sein.

Egon Erwin Kisch:
Weg zu den Antipoden [155]

Möchte gerne wissen, wie es Dir in der
langen Zeit gegangen ist, wie es den
Kindern geht, ob sie sich über die
merkwürdigen Schicksale von Onkel
Egon viele Gedanken gemacht haben,
und was sonst im Bärenhaus und seiner Holleschowitzer Dependance vor-
gefallen ist. Bald wird es ja ein Jubi-
läum feiern – am 29. April. Ich möchte
in diesen Tagen versteckt sein, überhaupt soll womöglich niemand erfahren, daß ich schon in Europa bin, nur
Dir werde ich selbstverständlich meine
Adresse melden, sobald ich eine habe.
Ich weiß nämlich nicht, ob ich sofort
nach Versailles zurückfahre oder ein
paar Tage und Wochen an der Riviera
zubringen werde. Das hängt von der
Arbeit ab, die man mir in meiner Abwesenheit eventuell zugedacht hat. Jedenfalls aber möchte ich Dir, bevor Dein
Geburtstagswunsch bei mir eintrifft,
meinen eigenen Geburtstagswunsch
aussprechen, daß Du, mein dreiund-
siebzigjähriges Mütterlein, mir und
uns allen noch recht lange in guter Gesundheit und Laune erhalten bleibst,
Du hast Dir in den fünfzig Jahren, in
denen Du das Vergnügen gehabt hast,
mich zum Sohn zu haben, so viele Sorgen um mich gemacht, daß ich Dir
verspreche, von nun an nicht mehr
schlimm zu sein und Dir brav zu folgen! Also, Mama, halte Dich gesund
und frisch, damit Du dieses Versprechen viele, viele Jahre genießen
kannst. Ich küsse Dich tausendmal,

grüße und küsse Fritzi, Herbert und
Edith, und bin in fünfzigjährig erprob-
ter Treue

Dein Dich liebender Egon.

Egon Erwin Kisch an Ernestine Kisch.
[Vom Schiff] S. S. »Orford«,
2. April 1935 [156]

165. Drei Prozesse vor
dem australischen
High Court wurden
gewonnen.

166. Am 9. Dezember
1934 bei der Kundge-
bung in der Stadthalle
von Melbourne

167. Mit Gerald Griffin
in einem Naturpark

168.
Ein Abschiedsfoto

169. Gesehen
von Fred Stein

Laudationen zum
50. Geburtstag, 1935

In einem überfüllten großen Saal in Paris fand am Donnerstag, dem 23. Mai,
eine festliche Kundgebung statt zu Ehren des fünfzigjährigen berühmten
deutschen Reporters und Schriftstellers Egon Erwin Kisch. [...] Der bedeutende französische Romancier Jean
Richard Bloch präsidierte den Abend.
Es sprachen von französischen Kollegen Kischs außerdem der glänzende
Satiriker Henri Jeanson vom Canard
Enchainé, der Shaw-Übersetzer Augustin Hamon, der Deputierte und Bürgermeister von Villejiuf Paul Vaillant-
Couturier, Mrs. Fitzgerald, die Lei-
terin der Writers League, Australien
überbrachte Grüße der Australischen
Schriftsteller. Ernst Busch, John
Heartfield, Rudolf Leonhardt, Wieland
Herzfelde und andere feierten Kisch
mit größter Herzlichkeit als ausgezeichneten Schriftsteller und vorbild-
lichen Kameraden. Telegramme und
Begrüßungen aus aller Welt, von
Henri Barbusse, Romain Rolland, Lion
Feuchtwanger, Konstantin Fedin,
Boris Pilnjak, Michael Kolzow wurden
verlesen. Erich Weinert rezitierte ein
eigenes, zum Anlaß des Abends verfaß-
tes Gedicht. Am Schluß gab Kisch eine
brillante Darstellung seiner Abenteuer
in Australien, die in der von ihm meisterhaft beherrschten Form als mittel-
barer Erzähler des persönlich Erlebten
tiefe soziale und wirtschaftliche Probleme des fünften Kontinents und der
heutigen Zeit anrührte.

Der »Gegen-Angriff«, 1. Juni 1935 [157]

Egon Erwin Kisch ist kein rasender Reporter; das ist ein Spitzname, den er sich nicht ohne Selbstironie gegeben hat; er ist ein gewissenhafter und gründlicher Berichterstatter. Was ihn aber zum vorzüglichen Schriftsteller macht und seine Berichterstattungen zu literarischen Werken, ist – der Materialist Kisch möge es mir nachsehen – die Gnade, die Gnade des echten Schriftstellers, die darin besteht, daß man die Wirklichkeit beschreibt, ohne die Wahrheit zu verletzen; daß man trotz der dokumentarischen Wirklichkeit nicht versäumt, die Wahrheit zu sagen. Diese Fähigkeit allein ist es, die Egon Erwin Kisch eine ganz besondere, ich möchte fast sagen, einmalige und einzige Bedeutung gibt.

Joseph Roth:
Brief an Egon Erwin Kisch, 1935 [158]

Hat es überhaupt je eine so junge Generation von Fünfzigern gegeben? Voriges Jahr Feuchtwanger, jetzt Sie, in ein paar Jahren ich selbst: uns erhält jung und wach der Trieb, genau hinzusehen, genau aufzuschreiben und gut zu formulieren, was wir voll verantworten können.

Arnold Zweig:
Brief an Egon Erwin Kisch, 1935 [159]

Juni 1935   *II. Jahr, No. 5*

NEUE DEUTSCHE BLÄTTER

MONATSCHRIFT FÜR LITERATUR UND KRITIK

Redaktion

.·. *(Berlin) O. M. Graf   W. Herzfelde   Anna Seghers*

Sonderheft für Egon Erwin Kisch

mit Beiträgen von

Max Brod - Albert Ehrenstein - Bruno Frei - Rudolf Fuchs

E. I. Gumbel - Otto Heller - Peter Kast - Kurt Kersten - Ludwig Marcuse

Pierre Merin - Balder und Rudolf Olden - Roda Roda - Joseph Roth -

Karl Schmückle - Ernst Toller - Werner Türk - Arnold Zweig u. v. a.

„Die Stimme aus Deutschland"

Prag - Zürich - Paris - London - Amsterdam

Kč 6·50   Fr. 1·-   fr. 5·-   sh. 1/6   Fl. 0·50

170. Sonderheft der »Neuen Deutschen Blätter«

Sie haben das Berichten von Tatsachen zur Kunst gemacht und dadurch den Journalismus und die Literatur bereichert. Für viele, unter anderen für mich, ist Fernstes durch Sie nähergerückt worden. Sie haben für uns Großes und Kleines, was vor Ihnen niemand sah, entdeckt.

Lion Feuchtwanger:
Brief an Egon Erwin Kisch, 1935 [160]

Unter den mit Recht verrissenen Marco-Polo-Schafen der Reiseliteratur ein reißender Wolf, dem kein Weltteilchen entgeht, ein selbstloser Enthüller, Aufdecker beispielsweise der blutigen, waffenklirrenden Opiumgeheimnisse Chinas.

Albert Ehrenstein:
Brief an Egon Erwin Kisch, 1935 [161]

Übrigens ging es Kisch damals – wie auch später in Mexiko – materiell sehr schlecht. Trotz seiner ungewöhnlichen Produktivität und trotz mancherlei äußerer Anerkennung ist er in den Jahren der Emigration nie aus der Misere herausgekommen. Um die Miete für die Zimmer aufzubringen, arbeitete Gisl gelegentlich in dem Hotel, das sie bewohnten, als Garderobiere. Einmal kam es gar so weit, daß man die Schreibmaschine aufs Leihhaus tragen mußte, bis das nächste Honorar eingegangen war. Nur selten hörte ich ihn darüber klagen, und nie habe ich erlebt, daß er seine gute Laune verloren hätte.

Bodo Uhse [162]

171.
1 André Gide,
2 André Malraux,
3 Jean-Richard Bloch,
4 Paul Vaillant-
  Couturier,
5 Eugène Dabit,
6 Heinrich Mann,
7 Paul Nizan,
8 Egon Erwin Kisch,
9 Waldo Frank,
10 Pierre Gérôme,
11 Henri Clerc,
12 Jean Cassou,
13 Ilja Ehrenburg,
14 Julien Benda,
15 Charles Rappoport,
17 Jean Lurcat,
18 Amabel Williams-
  Ellis,
19 Edward Morgan
  Forster,
20 Boris Pasternak,
21 Aldous Huxley,
22 Luc Durtain,
23 Michail Kolzow,
24 Martin Andersen
  Nexö,
25 Michael Gold,
26 Charles Vilrac,
27 Edouard Dujardin,
28 Isaak Babel,
29 Charles Plisnier,
30 Magdeleine Paz,
31 Jean Guéhenno,
32 Louis Aragon,
33 Henri Poulaille
Zeichnung aus »la Bête
Noire«

Kongreß zur Verteidigung
der Kultur, 1935

In den letzten Tagen hatte ich viel mit dem Kongreß zu tun, über den Sie wohl allerhand gehört haben. Aber ich glaube, daß Klaus Mann, Landshoff und vielleicht Kesten die einzigen sein könnten, denen die Veranstaltung nicht gefiel. Schließlich waren doch fast alle großen Namen der Literatur da, wer hätte zum Beispiel Huxley, Waldo Frank, Michael Gold, Robert Musil usw. erwartet, wer einen illegalen Delegierten aus Deutschland, wer die großen Auseinandersetzungen wie zwischen André Gide und Julien Benda, Malraux und Barbusse. Tausende von Leuten saßen nachmittags und nachts im Zuschauerraum und hörten zu.

Egon Erwin Kisch an Walter Landauer. Versailles, 10. Juli 1935 [163]

Die doppelte Tätigkeit, die dem sozial bewußten Schriftsteller gestellt ist, die des Kampfes und die der Kunst, würde in ihrer Einheit aufgehoben, sie würde in beiden Teilen wirkungslos und wertlos werden, wenn er in seiner Kunst oder in seinem Kampf zurückwiche. [...] der wahre Schriftsteller [...] darf die Besinnung seiner Künstlerschaft nicht verlieren, er soll das grauenhafte Modell mit Wahl von Farbe und Perspektive als Kunstwerk, als anklägerisches Kunstwerk gestalten, er muß Vergangenheit und Zukunft in Beziehung zur Gegenwart stellen – das ist logische Phantasie, das ist die Vermeidung der Banalität und der Demagogie. [...] Es ist schwer, die Wahrheit präzis hinzustellen, ohne Schwung und Form zu verlieren; Reportage heißt Sichtbarmachung der Arbeit und der Lebensweise – das sind oft spröde, graue Modelle in den heutigen Zeitabläufen. Wahrheit ist das edelste Rohmaterial der Kunst, Präzision ihre beste Behandlungsweise.

Egon Erwin Kisch: Reportage als Kunstform und Kampfform. (Rede auf dem 1. Internationalen Schriftstellerkongreß zur Verteidigung der Kultur, Paris, 1935) [164]

172./173. Während
des Kongresses mit
Abulkosim Lohuti
sowie mit den sowjeti-
schen Schriftstellern
Scherbakow und
Michail Kolzow

Nicht zufällig eben hat er in der Pariser Rede statt von »Wirklichkeit« stets von »Wahrheit« gesprochen. Von seiner kommunistisch-parteilichen Wahrheit, wie er sie versteht ...

Diese parteiliche »Wahrheit« bestimmt den erzählerischen Zweck und damit die Wahl von Farbe, Perspektive und Fakten – nur daß die parteiliche Wahrheit, genauer: die politische Tendenz im Gewand der Tatsachenschilderung auftritt; nur daß der Leser für bare Münze zu nehmen verführt wird, was doch streckenweise (und wer weiß, auf welche Strecken?) eine Mischung ist aus Fiktion und Authentizität. Doch diese Praxis des Verschleierns und Insinuierens ist ja nur im Journalismus unerlaubt, nur in der Reportage ist sie Demagogie. In der Literatur dagegen ein Kunstmittel unter vielen, und die Wirkung von Kischs Texten verdankt sich ja eben den gestalterischen Techniken, den kompositorischen Griffen und Kniffen des Schriftstellers, die allemal und nicht nur bei politisch heiklen Sachverhalten auf einen freien Umgang mit Fakten hinauslaufen.

Hans-Albert Walter [165]

Exilkolonie Bredene, 1935/36

Kisch bildete eins der Zentren der Emigration. Fast alle Emigranten, die sich außer Roth und Irmgard Keun in Bredene sehen ließen, waren Mitglieder der Kommunistischen Partei, darunter Willy Münzenberg, der Kominternchef des westeuropäischen Agitprop und sein erster Leutnant und seine rechte Hand, Otto Katz. Die Keun sympathisierte mit uns und beteiligte sich an unseren Gesprächen über die Ereignisse in Spanien, wo der Bürgerkrieg gerade ausgebrochen war, während Roth mit seiner Ansicht zurückhielt und nur an der Gesellschaft von Kisch interessiert war.

Arthur Koestler [166]

Ich arbeite sehr viel an meinem Australienbuch, ich hatte gehofft, es noch vor Weihnachten erscheinen lassen zu können, aber es gelingt mir nicht, so schnell fertig zu werden, man muß sich über vieles in Australien erkundigen, und es dauert 3 Monate, bevor man Antwort bekommt. Auch sonst ist das Thema schwer und entlegen, aber wenn es auch nicht so schnell fertig wird, wird's ein gutes Buch und wird wahrscheinlich in England viel Erfolg haben.

Egon Erwin Kisch an Ernestine Kisch.
Bredene (Belgique), Pension L'Aurore,
6. September 1935 [167]

Ich war bei den Kischs. Bezaubernde Leute. Klug, lebendig, voll Humor und ehrlichem Idealismus. Ich zeigte ihnen unter gräßlichen Hemmungen die ersten dreißig Seiten vom neuen Roman. Also, Du kannst Dir nicht vorstellen, wie begeistert sie waren. Und das Typische ist so für Kisch, daß er einfach keine Ruhe hat und was für einen tun muß, wenn er begeistert ist. Er ging aufs Zimmer, als müßte er arbeiten, ich blieb mit der Frau. Dann kam er wieder und hatte Briefe geschrieben nach Paris wegen Vertrag, an bekannte amerikanische Verleger, an meinen Verlag – nur um dem zu sagen, wie begeistert er wäre. Beide sind so unglaublich liebe Menschen – vollkommen natürlich, keine Spur von Snob, ganz einfach. Und diese verzweifelte Arbeit um ein neues demokratisches Deutschland!

Irmgard Keun an Arnold Strauss.
Ostende, 22. Juni 1936 [168]

Werte Freunde, leider kann ich, da ich
im Ausland bin, an Eurer Trauerfeier
für unseren großen Toten nicht teilnehmen. Der Tod von Henri Barbusse
und die gigantische Manifestation der
Solidarität, die die Arbeiter von Moskau und Paris ihm und der von ihm
geführten Kulturfront gegeben haben,
legen allen seinen Freunden und An-
hängern besondere Verpflichtungen
auf. Die erste dieser Verpflichtungen
ist die Hingabe an die von ihm begründete und geführte Weltbewegung
gegen Krieg und Faschismus. Mit
konzessionslosem Willen zur Verwirk-
lichung des Sozialismus und mit revolutionärer Disziplin haben wir uns zu
bemühen, im Geiste Henri Barbusse's
für eine militante Einheitsfront des
Geistes gegen den Ungeist, die Barbarei, den Massenmord zu wirken.

Egon Erwin Kisch an das Weltkomitee
gegen Krieg und Faschismus. Bredene,
18. September 1935 [169]

174. Das Buch »Lan-
dung in Australien«
wurde zum großen
Teil in Belgien
geschrieben.

175. Begräbnis von
Henri Barbusse. Er
hatte nicht nur Egon
Erwin Kisch im Ersten
Weltkrieg mit seinem
Buch »Le Feu« den
Weg gewiesen.

176. Ernestine Kisch
im Arkadengang des
»Bärenhauses«

Tod der Mutter, 1937

Egon Erwin Kisch hatte menschlich
rührende Züge. Als er in Paris die
Nachricht bekam, daß seine in Prag
lebende Mutter schwer erkrankt sei,
kümmerte er sich einen Pfifferling um
das Parteiverbot, das ihm untersagte,
nach Prag zu fahren. Monate hindurch
blieb er bei seiner Mutter, um ihr mit
Witz und Heiterkeit das Sterben zu er-
leichtern. Nach Paris zurückgekehrt,
erhielt er für seinen Ungehorsam eine
Rüge von der Partei.

Margarete Buber-Neumann [170]

177. Mit der Mutter vor
dem Tor des »Bären-
hauses«

Eine der apartesten und für die damalige Stimmung in Prag bezeichnendsten Zusammenkünfte journalistisch tätiger Menschen habe ich – es muß etwa 1937 gewesen sein – im Hause des sozialdemokratischen Fabrikanten Kolinsky erlebt. Er hatte Wenzel Jaksch, Otto Strasser, Willy Schlamm, Elizabeth Wiskeman, mich und – Egon Erwin Kisch zu einem Bierabend in sein Haus eingeladen. Es entwickelten sich höchst amüsante Gespräche, als Schlamm anfing, den »rasenden Reporter« und großen Kommunisten Kisch regelrecht »auf den Arm zu nehmen«. Schlamm gab sich den Anschein, in vollem Ernst zu sprechen, als er Kisch Abweichungen von der Stalin'schen Generallinie nachwies. Ich hatte angenommen, ein Mann wie Kisch würde Spaß verstehen und in die Situation eintreten. Weit gefehlt! Der große Revolutionär bekam es sichtlich mit der Angst zu tun, verteidigte sich gegen Schlamms fingierte Vorwürfe beinahe hysterisch und versicherte immer wieder, daß er nie etwas gesagt habe, was man als Kritik an Stalin auslegen könnte.

Emil Franzel [171]

Ich lese in der »Weltbühne« Ihre Aufforderung, sich zur PEN-Club-Tagung zu melden. Natürlich möchte ich gerne an der Tagung teilnehmen, wenn ich in Paris bin. (Ich fahre nämlich nächste Woche nach Spanien.) Ich möchte Sie fragen, ob nicht auch andere deutsche Schriftsteller Einladungen bekommen könnten, insbesondere die, die in Spanien an der Front stehen wie Ludwig Renn, Gustav Regler, Bodo Uhse, Hans Marchwitza, Alfred Kantorowicz, Theodor Balk, Kurt Stern usw. Auch andere Schriftsteller von Namen wie Anna Seghers, F. C. Weiskopf, Leonhard Frank, Rudolf Leonhard könnte man vielleicht einladen oder, wenn es ginge, zur Mitgliedschaft im PEN-Club auffordern.

Was Anna Seghers und mich anbelangt, so hat der Pariser PEN-Club uns beiden vor Weihnachten ein Bankett gegeben. Was denken Sie darüber, wenn man dem SDS in Paris eine offizielle Einladung zur Tagung verschaffen könnte?

Egon Erwin Kisch an Rudolf Olden.
Prag, 22. Mai 1937 [172]

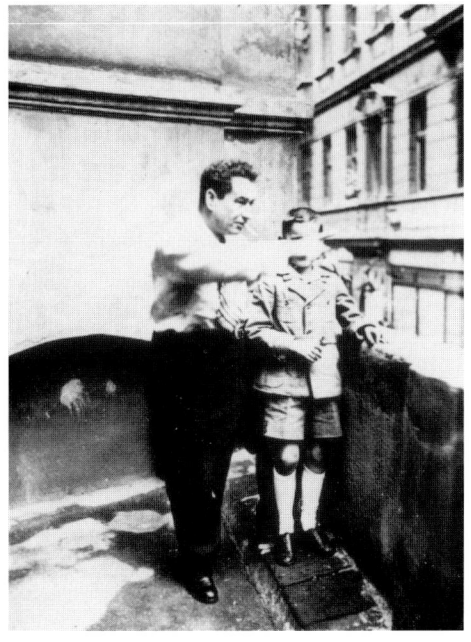

179. Mit dem Komponisten Jaroslav Ježek in Prag

178. Mit dem Neffen Herbert auf dem Balkon des »Bären-hauses«

La Fédération Internationale certifie que M. *Egon Erwin Kisch*.
The International Federation hereby certifies that

est inscrit au centre des *allemands émigrés*
is a member of the   centre.

Elle prie en conséquence tous les P.E.N. Clubs de lui réserver l'accueil
We therefore beg all centres of the P.E.N. to extend to him/her the courtesy and

confraternel qui est de règle dans notre association. Elle le recommande
cordiality which form the basis of our association. We also recommend him/her to

en outre à la bienveillance de toutes les organi-
the attention of all other intellectual bodies in the

sations et autorités intellectuelles des différents pays.
different countries.

Le Président   Le Président   Le Secrétaire
du Centre,   International.   Fédéral.

180. Der PEN-Club-Ausweis

181. Egon Erwin
Kisch und Anna
Seghers

Bürgerkrieg in Spanien
Kulturkongreß in Valencia
und Madrid, 1937

Wir Schriftsteller aus aller Welt und
aus allen Lagern müssen in unseren
Schriften nicht nur für die Gegenwart
des spanischen Freiheitskampfes eintreten, sondern wir müssen auch dafür sorgen, daß die Geschichtsschrei-
bung diesen heldenhaften Widerstand
nicht verfälschen kann und ihn als
das hinstellen muß, was er wirklich
ist: ein Krieg um die Menschenrechte
gegen die modernsten Gewaltmetho-
den der Reaktion, die Methoden des
Faschismus!

Aus Egon Erwin Kischs Rede auf dem
2. Internationalen Schriftstellerkongreß zur
Verteidigung der Kultur, Valencia 1937 [173]

182. Schriftstellerkon-
greß in Madrid 1937
(von links nach rechts)
Rosario de Olmo,
M. Altoguirre, Marga-
rita Nelken, Staviski,
Anna Seghers, Egon
Erwin Kisch, Rafael
Alberti, Maria Teresa
Leon, José Bergamin

Wer gab den Befehl, die Bombe nieder-
sausen zu lassen? Generäle. Sie haben
den Staat verraten, dem sie den Treue-
eid schwuren und der sie besoldete,
sie stahlen die Armee, die ihnen an-
vertraut war, und sie überziehen, be-
auftragt und unterstützt von fremden
Mächten, vom Weltfaschismus, das
eigene Land, das Volk mit Greuel und
Würgen.

So geschieht, daß die Bombe ein
Spital anfällt, und nichts und niemand hält sie auf, im Bruchteil einer
Sekunde wird sie ihr Mordgeschäft
vollbracht haben. Im Bruchteil einer
Sekunde … Wir liegen da, wir tun das
gleiche, was die Lenker der demokratischen Staaten tun, wir stecken den
Kopf in den Sand.

Wir haben keine Waffen gegen das
Geschwader, wir haben kein Mittel,
die Bombe aufzuhalten, die hernieder-
saust. Aber jene Staatsmänner haben
Mittel und Waffen.

Hoch springen Feuer und Rauch
empor wie ein Schrei. Mögen die
menschlichen Menschen ihn hören,
diesen Schrei gegen die Barbarei:
Fortschrittliche Menschheit werde
zu einer Internationalen Brigade für
Freiheit und für Recht.

Egon Erwin Kisch:
Soldaten am Meeresstrand[174]

183. Zweiter Kongreß-
Tag: Auf dem Podium
(von links nach rechts):
Aleksej Tolstoi, Egon
Erwin Kisch, Martin
Andersen Nexö, José
Bergamin

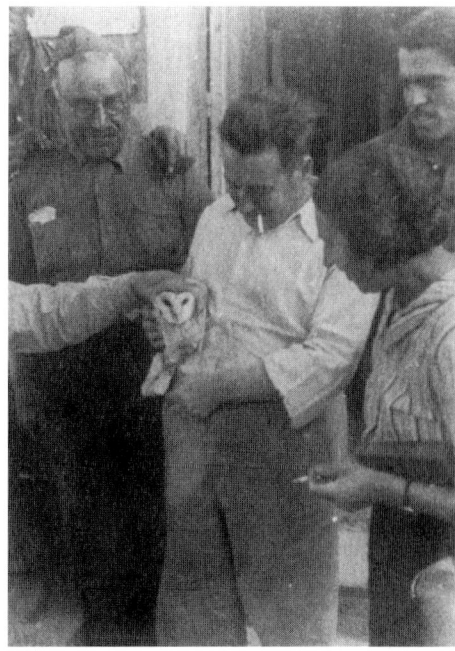

184. Mit einer Schleier-
eule im Zoo von Madrid

186. Mit Ernst Busch

185. Im Schützen-
graben

187. Mit Gustav Regler
(von seiner Verwun-
dung genesen), der Tän-
zerin Mira Holzbach
und Hans Marchwitza

188. Die Uniform ist
Pose

189. Bei Alfred Kanto-
rowicz und den Inter-
nationalen Brigaden

Bürgerkrieg in Spanien
Frontbesuche, 1937

Egon Erwin Kisch bereist zur Zeit die
Fronten des spanischen Bürgerkrie-
ges. Zu Beginn dieser Woche besuchte er die vordersten Stellungen des
zentralen Frontabschnittes. Die Stellungen in der Universitätsstadt usw.
Überall bereiteten ihm die Verteidi-
ger Madrids einen überaus herzlichen
Empfang. Kisch, der ihren heldenmü-
tigen Kampf in seinem neuen Buch
schildern wird, lauschte in den Schüt-
zengräben lange Stunden den Berichten der Kameraden. Die Madrider
Zeitungen widmeten ihm Begrüßungs-
artikel. Vor dem Mikrophon des Regie-
rungssenders EAQ, die Stimme Spani-
ens, sprach er über seine Eindrücke.
Am letzten Sonntag war er ein gefeier-
ter Gast der 14. Brigade, die in einem
Madrider Vorort ein großes Volksfest
veranstaltete. Die Kämpfer der Brigade, in der Mehrzahl französische Kameraden, waren begeistert über den
Besuch des »Rasenden Reporters«.

»Deutsche Volkszeitung« (Paris),
4. Juli 1937 [175]

Ihr habt ja gehört, daß Egon Erwin Kisch und der sozialdemokratische Abgeordnete Erich Kuttner mit uns zusammen hierhergefahren sind. Sie wollen morgen die Kameraden an der Front besuchen. [...] Seine innere Spannkraft aber haben die schweren Jahre nicht brechen können: weder Hitlers Sieg noch die Not des Exils noch das Gefängnis in Australien noch die Zurücksetzungen und Drangsalierungen durch die Parteibürokratie, die ihm auch nicht erspart geblieben sind. [...] Wir frühstücken im Zimmer des Generals gemeinsam. Kisch schloß Bekanntschaft mit allen. Dann besichtigte er den Unterstand, das Schwalbennest, sprach mit dem Koch wienerisch und radebrechte mit Leutnant Boris polnisch. Dem Adjutanten Franz schrieb er eine Widmung in sein Buch »China geheim«, das Franz zufällig bei sich hatte, und die Wachposten und Küchengehilfen erfreute und erstaunte er durch seine verblüffenden Zauberkunststücke. Er war wieder einmal so »unseriös« wie nur möglich. [...] Die Kameraden gingen zu ihren Einheiten oder auf die Kampfposten zurück. Ich fand Kisch, wie verabredet, beim tschechischen Zug. Wie die Deutschen und Österreicher reklamieren ihn auch die Tschechen als Landsmann. Gemeinsam gingen wir dann zur Maschinengewehrkompanie, in der die Österreicher zahlreich sind. Wohin wir kamen, brachen Freudenkundgebungen aus. Die Schützen streckten ihm Notizblätter, Fotografien – oftmals die ihrer Frauen und Bräute – entgegen, damit er seinen

Namen darauf schreibe. Das machte ihn verlegen, er improvisierte aber einige muntere Schüttelreime, die jeder Feierlichkeit die Spitze abbrachen. [...] So gingen wir von Gruppe zu Gruppe. Kisch mußte erzählen, Kisch mußte einen Witz machen.

Alfred Kantorowicz [176]

190. Mit Kurt Stern bei
der Morgentoilette

191. Beim Betrachten
des Frontverlaufs

Bürgerkrieg in Spanien
Exilkolonie Benicasim, 1937/38

Als erste Aufgabe war dem Hospital »Komensky« (diesem großen sanitären Unternehmen, das von der tschechoslowakischen Demokratie dem republikanischen Spanien gesandt worden war) in seinem jetzigen Aufenthaltsort Benicasim auferlegt, sich selbst zu etablieren. Kein Gebäude von der Art, wie sie die Kriegschirurgie für Unterbringung von Sanitätsformationen vorschreibt, war vorhanden, weder ein städtisches Krankenhaus noch ein mehrstöckiges Hotel, ja nicht einmal andere massive Bauten, z. B. ein Schloß, ein Gutsgebäude, ein Theater, eine Fabrik oder eine heizbare Kirche. Nichts war in der Villensiedlung Benicasim vorhanden, als eben Villen, für den Sommeraufenthalt je einer Familie erbaut, daher nicht heizbar, ganz dünnwandig, ohne Oberlicht, ohne besondere Kanalisierung. Nach Beginn des Bürgerkriegs waren die Villen dieses Seebades und ein in der Nähe befindliches Kloster zu einem Rekonvaleszentenheim für Soldaten geworden. [...]

Friedrich Kisch [177]

Benicasim ist der internationalste Ort in Europa! Ein kleiner Badeort, einst nur von den Spitzen der spanischen Gesellschaft besucht, heute ein Hospitals-Centrum für unsere in Spanien kämpfenden Kameraden. Australien, Amerika, alle Erdteile sind hier vertreten. Jede Nation hat ihre Sprachgruppe mit ihrem Leiter, der sich um das Wohl der Kameraden bekümmert. Um

ihre Erholung zu beschleunigen, legen wir außer der ärztlichen Behandlung auch auf die kulturelle Arbeit großes Gewicht. [...] Einer unserer wichtigsten und beliebtesten Mitarbeiter ist der Kamerad Egon Erwin Kisch, der immer mit Rat und Tat hilft. Die schönsten Abende sind die, an denen er zu unseren Kameraden spricht. Aber auch sonst können wir auf seine Mitarbeit rechnen, sei es ein guter Rat für die Wandzeitung oder die Kritik eines Vortrags etc.

Unser Kulturhaus trägt den Namen »Maxim Gorki«. Der erste Raum ist mit Wandzeitungen geschmückt. Im Lesezimmer findet man 60 verschiedene Zeitschriften in allen Sprachen. Wir haben eine Bibliothek, das Schreibzimmer, mehrere kleine Vortragsräume und Speiseräume. Im Erdgeschoß die Redaktion unserer Zeitung »Unidad«, dann die Arbeitszimmer der Sprachgruppen und ein Radio und Photoatelier. [...] Mit den Kindern unseres Kinderheimes sind wir eng befreundet. Sie singen bei unseren Festen, nehmen an unseren Ausflügen teil, und wir selbst veranstalten für sie im Kinderheim Feste. Auch zu der Zivilbevölkerung haben wir gute Beziehungen. Wir besuchen allwöchentlich ein Dorf oder ein Kollektiv.

Alice Glasner [178]

192. (Von rechts nach links) Egon Erwin Kisch, Paul Robeson, (die beiden Damen könnten Dora Klein und Alice Glasner sein), Fritz Jensen und Friedrich Kisch

194. Recherche für die Spanienreportagen

193. Mit Kindern des nahen Waisenhauses.

195. Mehr als ein halbes Jahr verbrachte Kisch in Benicasim bei seinem Bruder Friedrich, der als Chirurg für die Internationalen Brigaden tätig war.

Die neuen, die jetzigen Bewohner von Benicasim-Las Villas haben keine Privatautos, und so wurde die Garage zu einem Theater umgestaltet mit Bühne, Schnürboden, Garderobe, Kulissen und was dazu gehört. »Teatro Henri Barbusse« heißt dieses Theater, das einzige mit auswechselbarem Zuschauerraum. Heute um 9 Uhr abend ist eine Vorstellung, wie so oft auch diesmal ein bunter Abend. Ein bessarabischer Arzt singt, eine andalusische Krankenschwester tanzt, zwei deutsche Verwundete agieren ein Schattenspiel, ein amerikanischer Verwundeter spielt Cello, ein Negerchauffeur steppt, und mitten im Steptanz kommt Adolphe auf die Bühne, sein Gang ist dem Chaplins ähnlich, aber keineswegs tritt er auf, um dem Negertänzer ein Partner zu sein, sondern er macht nur eine Mitteilung: »Verwundetentransport angekündigt!«

Sofort ist die Bühne leer, das Orchester leer und der Zuschauerraum leer. Das heißt: leer von Publikum. Ein Szenenwechsel, ein Dekorationswechsel vollzieht sich, auch im technisch-modernsten Theater kann er sich nicht schneller vollziehen.

Statt mit Stühlen und Bänken ist die Riesenhalle im Nu mit Betten gefüllt, mit sechzig schneeweiß überzogenen Betten. Statt des kalten Buffets stehen Kessel mit Tee oder Kaffee auf der Theke, belegtes Brot und Kuchen. Auch Zigaretten, die sonst ein rarer Artikel sind, tauchen aus der Versenkung, die glücklicherweise niemand kennt, plötzlich kistenweise auf; so viele Verwundete avisiert sind – und es können bis 250 sein – so viele Zigarettenpäckchen.

Egon Erwin Kisch: Triage [179]

196.–198. Sommer
an der Costa del Sol

Hochzeit mit Gisela Lyner, 1938

Gisl Kisch pflegte von ihrem Mann zu sagen: »Wenn Egonek fünf Francs in der Tasche hat, dann glaubt er, daß er den Verlag und die Redaktion unserer Zeitung finanzieren und obendrein noch zehn Leute zum Abendessen einladen kann.« Nach der Besetzung der Tschechoslowakei wohnte ich eine Zeitlang mit dem Ehepaar Kisch im Hotel Moderne in Versailles. Sie waren damals gerade ein junges Ehepaar. Nach wahrlich langjährigem Zusammenleben hat Egon Erwin Kisch die Gisela Lyner aus Wien endlich geheiratet. Es war für die beiden eine reine Formalität, zu der sie sich entschlossen, als der Krieg über Nacht ausbrechen konnte. Niemand wußte, wohin der weitere Weg der unfreiwilligen Flucht noch führen würde, und ein Lebensbündnis ohne formale Heirat bedeutete nur ein weiteres Hindernis bei der Überwindung der ohnehin fast unüberwindlichen Paß-, Ausreise- und Einreisevorschriften in den meisten Ländern der damaligen Welt.

Lenka Reinerová [180]

Ich kann mir seine Existenz ohne Gisl nicht vorstellen. Gisl ohne Egon, ja, das habe ich manchmal erlebt. Sie ist mir immer unverändert vorgekommen, ruhig und geduldig und entschlossen, wie sie überhaupt dem gemeinsamen Los der Menschen, der Veränderung, enthoben zu sein scheint. Aber Egon, du lieber Himmel! Ich habe den Eindruck, daß er sich manche Aufregungen im Paradies Amerika oder bei der Landung in Australien erspart hätte, allerdings auch ein paar aufregende Bücher, wenn Gisl dabei gewesen wäre, um alles rechtzeitig zu entwirren. Wenn Gisl ihrerseits auf die seltsame Idee kam, einmal ein paar Tage zu ihren Eltern zu fahren, war der arme Kisch ohne Gisl allen Dämonen anheimgegeben. Denn in Egons Heim bedeutete die Gisl das, was man in der Chemie, ich glaube, Katalysator nennt, eine Substanz, ohne die ein bestimmtes Element nicht zu der ihm eigenen Wirkung kommt. In diesem Fall ist die Substanz Gisls Kaffee. Woran es liegt, weiß ich nicht. Wir schreiben ja immer die Erscheinung einem Naturgesetz zu. Aber worauf beruht dieses Naturgesetz? Der Kaffee, den Gisl für ihre Gäste gebraut, verleiht Egons Erinnerungen, Witzen, Anekdoten, Schweinereien und Glaubensbekenntnissen einen unwiderstehlichen Zauber. Am Kaffee kann es kaum liegen, der Kaffee war vorzüglich in Wien, gut in Moskau, annehmbar in Berlin, schwach in Paris, gräßlich in Madrid. […] Aber überall haben sich die Menschen um Gisls Kaffee gedrängt wie einstmals

die Juden ums Wasser, das aus dem
Felsen geschlagen wurde. [...] Und
nachts, wenn wir endlich weg sind,
dann schleift sie mit an jedem Wort
herum, das Kisch in seiner verrückten
Handschrift ausgeschrieben hat, und
die Schreibmaschine klappert, als sei
sie mit einem Hebel verbunden und
nicht mit einem Menschen aus Fleisch
und Blut.

Anna Seghers: Gisl [181]

Noch in Paris gehörte er zu den wenigen, die die diktatorischen Methoden
der KP bekrittelten, die ihre gläubigen
Anhänger unter den Intellektuellen
einfach gleichschaltete und zu Propa-
gandawerkzeugen erniedrigte. Aber
Gisela sorgte dafür, daß er bei der
Stange blieb.

Margarete Buber-Neumann [182]

199. Egon Erwin Kisch
und Gisela Lyner
Anfang der dreißiger
Jahre

LO.

RÉPUBLIQUE FRANÇAISE. — DÉPARTEMENT DE SEINE-ET-OISE

VILLE DE VERSAILLES

EXTRAIT du Registre des Actes
de   MARIAGE   pour l'année 1938.

ÉTAT CIVIL

Acte N° 424.- Le vingt neuf octobre mil neuf cent trente huit, Devant Nous ont comparu publiquement en la maison Commune : Egon-KISCH, homme de lettres, domicilié a Versailles, 2 rue du Jeu de Paume, né a Prague (Tchécoslovaquie), le vingt neuf avril mil huit cent quatre vingt cinq, fils de Herman KISCH, et de Ernestine KUHOVA, époux décédés.- D'UNE PART........

Et Gisela LYNER, sans profession, domiciliée a Versailles, 2 rue du Jeu de Paume, née à Busk (Autriche), le vingt trois mai mil huit cent quatre ..... vingt quinze, fille de David LYNER, et de Amalie ..... SCHAPIRA, son épouse, domiciliés à Vienne (Allemagne)
D'AUTRE PART......

Les futurs époux déclarent qu'il n'a pas été fait de contrat de mariage./.

Egon KISCH, et Gisela LYNER, ont déclaré l'un après l'autre vouloir se prendre pour époux et Nous avons prononcé au Nom de la loi qu'ils sont unis par le mariage./.

Pour copie conforme délivrée le premier novembre mil neuf cent quarante neuf./.

Pour le Maire de Versailles,
l'Adjoint délégué,

60 FRANCS

200. Zwanzig Jahre nach ihrer ersten Begegnung heirateten Egon Erwin Kisch und Gisela Lyner, um durch den drohenden Krieg nicht auseinandergerissen zu werden.

Flucht aus Frankreich, 1939

Kisch, dessen Familie in Prag geblieben war und den tausend Beziehungen und Freundschaften mit der Heimatstadt verbinden, ist wie eingefroren. Dies geht über seine Leidensfähigkeit. Er nimmt die Zeitungen, um – Kreuzworträtsel zu lösen. Nur bisweilen schreckt er auf, verstört und fassungslos. Seine Witze und Wortspiele schneiden ins Herz.

Alfred Kantorowicz: (Tagebucheintragung), 22. März 1939 [183]

Egon Erwin Kisch steht in Paris kurz vor dem Hungertod. Vor einigen Wochen erhielt er von einem meiner Freunde 200 französische Franc und seither nichts mehr. […] Lange war er noch in relativer Sicherheit, da er finanzielle Rücklagen in der Tschechoslowakei, seinem Heimatland, hatte. Seit Hitlers Einmarsch in Prag ist das alles verloren, und er befindet sich nicht in der Lage, das Buch zu beenden, welches Alfred Knopf bei ihm bestellt hat. Ich bin sicher, daß es Ihnen möglich sein wird, die »Guild« von Kischs internationaler Bedeutung als Journalist größten Kalibers und als aktiven Antifaschisten zu überzeugen, den sie nicht umkommen lassen darf.

Erika Mann an
Hubertus Prinz zu Löwenstein.
New York, 23. April 1939 [184]

Im engsten Freundeskreis erzählte [Ernst] Bloch einmal von den Nöten Egon Erwin Kischs, der nach Bekanntwerden des Hitler-Stalin-Pakts angewidert aus der Partei austreten wollte; er, der bürgerliche Professor, habe Kisch damals von seinem Vorhaben abbringen müssen.

Günther Zehm [185]

Auf diese Art schrieb er in Frankreich zwischen dem Münchner Abkommen und dem Ausbruch des zweiten Weltkrieges eine Buchreportage über Drouet. […] Als Frankreich zusammenbrach, mußte Egonek flüchten. Gepäck durften wir keines mitnehmen, wir hatten kein Geld. Eine amerikanische Firma bot uns später an, das Gepäck mitsamt dem Manuskript der Reportage in Frankreich beheben zu lassen und uns nachzuschicken. Sie wollte hundertfünfzig Dollar dafür, aber wir hatten sie nicht. Während des Krieges ging dann alles verloren. Die Gestapo fahndete nach Egonek, und sie schaffte alles weg, was in unserer Wohnung geblieben war. – Wegen hundertfünfzig Dollar ist das Manuskript für immer verloren …

Gisela Kisch [186]

Als jedoch der Krieg losbrach und man die fremden Antifaschisten als Feinde betrachtete, arretierte, der Freiheit beraubte und isolierte, da verloren sie ihren Humor und fühlten sich wie lebende Leichname. Die, die nicht sofort eingesperrt wurden, weil sie zufälligerweise tschechoslowakische, ungarische, österreichische oder italienische Staatsbürger waren, wurden von der Polizei gesucht und hatten stets einen kleinen Handkoffer bereit mit zwei Hemden, zwei paar Socken und einer Hose, für den Fall, daß die Klingel ertönt und die Polizei erscheint.

Was mich betrifft, so lebte ich unweit von Versailles in einem Dorf von etwa dreißig Häusern und durfte mit niemandem verkehren, keine Post empfangen, und niemand kannte meine Adresse. Eines Tages läutete es. Mit einem Blick auf meine Handkoffer öffnete ich die Tür, und, sieh da, es war nicht die Polizei, es war ein amerikanischer Journalist aus Paris, den ich ein wenig kannte. […] Und so schwamm ich eines Tages über die große Wassergrenze zwischen Krieg und Frieden, Faschismus und Demokratie, Europa und Amerika.

Egon Erwin Kisch:
Rede vor dem Exiled Writers Committee [187]

201. Hitlers Armee besetzt Prag.

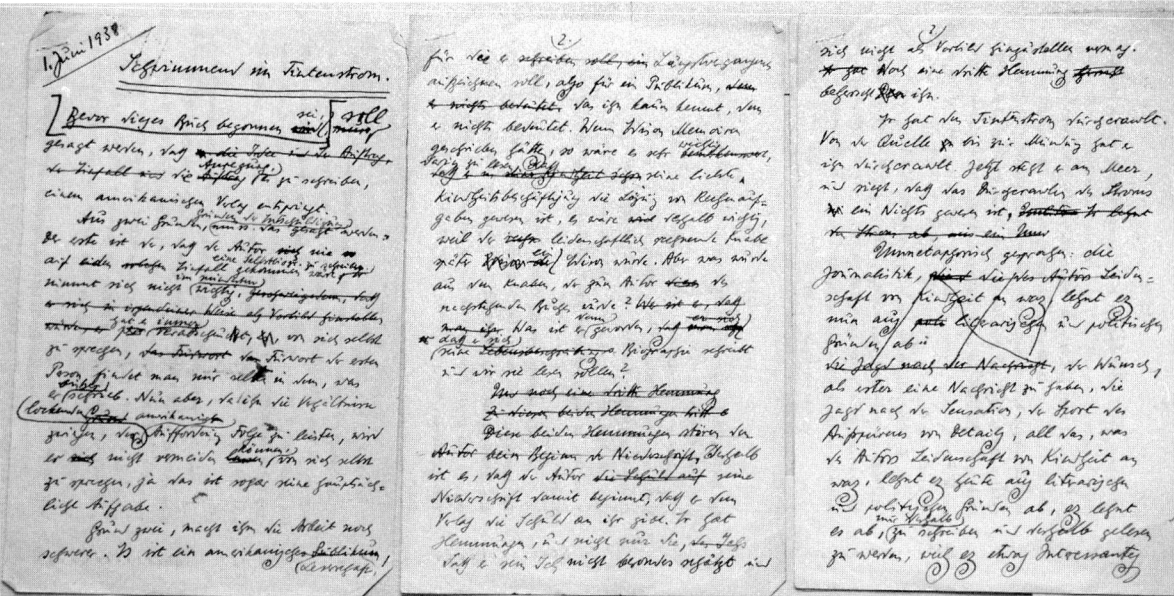

202. Aus dem Arbeits-
titel »Schwimmend
im Tintenstrom«
wurde die Autobio-
graphie »Marktplatz
der Sensationen«.

203. Egon Erwin
Kischs Handkoffer
wurde in Belgien kon-
fisziert. In den USA
hieß es zuerst: Eintritt
verboten.

1940–1945: Exil in den USA und in Mexiko

1940	Januar: Nach Internierung in Ellis Island Ankunft in New York November: Übersiedlung nach Mexico Ciudad	**1943**	Mitherausgeber des »Libro Negro del Terror Nazi en Europa«
1941	»Sensation Fair« Mitbegründer von Zeitschrift und Bewegung »Freies Deutschland«, Heinrich-Heine-Klub und des Verlages El Libro Libre	**1944**	Paul Kisch in Theresienstadt ermordet Reisen nach Oaxaca, Chiapas und Yucatan
1942	»Marktplatz der Sensationen« Arnold Kisch im Konzentrationslager Lodz ermordet	**1945**	»Entdeckungen in Mexiko«

204. Der Monte Alban
in Oaxaca

205. Für einige Tage
wurde Egon Erwin
Kisch auf Ellis Island
interniert.

Internierung in Ellis Island, 1939

Bin wieder Gefangener auf dem Schiff. Meine Kabine ist abgesperrt. Durchs festgeschraubte Bullauge sehe ich die Neue Welt, der ich vierzehn Tage, Kriegstage lang auf der »Pennland«, Holland-Am.-Line, entgegenfuhr, langsam durch Minenfelder, rasch einem gesunkenen torpedierten Griechenkargo »Germaine« zu Hilfe, und schaukelnd in einer besonders stürmischen See. Das Ärgste war die Kontrolle durch die englischen Behörden in Southampton, die freilich nur mich betraf. Sie verpatzten mir den Paß durch ein ostentatives Landungsverbot, obwohl ich weder landen wollte noch konnte, und erhöhten die Wahrscheinlichkeit dessen, was bisher nur leichte Möglichkeit war: Landungsverbot in Amerika. [...]

Dienstag, 26. Dezember. Herunter von der »Pennland«, auf der wir mehr als 14 Tage waren. Herunter mit dem Gepäck (meines blieb in Belgien) in die eiskalten Docks, wo Zollrevision vorgenommen wird, dann auf einem Tender zu der von der Freiheitsstatue gehüteten Gefängnisinsel. Hier war ich vor 10 Jahren als Reporter bei den Stowaways. Jetzt warte ich mit ein paar Hunderten. Ein Zettel, uns eingehändigt, besagt, wir mögen, bitte, mit Geduld auf unser Verhör durch die Spezialkommission warten. Einverstanden. [...]

Mittwoch, 27. 12. Ich kann nicht schlafen, wenn Licht brennt. Der Schlafsaal, in dem ich mit 22 anderen lag, ist besser, als er vor 10 Jahren war. Aber einen Platz, wohin man die Kleider oder Tageswäsche legen oder hängen könnte, gibt's nicht. Mittags vergaß ich meine Brille im Speisesaal und ging zurück. Dort war aber schon die andere Schicht – 600 Nazis. Viele sahen mich groß an, ich hörte meinen Namen. Nichts geschah. »Aber treff ich dich draußen im Freien ...« Die Brille war übrigens abgegeben worden.

Egon Erwin Kisch: [Tagebuch], 23. bis 27. Dezember 1939 [188]

Frage:
Warum müssen Sie 60 Tage in den USA bleiben? Warum können Sie nicht mit dem erstbesten Schiff, sagen wir innerhalb von einer Woche oder 10 Tagen, wieder abreisen?

Antwort:
Ich arbeite an meinem neuesten Buch mit Titel »Crawling in the Inky River«, basierend auf meinem Leben bis 1918. Ich habe das Manuskript an Knopf geschickt, doch dort war man nicht zufrieden, und es wurden Änderungen gewünscht. Nun kam ich hierher, um mit dem Übersetzer zu sprechen und auch mit dem Verlagshaus Knopf, um zu klären, wie das Buch dem Geschmack des amerikanischen Publikums entsprechend erscheinen soll. Das ist der Grund für meinen Aufenthalt in den USA.

Frage:
Das klingt nicht sehr überzeugend. Müssen Sie nicht durch die USA reisen, um nach Chile zu gelangen?

Antwort:
Ich wollte nur sagen, daß ich sonst nicht hiergeblieben wäre.

Frage:
Haben Sie jemals einer politischen Partei angehört?

Antwort:
Nein, ich bin sozusagen ein Schriftsteller der Linken, aber ich habe mich nie um Politik gekümmert.

Frage:
Wie weit links sind Sie gegangen?

Antwort: So weit wie die meisten amerikanischen Autoren, etwa Theodore Dreiser, Ernest Hemingway, Lewis Sinclair. Ich habe nichts mit Politik zu tun. Ich gehöre keiner politischen Partei an.

Frage: Haben Sie jemals so weit links wie die Kommunisten gestanden?

Antwort: Nein.
Aus dem Verhörprotokoll Egon Erwin Kischs vor dem Board of Special Inquiry, 28. Dezember 1939 [189]

Auf der Fähre, die uns von Ellis Island nach Manhattan brachte, geriet Kisch immer mehr in Spannung. Als das Schiff sich an den Kai heranschob, bewegte er sich auf die Absperrungskette zu, hinter der die Passagiere zu warten hatten. Als die Fähre an die Kaimauer stieß, schlüpfte Kisch über die Kette, wobei sein schäbiger Mantel heftig flatterte, lief vor und sprang an Land. Dort fiel er auf die Knie und küßte den Boden, den schmutzigen Boden der Freiheit. Er hatte die USA schon zuvor einige Male besucht und wußte einiges über die Eigenheiten ihrer Bewohner. Als ich ihn eingeholt hatte, war seine erste Frage nach einem Hot dog.
Franklin Folsom [190]

206. Dieses Notizbuch gehörte zu den wenigen Gegenständen, die Egon Erwin Kisch aus Frankreich mitnehmen konnte. Ein fertiges Manuskript über die französische Revolution ist verlorengegangen.

Exilkolonie New York, 1940

Wir haben über Ihr Buch »Crawling in the Inky River« eingehend beraten und sind zu dem Entschluß gekommen, daß wir es nicht erscheinen lassen können, ungeachtet dessen, daß Sie eine weitere dreimonatige Überarbeitungszeit für sich beanspruchen. Die Substanz des Buches wird bleiben wie sie ist, und dies ist nicht das Buch, das ich mir von Ihnen erhofft hatte. Daher halte ich es für das Beste, unseren Vertrag vom 14. Juli 1936 wieder zu lösen, doch nur für den amerikanischen Markt. Außerdem müssen Sie die bereits von uns erhaltenen Vorschüsse so weit wie möglich zurückbezahlen, wenn Sie einen anderen Verlag finden und von dort entsprechende Zahlungen erhalten.

Alfred A. Knopf an Egon Erwin Kisch.
New York, 2. Februar 1940 [191]

Es mag mir erlaubt sein, zu bemerken, daß die »Geistreichheit«, die mir der beiliegende Encyclopedia-Artikel nachrühmt, und ebenso die großen Auflagen meiner Bücher (bis zu 100.000 Expl.) nicht mit billigen Mitteln, sondern mit schwerer literarischer Arbeit und ernster Suche nach Wahrheit erworben sind. Einige meiner Bücher, wie der über 700 Seiten umfassende Band »Klassischer Journalismus« (der auch die großen publizistischen Arbeiten von Amerikanern wie Benjamin Franklin, Henri M. Stanley etc. behandelt), dient in jedem journalistischen Seminar als Lehrbuch.

Ich habe 23 größere und etwa 7 kleinere Bücher geschrieben. Einige sind in je zehn bis zwölf Sprachen übersetzt, darunter »Secret China«, »Australian Landfall«, »The Three Cows, Changing Asia« ins Englische, das letzte Buch im Verlag Alfred Knopf in New York. Die Serie »New Writing« in London und die amerikanische Revue »Asia« haben wiederholt Arbeiten von mir veröffentlicht.

Meine Literatur versucht sozusagen, die Wirkungen des Romans und der Short Story mit den Mitteln der beweisbaren Wahrheit zu erzielen, womöglich ohne Fiction und ohne Imagination. Sie kann als Reiseschilderung oder Großstadtreportage katalogisiert werden. Mein Buch »Paradies Amerika« behandelte eine Reise in die U.S.A. im Jahre 1928–29 und enthielt viele Dinge, die den Amerikanern bekannt sind, andererseits ist es veraltet, vor allem da die Zeit der Prohibition vorbei ist. Ich soll nun für meinen Verleger das Buch sozusagen up to date bringen, damit es als amerikanisches Buch eines Ausländers über Amerika erscheinen kann.

Wie dankbar ich wäre, wenn ich vor meiner Abreise nach Chile literarisch arbeiten könnte, brauche ich wohl nicht zu beteuern.

Egon Erwin Kisch an [Unbekannt].
New York, 1939 [192]

207. Egon Erwin
Kisch in New York:
von Hitlers militäri-
schen Erfolgen ge-
schockt und zur poli-
tischen Untätigkeit
verdammt. Er schrieb
neue Reportagen über
das Judentum. Foto
von Lotte Jacobi

Kisch: Du hast eine versöhnliche Aussprache gewünscht. Es war kein Grund, sie abzuschlagen. Wir sprachen über den opportunistischen Pakt, über Kritizismus, über Frankreich. Du widersprachst Dir, wurdest pessimistisch über die Kraft der Massen und verlangtest doch, daß man nur 100%ig sein darf: »Es gibt nur rote und weiße. Und Kritik nur im Rahmen der Partei.«

Du fragtest am nächsten Tag, wie mir der Abend gefallen habe. Hätte ich Dir sagen sollen, daß ich von keinem Deiner Argumente überzeugt, aber gerührt war von Deiner Angst, »in zwei Monaten« könnten mich Deine Freunde Verräter nennen? Hätte ich Dir sagen sollen, daß ich merkte, wie bei Dir durchbrach die Verzweiflung, daß unsere Rebellion gegen die kalten Taktiker des Kremlin eine heilige ist? Der Weg geht im Dunklen. Noch kann ich nicht sagen ins Dunkle.

Gustav Regler: Tagebucheintragung. New York, 25. Juni 1940 [193]

Naturgemäß sprachen wir über den Krieg. Er [Kisch] war ziemlich pessimistisch. Die Leichtigkeit von Hitlers Triumphen in Polen, Norwegen, Frankreich und den Niederlanden bedrückte ihn. Er glaubte nicht daran, daß Großbritannien lange aushalten könnte. Hitler und Japan würden Rußland besiegen. Schließlich würden auch die USA in den Krieg verwickelt. Die kommende Dekade würde fürchterlich werden. Doch letztendlich würden die progressiven Kräfte die Oberhand gewinnen, wenn die Widersprüche zwischen Kapitalisten und Faschi-

sten nicht mehr länger zu überbrücken sein werden. All das trug er mit tonloser Stimme vor, so als ob es axiomatisch wäre. Mir schauderte davor.

Howard Daniel [194]

Ich erinnere mich an einen Abend, als Brecht, Eisler und ich gerade Kischs Verhalten diskutierten, und daß sein Benehmen in letzter Zeit sehr eigenartig geworden sei, da kam er von einer Party zu uns, wo ein Graphologe die Handschriften der Anwesenden beurteilte, ohne die Identität des Autors zu kennen. Er verkündete, daß diese bestimmte Handschrift, die er gerade in Händen halte, unzweifelhaft das Werk eines Wahnsinnigen sei. Es war die Handschrift von Kisch, der großartig amüsiert schien, während er zugleich ziemlich nervös wurde.

Curt Riess an John Haag. Scheuren, 23. Mai 1990 [195]

Da ich unserer Fußballstunden in der Güntzelstraße gedenke, fällt mir ein, daß Du einen großen Soccer-Film dichten solltest, das wäre auch ein riesiges Export-Geschäft, meinst Du nicht? Deshalb rufe ich die Gisl und will versuchen, ihr zu diktieren, wie ich mir so etwas als Rahmen vorstelle. […]

Aber erzähl niemand von dem Brief, ich hab weder den Ehrgeiz, Euch Szenaristen ins Handwerk zu pfuschen, noch möchte ich mich als blutiger Anfänger blamieren. Also, Gisl, schreib.

Egon Erwin Kisch an Billie Wilder.
New York, 25. August 1940 [196]

Er erzählte mit müde gewordener Nostalgie, ein robuster Mann in einem grauen Anzug um die 55, der gar nicht dem Bild seiner weltweiten Reputation entsprach. […] Er runzelte die Augenbrauen, als er sagte: »Ich möchte versuchen, hier als Zeuge der Ereignisse in Europa zu sprechen, als ein corpus delicti. Diese Exil-Schriftsteller aus der Tschechoslowakei, Ungarn, Italien, Deutschland, die noch immer in Frankreich sind – sie empfinden, alles verloren zu haben. Sie fühlen sich wie Menschen in einem Spital, und da sie so viele sind, glauben sie, eines Tages wieder zur Arbeit zu gehen. Doch als letzten September der Krieg ausbrach, verloren sie dieses Gefühl. Jetzt fühlen sie sich wie lebende Tote.« Für einen Augenblick zerbrach die einstudierte Maske seines Gesichts. Seine braunen Augen glänzten.

Benjamin Appel [197]

208. Ein treuer Freund:
Franz Carl Weiskopf

209.

210. Der Arzt Dr. Edward K. Barsky (Bildmitte mit Schnurrbart) gründete und leitete das Joint Anti Facist Refugee Committee, das die Exilanten auch weiterhin mit kleinen Geldbeträgen unterstützte.

Que viva México, 1940–1946
Ankunft und Organisation

Das Salz der Erde hatte sich in Mexiko versammelt. Exilschriftsteller aus allen Ländern hatten sich in den Schutz der mexikanischen Freiheit begeben, solange der Krieg sich in Europa hinzog und Hitlers Streitkräfte Sieg auf Sieg und bereits Frankreich und Italien besetzt hatten. Da waren Anna Seghers und, unter anderen, der mittlerweile verstorbene tschechische Reporter Egon Erwin Kisch. Dieser Kisch hatte einige faszinierende Bücher hinterlassen, ich bewunderte seinen Erfindungsreichtum, seinen kindlichen Vorwitz und seine Zauberkunststücke. Kaum betrat ich seine Wohnung, da zog er bereits ein Ei aus seinem Ohr, oder er schluckte hintereinander bis zu sieben Münzen, die dem großen armen verbannten Schriftsteller sicherlich fehlen mußten.

Pablo Neruda [198]

Doch als wir in Mexiko ankamen, half die mexikanische Regierung durch die uns entgegengebrachte Freundlichkeit, unsere Angst zu zerstreuen. Sie half uns finanziell und durch die Erteilung der Arbeitserlaubnis. In jedem Fall bin ich sicher, daß etliche von uns ohne die dazukommende brüderliche Unterstützung durch das Joint Anti-Fascist Refugee Committee umgekommen wären.

Ich zolle diesem Komitee nicht nur die höchste Anerkennung, weil es uns nach Amerika gebracht hat, sondern auch, weil es uns geholfen hat, ein neues Leben aufzubauen. Keine Form der Fürsorge, wie speziell auch immer, war jenseits der Möglichkeiten des Komitees. Von entscheidender Bedeutung war, daß uns das Joint Anti-Fascist Refugee Committee nicht nur vor dem Faschismus gerettet hat, sondern daß es uns auch stark gemacht hat, um gegen den Faschismus zu kämpfen. [...] Wir danken unseren amerikanischen Freunden dafür, uns bei der Wiedergewinnung von Gesundheit und Lebenskraft geholfen zu haben. Wir verdanken ihnen, daß unsere Kinder wieder in Freiheit sind und anständigen Schulunterricht sowie medizinische Versorgung erfahren. Als Schriftsteller danken wir ihnen jede Zeile, die wir jetzt wieder schreiben können, und jede Tat, an der wir gegen den gemeinsamen Feind teilnehmen können – den Faschismus.

Anna Seghers [199]

211.

212. Als »Vergeltung«
für das Attentat auf
Reichsprotektor Hey-
drich wurden die Män-
ner des Dorfes Lidice am
10. Juni 1942 ermordet,
Frauen und Kinder in
Konzentrationslager
verschleppt.

Mexiko bildet heute ein wichtiges Tä-
tigkeitsgebiet der antifaschistischen
Literatur. Die Tatsache ist einerseits
auf die großzügige Asylpolitik der
Staatspräsidenten Cárdenas und Avila
Camacho zurückzuführen, andererseits auf die Hilfsaktion, die die League of America Writers seit mehr als
zwei Jahren in grandioser Weise zur
Rettung ihrer europäischen Kollegen
führt.

Innerhalb der deutschen Emigra-
tion in Mexiko entstanden eine Reihe
von Organisationen, an deren erster
Stelle der Heinrich-Heine-Klub steht.
Er vereinigt die antifaschistischen
Intellektuellen, seine Präsidentin ist
Anna Seghers, und in den Reihen
seiner Mitgliedschaft finden sich
Namen wie die der Schriftsteller Lud-
wig Renn, Egon Erwin Kisch, Bodo
Uhse, Paul Westheim, André Simone,
Theodor Balk, des Architekten Hannes
Meyer (früher Moskau), Paul Mayer
(Rowohlt-Verlag), Bruno Frei, Rudolf
Feistmann, Leo Katz, Kurt Stern,
Lenka Reiner, mehrere Gelehrte, Mu-
siker, Schauspieler, bildende Künstler.
Bei diesem Aufgebot bekannter Namen
und bei dem Interesse, das eine auch
geistig von der Heimat abgeschlossene
Emigration für literarische Darbietun-
gen hegt, bildet es eine Selbstverständ-
lichkeit, daß jeder Vorlesungsabend
dieser Autoren eine nach Hunderten
zählende Hörerschaft findet. Außer-
/dem gibt es kulturpolitische Vorträge
und Veranstaltungen wie solche, die
sich mit dem Märzgedanken in der
Literatur oder mit den humanistischen
Gedanken des in Mexiko verehrten
Alexander von Humboldt befaßten und

den Rednern besondere Gelegenheit gaben, die beiden Grundprinzipien des Heinrich-Heine-Klubs zum Ausdruck zu bringen: den unbedingten Kampf gegen den Hitlerfaschismus und die begeisterte Solidarität mit der kämpferischen Sowjetunion und ihrer kulturellen Kraft.

Egon Erwin Kisch:
Deutsche Schriftsteller in Mexiko [200]

Denn der Weltenbummler Egon Erwin Kisch litt in Mexiko an wachsendem Heimweh. Sein Prag wurde gequält und war unerreichbar. Und so half er sich damit, daß er allem nachspürte, was die beiden so weit voneinander entfernten Länder in der Vergangenheit miteinander verband.

Lenka Reinerová [201]

In der kleinen Villa, die damals die Tschechoslowakische Gesandtschaft beherbergte, war Egon häufig mein Besucher. [...] Manchmal führte ich ihn dann vor die große Karte Europas, die in meinem Zimmer an der Wand hing und auf der ich täglich mit Stecknadeln den Verlauf der Fronten verzeichnete. »Schau, Egonek, dieser rote Stecknadelkopf ist Stalingrad. Siehst du, wie sich die Front allmählich in Richtung Tschechoslowakei vorwärtsschiebt?« Er schwieg. Erst nach einer Weile wiederholte er mit einem Seufzer: »Und was werden wir tun?« Eines Tages kam die Nachricht vom Massaker in Lidice. Am nächsten Tag erschien Kisch in der Gesandtschaft. »Was gibt es Neues?« Ich zeigte ihm eine Reihe von Protest- und Solidaritätserklärungen, die wir bereits erhal-

ten hatten. [...] »Schön«, sagte Kisch. »Und was weiter? Was werden wir tun?« Dieses »wir« hatte bei ihm in Mexiko eine neue Steigerung erfahren. Vor allem umfaßte der Begriff »wir« die zahlreiche, bunt zusammengewürfelte Gruppe von Antifaschisten aus Europa, »wir«, das war aber auch das Dreiblatt Otto Katz, er und ich, wir aus der Tschechoslowakei. Bloß in Ausnahmen bedeutete »wir« nur das Ehepaar Kisch. Egon und Gisl. »Wir« waren freilich auch die verbündeten Armeen, insbesondere deren engeres »wir«, die allzulange an den Fronten geschlagen, und »wir« begannen endlich an der Ostfront die Faschisten zu schlagen.

Lenka Reinerová [202]

In den fünfzig Jahren seines Lebens hat Vicente Lombardo Toledano zwei Universitäten gegründet sowie zwei bedeutende nationale und eine lateinamerikanische Organisation geschaffen. Er hat vierundzwanzig Bücher und über fünfzig Broschüren geschrieben und über fünftausend Reden und Vorträge gehalten. Doch diese Ziffern werden übertroffen von der Anzahl der Institutionen und Organisationen, die zu seiner Bekämpfung gegründet, der Reden und Vorträge, die gegen ihn gehalten, der Bücher, die gegen ihn geschrieben worden sind.

André Simone [203]

213. Gewerkschaftsführer Vicente Lombardo Toledano, wichtigster Mentor bei der Bewegung »Freies Deutschland«, spricht am 24. Mai 1942 anläßlich des Kriegseintritts Mexikos.

214. Der sowjetische Schauspieler S. M. Michoels (links), der im August 1943 als Abgesandter des Jüdischen Antifaschistischen Komitees der UdSSR Mexiko bereiste, mit K. A. Umansky und Egon Erwin Kisch

Lombardo Toledano hat in der internationalen Gewerkschaftsbewegung kaum ein Pendant. Ein Arbeiterführer, der Professor der Philosophie, ehemaliger Gouverneur, Goethe-Kenner, Botaniker und Archäologe ist; seine Volksversammlungen sind Universitätskurse, und seine Popularität verdankt er seiner Autorität.

Egon Erwin Kisch:
Die Petroleumleitung [204]

Am nächsten Tag gab es ein Bankett zu Ehren der Künstler, wie das in Mexiko üblich zu sein pflegte und bei dem gleichfalls eine ansehnliche Summe für die Waisenhäuser zusammenkam. Ein von Herzen kommender, mitreißender Trinkspruch Kischs hatte zweifellos zu diesem Erfolg mit beigetragen. Es gibt ein schönes Foto, aufgenommen auf dem Balkon desRestaurants, in dem das Bankett stattfand. Es zeigt Konstantin Alexandrowitsch Umanski, Solomon Michailowitsch Michoels und Egon Erwin Kisch, alle drei lächeln in guter, freundschaftlicher Zusammengehörigkeit. Wer hätte ahnen können, daß bloße fünf Jahre später keiner von ihnen mehr am Leben sein würde. Nur Kisch hatte das Glück, eines natürlichen Todes zu sterben.

Lenka Reinerová [205]

Ich begegnete Kisch des öfteren während meines kurzen Aufenthalts in
Mexico City. Wir machten lange
Spaziergänge in den Parks und den
Außenbezirken der Stadt. Als mein
Führer versorgte er mich mit interessanten Informationen über die Plätze
und Gebäude, an denen wir vorbei-
kamen. Eines Tages fuhren wir nach
Coyoacan, und er zeigte mir das Haus,
in dem Trotzki lebte, bevor er von
einem Agenten Stalins ermordet
wurde. Ich konnte seine Sympathien
für Trotzki spüren, aber er war verhalten in seinen Kommentaren. Für
den linientreuen Kommunisten war
Trotzki die Inkarnation des Satans,
und er gefährdete nicht seinen Lebens-
unterhalt durch den Ausdruck von
Mitgefühl für den Häretiker.

Howard Daniel [206]

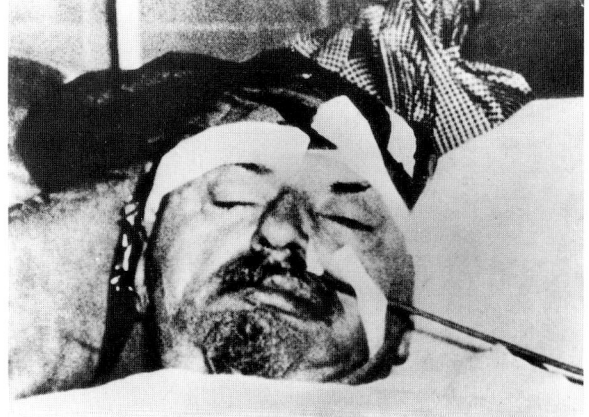

215. Leo Trotzki
wurde am 21. August
1940 von einem Agen-
ten Stalins mit einem
Eispickel erschlagen.

216. Gesehen von
Lore Stavenhagen

217. Egon Erwin
Kisch, Constancia de
la Mora, unbekannte
Person, Anna Seghers,
Ludwig Renn

Que viva México, 1940–1946
»Freies Deutschland« und
»El Libro Libre«

Hauptträger der Kultur ist in Mexiko –
und nicht nur in Mexiko – die Monatsschrift »Freies Deutschland«. Sie ist
das Organ der Bewegung gleichen Namens, die bereits heute die aktiven antifaschistischen Verbände aller lateinamerikanischen Staaten umfaßt. Über
den politischen Aufgabenkreis hinaus
ist die Zeitschrift ohne Zweifel das kulturelle Zentralorgan der Emigration
zu nennen. Heinrich Mann, Oskar
Maria Graf, Hubertus Prinz zu Löwenstein, Lion Feuchtwanger, F. C. Weiskopf, Thomas Mann, Bert Brecht,
Ernst Bloch, Karl von Lustig-Prean,
Annette Kolb, Ferdinand Bruckner,
Bruno Frank, Hans Marchwitza,
Alfred Kantorowicz, Balder Olden,
Bruno Frei, Agnes Smedley, Berthold
Viertel, Pablo Neruda, José Bergamin,
Upton Sinclair, Simone Téry, Pierre
Cot, Geneviève Tabouis, Rudolf Fürth,
Jürgen Kuczynski, Vicente Lombardo
Toledano, Alfredo Miller, Lenka Reiner,
Max Schroeder, Paul Zech – um nur
einige von ihnen aufzuzählen – gehö-
ren zum Stab ihrer Mitarbeiter.

Egon Erwin Kisch:
Kulturarbeit in Mexiko [207]

Die erste Nummer des »Freien Deutschland« war ein technisches Abenteuer. Ein spanischer Flüchtling, rätselhafterweise Besitzer einer Setzmaschine, stellte, ohne Kenntnis der Sprache, den Bleisatz her, der in Ermangelung eines Tisches auf dem Lehmboden der Bude umbrochen werden mußte. Dann brachten wir den Satz zu einer entfernten Druckmaschine, deren Eigentümer sich bereit erklärt hatte, das verdächtige Material in seine Presse einzuheben. Die Kinder der Autoren, an Nachwuchs war kein Mangel, übten Tage und Nächte das Geduldsspiel, dem gesamten Manuskript die Silbentrennung einzustrichen, damit der Spanier aus Gar-ten nicht Gart-en machte. Unbeschreiblich war unsere Freude, als das gedruckte Blatt aus der Maschine kam! Mit der Hand greifbar. Man konnte drin blättern, eine wirkliche, gedruckte, geheftete Zeitschrift in deutscher Sprache – in Mexiko. Auf dem Titelblatt prangte das Emblem der Alliierten, das Victory-Zeichen V.

Bruno Frei [208]

In vielen Fällen wurden Schriftsteller zu Herausgebern und Verlegern, wie in den Vereinigten Staaten (Aurora Press) und in Mexiko (El Libro Libre). Nie werde ich den Betrieb in meiner Terrassenwohnung in Mexico City vergessen, als wir uns daran machten, eine deutsche Monatsschrift zu veröffentlichen. Anna Seghers und ihre Kinder, Peter und Ruth, falteten die Hefte, Egon Erwin Kisch und seine Frau Gisl steckten sie in die Umschläge, Luwug Renn und ich schrieben die Adressen, andere Mitarbeiter halfen, die Marken aufzukleben, und trugen die Zeitschrift dann zur Post. […] Die Herausgabe unserer Zeitschrift gab unserem Dasein Aufgabe und Zweck, gleichzeitig half sie uns in dem Lande, in dem wir lebten, festen Fuß zu fassen. Wir lernten das Volk, dessen Gastfreundschaft wir dankbar genossen, wir lernten seine Bräuche und seine Sitten, seine sozialen Verhältnisse kennen. […] Als wir später begannen, neben unserer Zeitschrift auch Bücher herauszubringen, fühlten wir uns bereits als erfahrene Fachleute und verstanden es in der Tat recht gut, mit den beiden Hauptproblemen fertig zu werden: dem Mangel an Kapital und den besonderen Schwierigkeiten, die daraus erwuchsen, daß unsere Bücher in einer Sprache erschienen, die allen, die an der technischen Herstellung beteiligt waren, völlig fremd war.

Unsere ersten Bücher, Egon Erwin Kischs »Marktplatz der Sensationen« und »Das siebte Kreuz« von Anna Seghers, erschienen auf dem Subskriptionswege. Die Mittel, die wir darüber hinaus benötigten, wurden durch Vorträge und Vorlesungen in deutscher, englischer und spanischer Sprache aufgetrieben.

Wir mißachteten die Tatsache, daß ein Schriftsteller von seinen Büchern leben muß, zahlten keine Honorare und verwandten die einkommenden Gelder, um neue Bücher herauszubringen. Trotz der vielen Risiken, die wir eingehen mußten, hatten wir Erfolg mit unserem Verlag und zahlten am Ende sogar bescheidene Honorare – an uns.

Bodo Uhse [209]

Der 10. Juli 1942 war dann für unsere Gruppe ein außerordentlicher Tag. In einer Auflage von zweitausend Exemplaren erschien das erste Buch des neuen Verlages, eben Egon Erwin Kischs »Marktplatz der Sensationen«, und war auch schon einige Wochen später, im Oktober desselben Jahres, völlig vergriffen. Als das Buch knapp vierzehn Tage auf dem Markt vorlag, überraschte ich Kisch zufällig auf der Straße, wie er sich von einem Indioknaben die Schuhe putzen ließ. Ich staunte. »Was ist los, Egonek?« – »Große Dinge. Ich gehe zwar nicht den Erzherzog erschießen – so etwas können die hierzulande viel besser als wir –, sondern dem Staatsoberhaupt die Geschichten aus unserer Melantrichgasse übergeben. Schau mich an, sehe ich würdig aus? Gisl war nicht zufrieden, aber jetzt, mit den Schuhen auf Hochglanz ...« »Prima siehst du aus«, sagte ich mit aufrichtiger Überzeugung, denn es gab wohl nur wenige Gesichter, die soviel Lausbüberei und Klugheit, soviel Festigkeit und natürliche Liebenswür-

digkeit auszustrahlen vermochten wie Egons rundliches Gesicht mit den warmen klugen Augen von Mutter Kisch. »Gehst du allein hin?« – »Was fällt dir ein, mit Anna [Seghers], Ludwig [Renn] und Bodo [Uhse].« Dieser denkwürdige Besuch fand am 24. Juli 1942 statt, und Präsident Manuel Avila Camacho zeigte lebhaftes Interesse für die literarische Tätigkeit seiner Gäste aus Europa, die er – seit einigen Wochen selbst Krieg führend – als seine natürlichen Verbündeten betrachtete. »So einen Präsidenten laß ich mir gefallen«, lobte ihn Kisch am Abend bei Gisls Kaffeerunde, »ist nicht nur einverstanden, daß wir in seinem Land die Nazis mit dem ›Schwarzbuch über ihren Terror in Europa‹ reizen, sondern hat auch das Patronat darüber übernommen und uns die Staatsdruckkerei zur Verfügung gestellt.«

Lenka Reinerová [210]

Noch wirksamer als der »Heinrich-Heine-Klub« beeinflußte der Verlag »El Libro Libre« das Kulturleben. Und er wirkte weit über die Grenzen von Mexiko hinaus.

Anlaß zur Gründung bot der neunte Jahrestag der Bücherverbrennung in Deutschland. Mexikanische Intellektuelle und exilierte Schriftsteller hatten unter Vorsitz des Präsidenten der mexikanischen PEN-Sektion, Dr. Enrique González Martínez, eine Kundgebung einberufen, die breites Interesse fand. Die Veranstalter wählten dafür den Ort im Zentrum der Hauptstadt, auf dem sich vor vierhundert Jahren der Quemadero der spanischen Inquisition als Verbrennungsstätte für Ketzer befand und auf dem, nach der mexikanischen Revolution, der »Palacio de Belles Artes« errichtet wurde.

Nach González Martínez sprachen die Schriftsteller und Hochschullehrer Abreu Gómez, Antonio Castro Leal, Pablo Neruda, Ludwig Renn, Anna Seghers und Bruno Frei. Ihre Reden waren eine Anklage gegen die Schänder deutscher Kultur und ein Versprechen, den nazistischen Brandstiftern mit der Gründung eines Verlages entgegenzutreten. Er sollte für die Zeit der Hitlerherrschaft Bücher verlegen, die in Deutschland verboten waren. Das war ein entschlossenes Vorhaben zur Selbsthilfe und ein großes finanzielles Wagnis.

Walter Janka [211]

Ich schreibe Dir im Einvernehmen mit den Freunden von unserem Verlag. Ein Brief ähnlichen Inhalts ergeht an Lion Feuchtwanger, aber sage weder ihm noch sonst jemandem, daß Du davon weißt. Wir wollen Dein Buch unbedingt so bald als möglich drucken. Aber die Dinge gehen langsam. Trotz der Tatsache, daß 200 Exemplare unseres ersten Buches bestellt und bezahlt wurden, und trotz der Tatsache, daß Bestellungen aus allen Teilen Amerikas eintreffen, haben wir kein Bargeld. Da gibt es die Versandhändler (wie Krause), die sofort unsere ganze Auflage übernehmen würden, aber die verlangen 50 % Rabatt und zahlen erst nach einem halben Jahr (diese wiederum müssen dem Einzelhandel 40% und ein Zahlungsziel von vier Monaten bewilligen). Soweit es Südamerika betrifft, müssen wir einen Postweg von

218. In der Totenstadt Teotichuacan

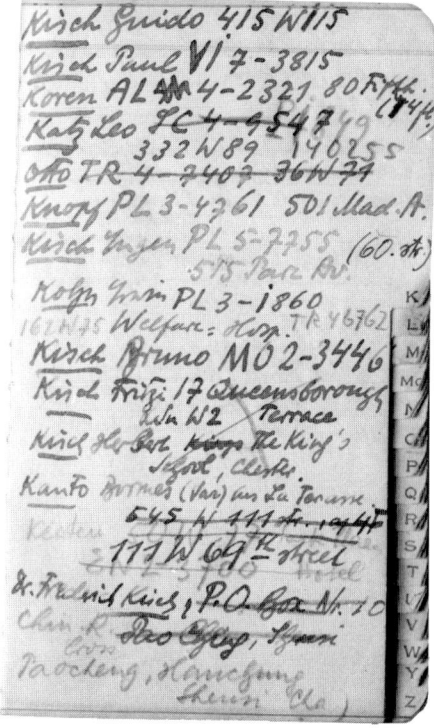

219.
Adressenverzeichnis

bis zu zwei Monaten in Kauf nehmen. All das bedeutet, daß wir kein neues Buch drucken können, solange wir nicht 500 Dollar in bar zum Begleichen der Unkosten haben. Unsere Abonnenten hier können nicht sofort für jede Neuerscheinung bezahlen, und selbst dies würde nicht die Kosten decken. Aus diesem Grunde schreibe ich an Lion und Dich, um Euch zu fragen, ob Ihr mithelfen könntet, damit Eure Bücher gedruckt werden. Der Fall von Lion ist anders als der Deine, er könnte uns helfen, wenn er nur wollte. Aber was kannst Du machen? Könntest Du jemanden finden, der es finanzieren würde, oder könntest Du 250 Abonnenten zu je zwei Dollar auftreiben? Wenn Du dies für möglich hältst, dann drahte es uns sofort und »Vor einem neuen Tag« kann in Druck gehen.

Egon Erwin Kisch an F. C. Weiskopf. Mexiko, 15. Juli 1942 [212]

Unser Verlag »Das freie Buch« ist ein erstaunlicher Erfolg; Ihr solltet alle Bände rezensieren und womöglich alle Bücher nachdrucken. Bedeutenden Erfolg hatte ein kleines Buch von Th. Balk »Führer durch Sowjetkrieg und -frieden«. André Simone (Otto Katz) organisiert das monumentale »Schwarzbuch über den Naziterror«, das unter dem Protektorat des Staatspräsidenten Avila Camacho und Eduard Benesch in einer großen Auflage spanisch herauskommt.

Könntest Du nicht veranlassen, daß »Moscow News«, »Deutsche Zeitung« und französische Zeitung an uns zugehen? Wir werden von der lateinamerikanischen Presse zitiert, zum Teil auch von der anglo-amerikanischen und bilden für das Antihitlertum einen Kristallisationspunkt, der allerdings noch mächtiger wäre, wenn wir wöchentlich erscheinen könnten. Wir vergrößern uns von Nummer zu Nummer. Ihr könnt uns telegraphieren, sowohl wenn Ihr etwas haben wollt als auch wenn Ihr uns etwas mitteilen könnt.

Egon Erwin Kisch an Johannes R. Becher. Mexiko, 4. Januar 1943 [213]

Ich weiß wohl, daß die Schwierigkeiten in den Staaten sehr groß sind. Aber sie waren in Mexiko nicht minder groß, und dennoch hat hier eine aktive Gruppe das »Freie Deutschland« geschaffen, eine Monatsschrift von 32 Seiten Umfang und mit den ersten Mitarbeitern der deutschen politischen und literarischen Welt Amerikas. Der Erfolg ist außerordentlich, insbesondere unter den Deutschen, die sich von dem Zwang der »Volksgemeinschaft« zu lösen beginnen. Das müßte auch bei Euch in den Staaten möglich sein und wäre dort noch wichtiger als hier.

Egon Erwin Kisch an die Federation of German-American Clubs U.S.A. Mexiko, 27. Januar 1942 [214]

220./221. Die Kisch-
Bücher im Verlag El
Libro Libre: »Markt-
platz der Sensationen«
und »Entdeckungen
in Mexiko«

Viele Schriftsteller verschwanden in den Tod, viele ins Schweigen, viele in fremde Länder. Diese Emigranten haben es wiederholt unternommen, Manuskripte vom Goebbelschen Scheiterhaufen zu retten und den verbrannten Büchern neues Leben zu geben. Der Siegesmarsch der von Quisling und Laval und Seyß-Inquart geführten Nazitruppen unterwarf Europa mitsamt den neu erstandenen Verlagsorten. Amerika ist frei, Boden für einen neuen Versuch. Wir freuen uns, daß die nach Mexiko geretteten Schriftsteller, eine Schar der kämpferischsten und besten aus der deutschen Literatur, diesen Versuch wagen. Am 10. Mai, dem Jahrestag der brennenden Schmach, treten sie mit dem brennenden Wunsch hervor, diese Schmach zu tilgen, soweit es in ihren Kräften steht. Sie gründen den Verlag »Das Freie Buch«. Träger glänzender Namen haben ihre Manuskripte zugesandt oder sind mit ihrer Zusage unterwegs. Die unternehmungslustigen Unternehmer, die ihren Unternehmergewinn nur in der Erfüllung ihrer Pflicht sehen, rufen zur Subskription auf. Wir wünschen, daß es keinen literarisch interessierten Hitlergegner gäbe, an dessen Ohr der Ruf ungehört verhallt. Das Freie Deutschland grüßt »Das Freie Buch«.

Egon Erwin Kisch: Zur Gründung des Verlages »Das Freie Buch« [215]

Dies ist der Brief, den ich seit vier Jahren schreiben will. Ich möchte Dir erklären, daß meine Allergie gegen das Briefeschreiben, die immer schon groß war, während meines Aufenthalts in Mexiko so gewaltig wurde, daß ich unfähig bin, sie zu überwinden. Wann immer ein Brief eintrifft, überkommt mich die Angst, es könnte etwas sein, das ich beantworten muß, und ich weiß, daß ich es nie machen werde, und ich werde noch schuldiger, als ich es ohnehin schon bin. Die halbe Welt ist böse auf mich, die Freunde rund um Becher, um Sam Sillen, die Tschechen in Chicago, die Leute in London und viele andere.

Egon Erwin Kisch an F. C. Weiskopf. Mexiko, 27. Mai 1945 [216]

222. Beim Begräbnis des Exilanten Alfredo Miller: (v. l. n. r.) Egon Erwin Kisch, Kurt Stern, Walter Janka, Paul Merker, Rosa Jungmann, (unbekannt), Ludwig Renn, Charlotte Janka, Erich Jungmann, (dahinter) Gisela Kisch u.a.

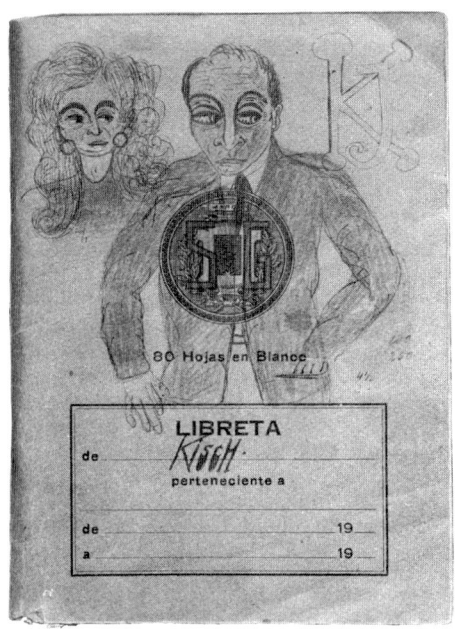

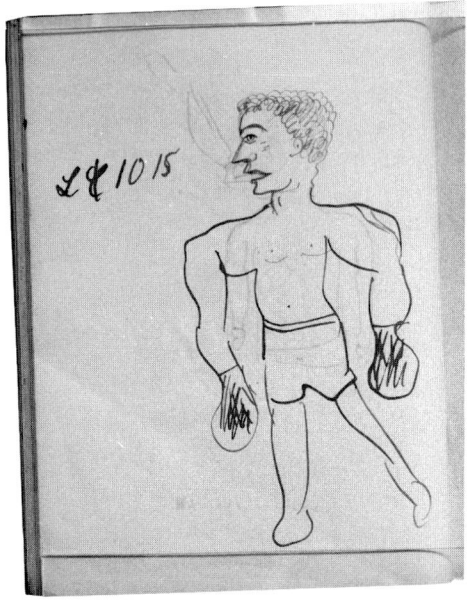

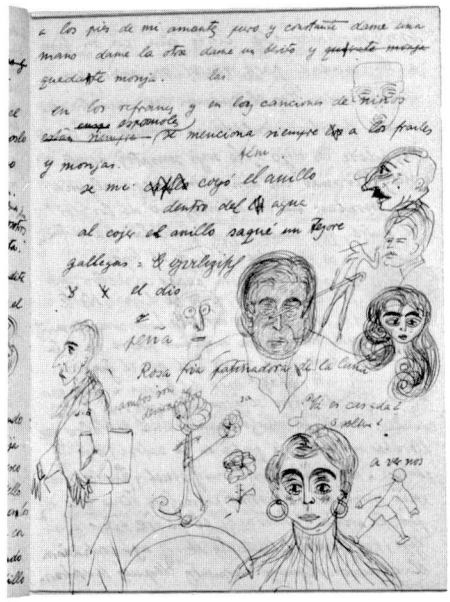

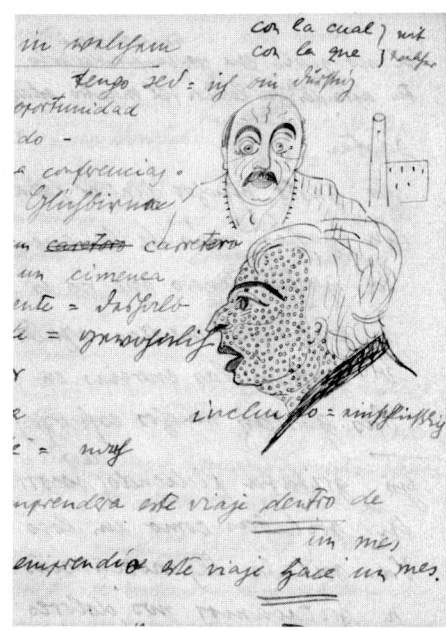

223.–230. Zeichnungen
von Egon Erwin Kisch

231. Als Conferencier
im Heinrich-Heine-
Klub

232. Feier mit mexi-
kanischen Freunden.
Erste Reihe sitzend,
vierter von links:
Egon Erwin Kisch,
vierter von rechts:
Ludwig Renn, erste
von rechts: Anna
Seghers, hinter ihr
stehend: Alexander
Abusch.

Que viva México, 1940–1946
Heinrich-Heine-Klub

Wir wollten dem Nachkriegsdeutschland keine »proletarische Diktatur« aufzwingen – darin unterscheiden wir uns von den deutschen Emigranten in der Sowjetunion. Die unversöhnliche Haltung gegen alle »trotzkistischen« Kräfte, die in den dreißiger Jahren in der Sowjetunion zu Säuberungsprozessen und zahllosen Hinrichtungen führten, teilten wir mit ihnen. Auch von uns ist keiner gegen die Stalin und der Komintern in Umlauf gebrachten Behauptungen aufgetreten, alle Trotzkisten seien Verbündete der Nazis. Wer es gewagt hätte, wäre gleich mit in den Topf der Trotzkisten geworfen worden.

Wie immer die politischen Aktivitäten und Theorien der »Bewegung Freies Deutschland« historisch eingeordnet werden können, erhaben über jeden Zweifel bleiben die Leistungen des »Heinrich Heine-Klubs« in den Jahren von 1941 bis 1946, an denen viele Kulturschaffende beteiligt waren, die sich nicht der »Bewegung Freies Deutschland« verbunden fühlten. Und es gibt wohl kein anderes Exilland, wo während des zweiten Weltkrieges das deutsche Kulturleben so entwickelt war wie hier.

Walter Janka [217]

Im gleichen Sinne kann man und möchte ich von der Gesamt-Leistung des Heine-Klubs sagen: eine Tat des kollektiven Optimismus, ein Erfolg.

Falls in der von Goebbels aufgestellten Behauptung, die Emigranten hätten den Haß der Welt gegen das Dritte Reich entfesselt, ein Körnchen Wahrheit steckt, so darf der Heinrich Heine-Klub für sich in Anspruch nehmen, ein Atom dieses Körnchens gewesen zu sein. Auf einem fernen und kleinen Frontabschnitt hat er seine Pflicht erfüllt, allen Schwierigkeiten, vielem Unverstand und mancher Bosheit im Lager der Mit-Emigranten zum Trotz.

Egon Erwin Kisch:
Eine Tat des kollektiven Optimismus [218]

Unverantwortlich wäre es zu verschweigen, daß der Heinrich-Heine-Klub schon bei seiner Gründung Widerständen von anderen Gruppen der Emigration begegnete.

Was ließ diese Gruppen Gespenster sehen oder behaupten, daß sie Gespenster sähen. Es war Angst, teils Angst vor einer »Konkurrenz«, teils Angst vor jedweder Politik, auch vor antifaschistischer (Emigration sollte nur Wohltätigkeit üben), teils Angst vor einem Zusammenschluß der kulturell Interessierten, deren Argumenten man vielleicht keine Argumente entgegensetzen könnte. Angst bestand auch davor, einer Gemeinschaft mit sozialistischen oder gar kommunistischen Menschen zugezählt zu werden. […] Und alsbald sprachen in diesem Raum der New-Yorker Großrabbiner Stephan Wise, der Führer des Jüdischen Weltkongresses Nachum Goldmann und andere unverdächtige Gäste unverdächtiger Vereine wie Menorah und Hatikwa.

Egon Erwin Kisch: Widerstände [219]

Als Kisch mit einigen seiner Freunde den lustigen und glücklichen Einfall hatte, die Galgentoni einzustudieren, da kam in Steffanie Spira Rolle und Begabung zusammen, wie es besser auf keiner deutschen Bühne hätte geschehen können. […] Wie das Publikum hilft, wenn es mitgeht, denn es ist eine Wechselwirkung da. Wie man auch ohne Bühnenaufwand, nur durch Beleuchtung und Kostüme – wir hatten nicht einmal einen Vorhang – eine Menge erreichen kann. Und vor allem, daß man in unserer Lage nicht warten

soll auf das Stück, sondern das Gute nehmen, das da und das spielbar ist.

Das ist die »Galgentoni«, existent, gut und spielbar. Faustisch? Mein Gott nein, trotz [Albrecht Viktor] Blums Herrgott und Kurt Sterns Teufel. Aber sie ist in ihrer Art eine vollkommene, zarte, dreckige Großstadtlegende. Einige etwas befremdete Leute im Publikum, die nicht ganz willens schienen, sich dem biblischen Hinweis blind anzuvertrauen, nämlich den Weg ins Paradies unter der Führung der Huren und Zöllner anzutreten, seien daran erinnert, daß sie vor einigen Jahren samt ihrer unmündigen Kinder Tränen vergossen bei Greta Garbos Spiel von der Kameliendame. Toni ist gar nicht viel andres als eine hamburgisch-berlinerische Kameliendame. […] Beide gehen ihrer Liebsten verlustig, indem sie ihr Seelenheil gewinnen. Beide gehen darüber zugrund, doch das Himmelreich ist ihnen. Seit zweitausend Jahren hat die Kunst sehr wenig Grundstoffe hervorgebracht. Die Abwandlung ist vielfältig. Die von Kisch ist vorzüglich, frech und schön.

Anna Seghers über »Die Galgentoni« [220]

Wir emigrierten Schauspieler in Mexiko mußten uns mit der Tatsache
abfinden: eine Bühne für uns gibt es
nicht, wir müssen sie selber zaubern.
So haben wir, dank des Heinrich-
Heine-Klubs, der uns nicht nur im
technischen, sondern auch im literarischen Sinne seine Kräfte lieh, die
erste Theateraufführung gewagt. Sie
fand im ach so beliebten Schiefersaal
statt.

Wir hatten einen wahrhaft guten
Start mit der Wahl unseres Stückes,
zwar nur ein Einakter, doch mit einer
Fülle des Geschehens, wie manch ein
dreiaktiges Theaterstück sie nicht enthält: die Galgentoni von Egon Erwin
Kisch. Albrecht Viktor Blum führte
Regie. Er mußte das Kunststück fer-
tigbringen, auf einem Podium von vier
Metern Breite und dreieinhalb Metern
Tiefe sechs Personen gleichzeitig auftreten zu lassen, und dazu noch für
den lieben Gott und den höllischen Anwalt Platz finden.

Noch heute habe ich Angstträume,
wenn ich mich als Galgentoni auf
dem einen Quadratmeter, der mir zum
Spielen übrigblieb, betrunken herum-
schwanken sehe. Keine noch so kleine Abdeckung stellte eine Kulisse
dar, sonst Schutz und Freund von
Schauspieler und Regisseur. […] Und
nun zum Abschluß des Stückes gar
ein Freudentanz mit einem »blonden
Willi«, dargestellt von Kisch selbst.
Wir hopsten unsere Polka beinahe in
den Zuschauerraum hinein.

Steffie Spira [221]

233. Kischs (rechts
stehend) mit Otto und
Ilse Katz (links sit-
zend) und der Familie
Feibelmann, (vorne
rechts) Ruth Radvanyi,
die Tochter von Anna
Seghers

234. Die Schauspielerin
Steffie Spira

235. Egon Erwin
Kisch, Lenka Reine-
rová und ihr Mann
Theo Balk, Gisela
Kisch, Ludwig Lindau

236. Im Hochland

Que viva México, 1940–1946
Entdeckungen in Mexiko

Ich trat an diese zwölf Meter hohe
Lavawand, aber ich konnte sie nicht
berühren, sie ergriff mich mit ihrer
Glut. So ging ich denn die Glut ab,
Kilometer im Kreise. Es klirrte im
Gemäuer, rasselte wie Eisenketten,
einer oder der andere der Mauersteine
löste sich und fiel herab. Nur als Ganzes und nur allmählich erweiterte sich
der Kreis der Lava, wie ein Wellenring,
zehn Meter per Tag rückt der Rand
vor, immer senkrecht bleibend. Was im
Wege steht, wird mitgenommen, hohe
Bäume verschwinden ohne Spur.

Ich hatte mir Lava als etwas Dick-
flüssiges, Glasiges vorgestellt, einen
Strom. Das hier jedoch war plumpes,
zackiges, dunkelgraues Geröll. [...]
Sie sind Steine, aus dem ewigen Dun-
kel des Erdenschoßes dem ewigen Hell
der Sonne zugeworfen. Steil fielen sie
nieder, hart neben dem Krater, aus
dem sie kamen. Aber schon nach einigen Sekunden, mit dem nächsten Ausbruch, langten neue Emigranten an,
wollten der Heimat möglichst nahe
bleiben und drängten die Erstabkömm-
linge zur Seite.

Egon Erwin Kisch:
Ein Vulkan bricht aus [222]

Seither ist fast alles von dem, was Cortez über Mexiko berichtet hatte, zu
Märchen aus verschwundenen Zeiten
geworden, und nur das Märchen vom
mexikanischen Markt ist noch immer
Wirklichkeit. Oder: wenn ihr wollt, ist
es ein Märchen, denn bunter, bizarrer
als alles, was man uns von den Basa-
ren aus Tausendundeiner Nacht erzählt. Wenn auch Käufer und Verkäu-
fer nicht mehr im Lendenschurz daste-
hen und nicht mehr mit Kakaobohnen
und Läusen zahlen, wenn auch unsere
Fabrikwaren, zumeist Textilien, ganze
Budenstraßen füllen und wenn auch
Touristen mit Dollars und Kameras
eingedrungen sind, so nimmt dennoch
hier alles seinen Lauf wie damals, als
Mexiko noch nicht von Europa erobert
war, insbesondere am Lebensmittel-
markt, von dem hier die Rede sein soll.

Egon Erwin Kisch:
Marktnotierungen [223]

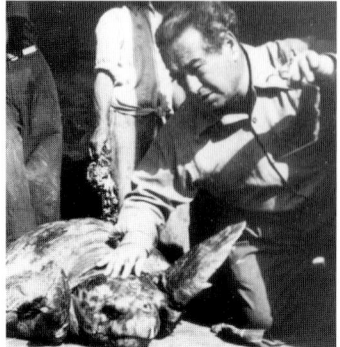

237.–239. Mit Freunden
auf einem Markt

240. Mit der Familie
Stavenhagen bereiste
Kisch Yucatan, hier vor
den Ruinen von Uxmal.

241. Egon Erwin Kisch
(rechts) vor einer
Lavawand des Vulkans
Paracutin

242.–244.
Reisestationen

245. Vor den Ruinen
von Uxmal

246. Mit Ludwig Lindau
(erster von links) und
Bodo Uhse (zweiter von
rechts)

Das Mittelfeld der archäologischen Zone, sorgfältig aufgeräumt und eingezäunt, gleicht einem Fußballplatz außerhalb der Saison, in welcher Zeit man das Gras ungeschoren läßt. Jenseits der Planken bietet sich nur niedriges Gestrüpp.

Aus diesem Gestrüpp und aus der Grasnarbe unter uns ragen majestätische Paläste erratisch auf, jeder vom anderen einige hundert Meter entfernt und miteinander in gar keiner Verbindung. Es ist, als hätte man eine Großstadt sorgsam abgetragen und nur die monumentalsten Bauwerke stehengelassen, als sähet ihr zwar kein Rom, wohl aber hier die Peterskirche und dort das Forum Romanum, hier das Denkmal Victor Emanuels und dort die Engelsburg.

Ihr streift entlang dieser verlassenen und geheimnisvollen Tempelbauten, Palastbauten, Sportbauten, Marktbauten. Ihr erkennt, daß sie einer Bevölkerung von Tausenden entsprochen haben müssen, und fahndet nun nach einem System von Straßen, nach Resten ihres Pflasters und nach einer Spur von Wohnhäusern für jene Tausende.

Egon Erwin Kisch: Versuch einer
Beschreibung von Chichenitzá [224]

In Mexiko wächst plötzlich ein neuer Vulkan, ein fabelhafter Goldschatz wird gefunden, wo er schon immer zutage lag, man hat nur nicht hingesehen. Noch wunderbarer: das Petroleum wird enteignet zugunsten der Nation. Das wäre viel auf einmal, im Lande Mexiko genügt es bei weitem nicht. Es ist kein sehr altes Land; seine

Geschichte, die Indios mitinbegriffen, hat das halbe Alter der europäischen. Aber was sich da getan hat! [...] Wer hat es vor ihm gesehen? Niemand ganz, das steht zu vermuten. Niemand ihm zugewiesen mit allen den dringlichen Angelegenheiten eines soeben noch unbekannten Landes. Man nannte es sonst »forschen«. Alexander von Humboldt, den Kisch genau kennt – aber wen kennt er nicht alles –, war von den früheren Mexikoforschern der umsichtigste. Humboldt, ein wohlbestallter Reisender mit vorher befristetem Aufenthalt und gesicherter Rückkehr, ist rundweg Forscher. Er ist nicht Interviewer, Mephisto und Virtuose.

Kisch hat dies und einiges mehr. Er hat Visionen. Was er auf dem Gipfel eines soeben geborenen Feuerberges erblickt, mit realistischen Augen dennoch erblickt! Er hat einen prophetischen Sinn für das Gegenwärtige, das macht ihn zum Revolutionär und Dichter. Er hat ein artistisches Gefühl für die Wirkungen der Sprache, die Sprache, die er schreibt, für das Innere der Menschen, mit denen er spricht. Er will Reporter sein, wenn auch ein rasender; wird aber, ehe er sich versieht, Artist. Er erklettert, der 60jährige Akrobat, einen Raffinerieturm. Was ist er in dem Augenblick? Dichter.

Heinrich Mann über
»Entdeckungen in Mexiko« [225]

Die Abschnitte sind in gewinnendem Stil geschrieben, oftmals mit Geist und Brillanz. Ich glaube nicht, daß das Buch von Kisch sich (kommerziell) mit anderen Büchern über Mexiko messen kann […], weil: (1) die einzelnen Abschnitte bilden kein geschlossenes Ganzes; und (2) sind die meisten von ihnen zu subtil für den durchschnittlichen amerikanischen Leser und beziehen sich auf Ideen, Personen etc., die nur gebildeten Deutschen bekannt sind.

Little, Brown & Company an Maxim Lieber.
New York, 3. April 1934 [226]

Natürlich ist es sehr traurig für mich, daß Little & Brown mein Buch über Mexiko abgelehnt hat, und obwohl ich schon davor wußte, daß Cameron mich nicht sonderlich schätzt, hat es mich überrascht, denn ich dachte, es sei für jeden Verleger reizvoll. […] Nachdem ich Dir das Buch geschickt hatte, war ich in Yucatan und schrieb noch einige neue Kapitel (ungefähr 60 Seiten), die dem Manuskript, das auf deutsch gedruckt wird, noch hinzugefügt werden sollten. Die spanische Ausgabe wird einen Monat danach erscheinen und sollte als Empfehlung wirken, denn es ist sehr selten, daß ein Reisebuch in dem Land erscheint, mit dem es sich auseinandersetzt. Wenn noch andere Verleger das Buch ablehnen, so laß mich bitte wissen, was die Gründe dafür sind. Und versuche es weiterhin.

Egon Erwin Kisch an Maxim Lieber.
Mexiko, 2. Juni 1945 [227]

247. Vom Telefonbuch zum literarischen Notizbuch

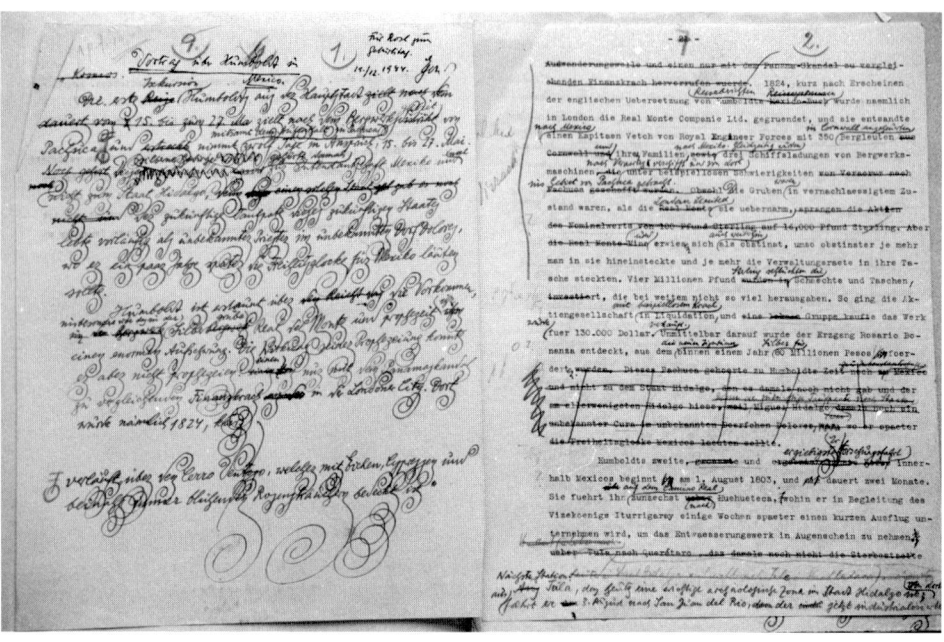

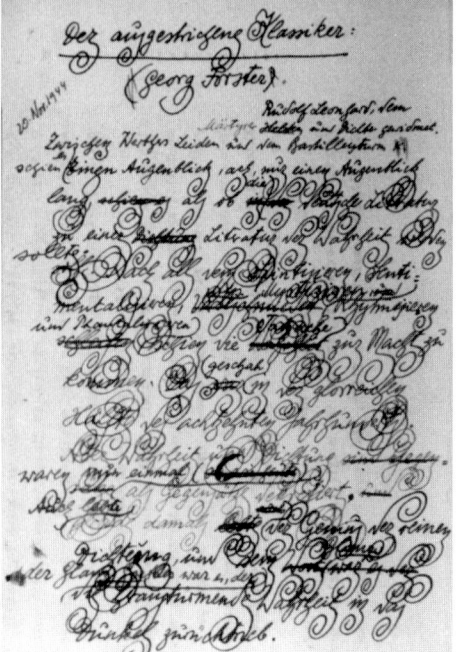

248./249. Entwürfe für Reportagen über Alexander von Humboldt und Georg Forster, die großen Entdecker einer anderen Generation

Que viva México, 1940–1946
Feierlichkeiten zum
60. Geburtstag, 1945

Es gab zahlreiche Festlichkeiten aus Anlaß meines 60. Geburtstags. Die tschechoslowakische Kolonie sowie die mexikanischen Schriftsteller arrangierten Festbankette, zu denen mehr als 1 000 Menschen kamen. Die internationalen Schriftsteller hier haben mein »Redl«-Stück aufgeführt, und ich habe viele Geschenke erhalten, außerdem wurde eine Broschüre in neun Sprachen unter dem Titel »Egon Erwin Kischs Reise um die Welt in 60 Jahren« mit einem Foto vom alten Bären-Haus herausgegeben.

Egon Erwin Kisch an Herbert Kisch. Mexiko, 31. Mai 1945 [228]

So wenig er äußere Ehren liebte, so glücklich machte es ihn, von Kindern jeder Altersstufe selbstgemalte Bildchen zu bekommen. Und zwar bei jeder Gelegenheit. Fein säuberlich wurden die Bilder mit Reißzwecken im Wohnzimmer und Flur aufgehängt. Natürlich mußten die Kinder signieren. Für die Kleinen tat es Gisl. Obwohl es sicherlich am Ende fast hundert waren, wußte Egonek immer das Alter des Kindes, aus welchem Jahr dessen »letztes« Bildchen stammte und wo es hing. Er war ein guter Psychologe. Aus den Bildern konnte er unbewußt-bewußt ersehen, welche Eigenschaften die Kinder als erwachsene Menschen entwickeln würden. Farbgebung, Größe des Dargestellten, der Mut, auf einem Blatt nur einen großen Baum, eine Sonne oder einen Schmetterling,

ein Haus mit Garten und Schornstein zu malen, ließen viele Möglichkeiten erkennen. Kisch konnte sich an den Bildern nicht nur freuen, sondern aus ihnen auch wie aus einem Buch lesen. Er sprach öfter mit den Eltern über die »Werke« ihrer Kinder.

Steffie Spira [229]

Zu Ehren von Egon Erwin Kischs sechzigstem Geburtstag stand auch Anna [Seghers] auf unserer kleinen Bühne im Schiefersaal. Es wurde »Der Fall des Generalstabschef Redl« nur von Schriftstellerkollegen gespielt. Wir Schauspieler durften uns um die Aufführung nicht kümmern. Anna hatte als Baronin Daubeck für ihr Kostüm und den Schmuck die größten Sorgen. Wo so schnell ein Kleid im Stil des Jahres 1913 hernehmen? Ein schönes graues Seidenkleid mit bis zum Kinn geschlossenem Kragen, darüber eine goldene Kette, ein Lorgnon, das wirklich aufzuklappen ging, ein kleines Diadem im Haar – das machte sie zur unverkennbaren Baronin.

Am 10. Mai 1945 fand dieser Theaterabend statt. Es war unsere Siegesfeier.

Steffie Spira [230]

250. Eine Woche lang
wurde gefeiert.

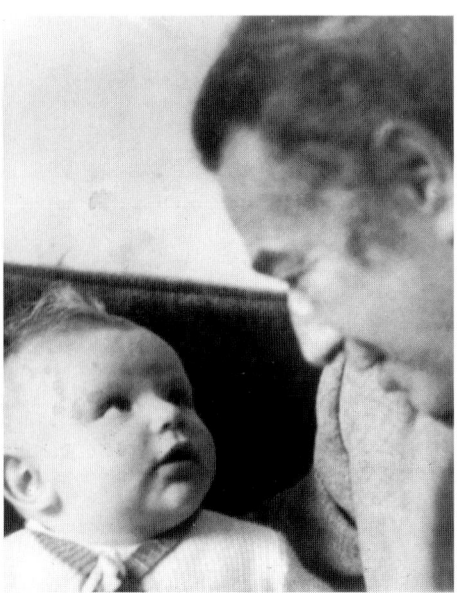

251.

Ihr hättet André Simone als Erzherzog
sehen müssen und Ludwig Renn als
General Conrad. Das war ein Trubel.
Die Zuschauer hatten jede Menge
Spaß und wir auch. Rudi als Oberst
Umanitzky konnte keine einzige Zeile
auswendig und hatte immer »einen
schriftlichen Bericht« zur Hand. Der
Erzherzog trug einen gewaltigen Or-
den, »Das siebte Kreuz«, und als er
die Zigeunerin bitten wollte, aus dem
»Zigeunerbaron« zu spielen, fiel ihm
der Titel nicht ein, und er sagte: Spiel
mir doch was aus »Adel im Untergang«. Alle waren zufrieden, ausge-
nommen der Autor, der nach der Vorstellung auf die Bühne ging, um den
Akteuren zu danken und zu erklären,
daß er nicht das Geringste mit diesem
Stück zu tun habe.
Bodo Uhse an F. C. Weiskopf.
Cuernavaca, 7. Juni 1945 [231]

Von hier kann ich Dir wenig erzählen,
ich weiß nicht, wer Deine Freunde hier
sind, ich bin viel mit Anna Seghers,
Ludwig Renn, Albert Victor Blum (dem
Schauspieler), Bruno Frei zusammen
und auch mit Otto Katz, gegen den Du
hoffentlich nicht mehr den alten Groll
hegst. Er tut hier eine große aufklä-
rende Arbeit über das Nazipack. Wen
siehst Du von meinen alten Freunden?
Lanias Sohn ist, glaube ich, schon
amerikanischer Offizier. Von Deinen
Schauspielern sind wohl viele in Hollywood und wenige in New York. Ernst
Deutsch, der bei Dir den »Letzten Kaiser« spielte, hat mir vor ein paar Monaten sehr nett geschrieben. Den armen
Granach haben wir alle sehr beklagt,
er war immer so lebendig, daß man

sich gar nicht vorstellen kann, ihn nicht mehr wiederzusehen.

Egon Erwin Kisch an Erwin Piscator. Mexiko, 30. Mai 1945 [232]

Aber so verschieden Kischs Bücher von außen sind, innen tragen sie auf jeder Seite unverkennbar die gleiche Marke. Was Kisch auszeichnet, ist, daß hinter der Leichtigkeit und Lokkerheit der Schreibweise eine Erkenntnis steht, die all dem, was er erzählt, unzweideutig die Richtung weist. Diese scheinbar so locker und amüsant hinerzählten Geschichten sind alle geordnet und zusammengehalten durch ein einheitliches Weltbild. Hinter den bitter-heiteren, grotesken Ereignissen, von denen da so farbig und witzig erzählt wird, steht ein ungeheures Wissen, gesammelt aus zahllosen Disziplinen, und ein Mensch, der dieses Wissen organisch in ein großes Weltbild zu mischen verstanden hat.

Lion Feuchtwanger: Eine einmalige Erscheinung [233]

Ich denke nach, was ich Ihnen, da Ansprachen nötig sind, sagen soll. Aber ich bin, lieber Kisch (verzeihen Sie), fast gelähmt, um Ihnen, wie es sich für solchen Anlaß gehört, etwas Frohes, Freudiges zu sagen: wir haben nun 13 Jahre Exil auf dem Buckel und zu dem privaten Jammer einer solchen Existenz (aber ist es eine Existenz?) ist über uns, die von Natur an allem teilnehmen, das berghohe und täglich höher wachsende Unglück der kriegerischen Umstände gefallen. Hunderte Tote jeden Tag, es geht allmählich in die Millionen, und es sind gute, ernste,

tapfere Menschen – wer bringt da Freude auf. […] Ihr schönes Buch (mit einem autobiographischen background) »Marktplatz der Sensationen« liegt vor mir auf dem Tisch. Man kann Sie gut darin sehen, ein echter, genuiner Schriftsteller, – mit einer Schreibfurie aber, die nicht, wie oft, für sich selbst existiert, sondern sich hinter einen Spür- und Such- und Detektivtrieb gesteckt hat und aufdecken, bloßstellen, anprangern will im Täglichen, in der Kriminalistik, oder in den Dingen dahinter, im Sozialen (das Politische wird hier nicht sichtbar).

Es sind famose Dinge dabei, und wenn man Sie als Schriftsteller mit dem üblichen Wort »Reporter«, auf das man Sie gern festnagelt, bestimmt nicht erfaßt, so sieht man doch, daß Sie um das »Berichten« kreisen, ob es sich nun um Moritaten oder um Dinge wie den tragisch schauerlichen Hochverrat des Oberst Redl handelt. Aber der Umfang und die Art ihres »Berichtes« ist ganz besonders, und ich sehe nicht, wen Sie im deutschen Sprechgebiet zur Parallele haben. Sie sind mit dem Öl des wirklichen Erzählers gesalbt. […] Nun wünsche ich Ihnen, daß Ihre Augen, die so vieles in dem letzten Jahrzehnt sehen mußten, was nicht »schön« war, bald wieder glücklich werden mögen. – Die Zeiten bleiben nicht, wie sie sind!

Alfred Döblin [234]

Ihr Brief zu meinem Geburtstag hat
mich, so viele gute ich auch bekam,
mehr als die anderen bewegt. Noch
jetzt beschäftigt er mich. Gerade von
Ihnen hatte ich keine Anerkennung
erwartet, am allerwenigsten eine so
reichliche, und ich werte Ihre Worte
als die einer ästhetischen Überzeugung, die alle prinzipiellen Differen-
zen überwindet. Ihr Lob bedeutet mir
einen der (wenigen) Erfolge, die meine
Arbeit fand, und ich danke Ihnen in
voller Aufrichtigkeit unendlich. Ich
danke Ihnen um so mehr, als mir
selbst eine so große Haltung gegenüber jemandem, mit dem ich immer
in Konflikt gelegen habe, nicht möglich wäre. Sie sind eben der große
Schriftsteller, der Meister der Sprache
und der Phantasie, dem als solchem
niemand die Anerkennung versagen
kann. […] Ich war damals nicht mit
Ihnen einverstanden und kann es
nach Hitler noch weniger sein. Er wäre
nicht so leicht an die Macht gekommen,
hätte es mehr, ein paar Millionen mehr
organisierter Marxisten als Hitleristen
gegeben, und er hätte sich länger gehalten, hätten nicht die Marxisten in
aller Welt die Wahrheit über ihn verbreitet, hätte Rußland nicht so prinzi-
piell unversöhnlich Krieg gegen ihn
geführt. Noch in sein Verrecken hinein
zeterte Hitler gegen den Marxismus,
nur gegen den.

Egon Erwin Kisch an Alfred Döblin.
Mexiko, 28. Mai 1945 [235]

252./253. Eine eigene
Geburtstagsfeier gab
es für die Kinder

254. Nach der Aufführung des Redl-Stücks. (v. l. n. r.:) Bodo Uhse, Friedrich Katz, Kurt Stern, Anna Seghers, Ludwig Renn, (davor:) Bruno Frei, (dahinter verdeckt:) Alexander Abusch, Lenka Reinerová, Rudolf Feistmann, (Mädchen:) Nadine Stern, Leo Katz, Alma Uhse, André Simone, Hans Marum

255. Mit Henny Zuckermann, Lydia Zuckermann, Lisa Holländer, Hilde Abusch und den Kindern

256.

257. Mit den Botschaftern (von links) Jan Drohojowsky (Polen), Kapustin (Sowjetunion), Jan V. Hyka (Tschechoslowakei – erster von rechts

258. Mit Ruth Radvanyi

Abschied, 1946

Auch ich trat vor, schloß die Füße an-
einander und sprach nach, was der
Rabbi uns vorsprach, nur die Namen
seiner Toten fügte jeder Betende selbst
ein.

Mein Vater und meine Mutter waren
in Prag geboren, lebten dort, starben
dort und sind dort begraben. Niemals
konnte ihnen in den Sinn kommen,
daß einer ihrer Söhne den Totenspruch
für sie in einer Gruppe von Indios sprechen würde, im Schatten der silbertra-
genden Berge von Pachuca. Meine Eltern, die ihr Leben im Bärenhaus der
Prager Altstadt verbrachten, ahnten
nicht, daß ihre Söhne einmal aus dem
Bärenhaus verjagt sein würden, nach
Mexiko der eine, nach Indien der andere und die beiden, die dem Hitlerterror nicht entfliehen konnten, in unbekannte Stätten unvorstellbaren Grau-
ens. Meine Gedanken schweifen weiter,
Verwandte, Freunde, Bekannte und
Fremde, Opfer Hitlers, alle haben Anspruch darauf, daß ihrer im Totengebet
gedacht werde.

Ein Zug von Millionen, Frauen und
Männer, die sich zeit ihres Lebens darum gesorgt, ihre Familien zu ernähren
und ihre Kinder zu nützlichen Mitglie-
dern der menschlichen Gesellschaft zu
machen; Angestellte und Arbeiter, die
sich im Schweiße ihres Angesichts ihr
Brot verdienten; Ärzte, die Tag und
Nacht bereit waren, Leidenden zu helfen; Menschen, die bemüht waren, die
Wahrheit zu verbreiten und die Lage
ihrer Mitmenschen zu verbessern;
Gelehrte, die der Wissenschaft lebten;
Künstler, die dem Leben Schönheit

geben wollten; Kinder, die sich ihre
Zukunft so wunderbar träumten ... alle
Arten von Menschen, lebensfrohe und
sentimentale, gute und schlechte, star-
ke und schwache.

Unübersehbar, unaufhörlich ist die
Reihe. An den kalten Fratzen vorbei,
wanken sie dem Ziele zu. Dort steht es,
ein rauchender Bau. Alle wissen, was
dieser Bau bedeutet, woraus der Rauch
besteht, der aus dem Schlot aufsteigt.
Es ist die Todesfabrik, sie fabriziert
Leichen. Mit welchen Gedanken bewegt sich diese Armee der dem Mord
Geweihten diesem Ziele zu? Keine Hoffnung mehr, keine Hoffnung mehr für
sich, für ihre Kinder, für ihr Andenken, kaum Hoffnung mehr auf Rache,
auf Bestrafung des Massenmords. Sie
müssen sich in das Tor schieben, sie
müssen sich entkleiden, sie müssen
in die Kammer gehen, wo ein fürch-
terliches Gas sie erwürgt, verbrennt,
auflöst. Aus dem Schlot steigt Rauch.

Unübersehbar ist die Kolonne,
sie zieht dahin, als hätte es nie eine
Menschheit gegeben, niemals das
Streben, mehr Brot, mehr Recht, mehr
Wahrheit, mehr Gesundheit, mehr
Weisheit, mehr Schönheit, mehr Liebe
und mehr Glück in die Welt zu bringen.

Als letzter trete ich weg vom Altar,
zu dem ich mich vor einigen Stunden
so gutgelaunt aufgemacht hatte.

Egon Erwin Kisch:
Indiodorf unter dem Davidstern [236]

259. Vor einer mexi-
kanischen Synagoge

Endlich kam der 8. Mai 1945. Ungefähr um neun Uhr früh erreichte mich
die Nachricht, daß der Zweite Weltkrieg aus war. [...] Es gibt Tage, die
man nicht vergessen kann. Dieser war
so einer. Ich ging Egon Erwin Kisch
entgegen, traf ihn auf der Straße unweit unserer Gesandtschaft, an der
Ecke der Avenida Tamaulipas. Er trug
einen dunklen Anzug, hatte seine ewige Zigarette in der Hand, es war heiß,
seine Schuhe bedeckte eine Staub-
schicht. Er blickte mir, ohne zu lächeln,
entgegen, selbst in seinen Augen fun-
kelte es nicht, seine ganze Person
drückte unendliche Müdigkeit und
Trauer aus.

   »Egonek«, sagte ich erschrocken,
»der Krieg ist doch zu Ende.« – »Eben.«
Er seufzte, hängte sich schwer in mich
ein, wie jemand, der Halt sucht. »Was
werden wir jetzt alles erfahren. Das
ganze unfaßbare Sterben.«

   In jenem Augenblick ahnten wir
noch nicht, daß bei uns zu Hause der
Krieg überhaupt noch nicht aus war.
Auf den Prager Barrikaden wurde
noch geschossen und gestorben. [...]
Er hatte leider tausendfach recht. Und
es war typisch für ihn, daß er im Augenblick, da die ganze Welt erleichtert
aufatmete, an jene dachte, die niemals
mehr einen Atemzug tun würden. Es
war ein grundlegendes Merkmal seines Charakters, seines Herangehens
an Geschehnisse und Menschen, daß
er alles stets von allen Seiten zu betrachten und abzuwägen suchte.

Lenka Reinerová [237]

260. Auf den Spuren
des Judentums in
Mexiko

261.

262.

Auch von meinem Neffen Herbert, den Du aus Versailles kennst, [...] habe ich Nachricht aus Frankreich. Er ist, als englischer Soldat, sogar nach Versailles gekommen und hat im Hotel Moderne alles so vorgefunden, als ob nichts gewesen wäre. Meine Bücher und Manuskripte sind allerdings restlos verbrannt.

Egon Erwin Kisch an Ruth Domino.
Mexiko, 2. Juni 1945 [238]

Was Deine »zweite, schon verschwimmende Heimat« betr., so würdest Du die tatsächlich nicht wiedererkennen. Wenn Du noch lange ausbleibst, werden die Mädchen einen See zusammenheulen, in dem der Kontinent versinken muß. Meine Spekulationen auf Deine Rückreise sind alle fehlgeschlagen. Es ist nichts zu machen. Immer wieder sagen mir die Mädchen, daß der Kisch ungeschlagen bleibt. Weder List noch Drohen vermag diesen Biestern das Geheimnis zu entlocken. Man merkt, daß Du sie gut erzogen hast. Sogar Lotte schreit nachts auf, und ich irre mich nicht, daß sie jedesmal Kisch schreit. Als ich mich unlängst bei bürgerlichen Damen erkundigte, brach ein großer Katzenjammer aus. Ich hatte eine gute Gelegenheit, mich als Seelentröster zu betätigen. So geht das weiter. Unlängst besuchten uns gleichzeitig mehrere halbwüchsige Mädchen, die sich alle nach Deiner Adresse erkundigten.

Walter Janka an Egon Erwin Kisch.
Mexiko, 15. August 1946 [239]

263.

1946–1948: Europa nach dem Krieg

1946 Februar/März: Über New York
und London Heimreise nach
Prag, dort Teilnahme am
8. Parteitag der KPČ
Juni: Reise nach Belgrad und
Skopje

1947 Reisen durch die Tschechoslowakei
November: Erster Schlaganfall

1948 24. März: Zweiter Schlaganfall,
Einlieferung in eine Klinik
31. März: Tod in Prag
5. April: Staatsbegräbnis

264. Prag nach dem
Zweiten Weltkrieg

265.

266. Immer am alten
und neuen Prag inter-
essiert

Heimkehr nach Prag, 1946

Wir alle wurden hier sehr herzlich
empfangen, die Zeitungen brachten
Artikel von bis zu einer Seite und
wo immer wir auftauchen, gibt es
Ovationen.

Egon Erwin Kisch an Hugo Sinaiberger.
Prag, 11. April 1946 [240]

Prag ist sicherlich die schönste, fort-
geschrittenste Stadt (in jeder Hinsicht)
von Europa, England ausgeschlossen;
das ist die Ansicht aller, die herkom-
men und meistens bereits ganz Europa
besucht haben; im Augenblick erleben
wir (seit mehr als zehn Jahren) die
Sensation eines europäischen Winters,
was aber die Hauptsache ist, man sieht
hier wirklich von Tag zu Tag die Bes-
serung der ökonomischen Situation.
Auch persönlich sind wir insofern ein
großes Stück weiter, als wir nach fünf
Monaten Hotelaufenthalt (in einem
Zimmer, in dem gearbeitet, gekocht,
gewaschen, gegessen und ununterbrochen Besuch empfangen wurde) durch
einen glücklichen Zufall eine wunderbare Wohnung gekriegt haben, ausge-
stattet mit Zentralheizung, elektr. Fri-
gidaire; und jetzt seit etwa einer Woche
sind wir sogar schon fast vollständig
eingerichtet.

Egon Erwin Kisch an Hugo Sinaiberger.
Prag, 24. Oktober 1946 [241]

Man muß die Dinge sehen, wie sie
sind. Die Möglichkeit, als deutscher
Schriftsteller in der Tschechoslowakei
zu wirken, ist vorbei. Die Möglichkeit,
dort zu sein, mag bestehen […] aber es
wird zumindest in nächster Zukunft
ein Geduldetsein, eine Art Vegetieren
sein. Und ich möchte weder mich noch
meine tschechischen Freunde in die
peinliche Lage versetzen, FCW als
Bürger zweiter Klasse, sozusagen als
Schutzjuden in Prag zu sehen, immer
in Gefahr, verprügelt zu werden, wenn
zufällig ein Wort in der Muttersprache
dem Mund entfährt. Zweifellos ist diese Situation von Hitler verschuldet
worden. Es ist tragigrotesk, daß wir
für ihn zu bezahlen haben; aber wenn
wir stärker für den Sieg über den Na-
zismus besteuert werden als andere, so
muß das hingenommen werden, ruhig
und ohne Gegreine. Aber nichts in der
Welt wird mich dazu verführen, auch
noch Halleluja darüber zu schreien
und es wunderbar zu finden, daß der
Nationalismus sich überschlägt und
daß man mich zu Hause nur als eine
Art »convict on parole« aufnehmen
will.

F. C. Weiskopf an Egon Erwin Kisch.
New York, 26. November 1945 [242]

267. Ankunft Flug-
hafen Prag, Oktober
1946: Vicente Lom-
bardo Toledano und
seine Frau, Egon
Erwin Kisch dazwi-
schen. L. Antonín
Zápotocký, 2. v. r.
Informationsminister
Václav Kopecký, r.
Bildrand André
Simone

268. Mit dem Jugend-
freund Václav Vacek, der
inzwischen Oberbürger-
meister von Prag gewor-
den war.

In Prag trifft sich nun alles, was jahrzehntelang in der Welt zerstreut war,
die wenigen, die überlebt haben, oder
wenigstens ihre Söhne und Verwandten; alles trifft sich bei Einem, von dem
sie glauben, daß er sie einmal kannte.
Und dazu glauben noch alle, daß man
Einfluß hat, und das heißt ununterbrochen intervenieren. So einen Betrieb
hatten wir nicht einmal an unseren
früheren Wohnsitzen, und dabei soll
man noch arbeiten.

Egon Erwin Kisch an Hugo Sinaiberger.
Prag, 24. Oktober 1946 [243]

Für hier kann ich Dir die Garantie
geben, daß niemand Dich feiern wird,
außer den alten Getreuen, denn der
Name Kisch – erschrick nicht – ist
wie so vieles, ausgelöscht aus dem
Gedächtnis der Lebenden. Wenn Du
Schwein hast, wird es noch ein paar
alte Nazischriftsteller geben, die sich
an den Untermenschen Kisch erinnern können.

Hans Schrecker an Egon Erwin Kisch.
Dresden, 23. Dezember 1946 [244]

Glauben Sie mir, ein Nachmittag bei
Ihnen bietet mehr, als ein ganzer Monat in London. Leider ist das Mißver-
hältnis zwischen geben und nehmen
bei Ihnen besonders kraß: Sie sind der
ewige Gastgeber. Sie geben aber auch
sonst mehr, als Sie empfangen.

Ernst Sommer an Egon Erwin Kisch.
London, 11. November 1946 [245]

Weder Simone noch Kisch, obwohl beide erfahrene Journalisten waren, schienen zu ahnen, mit welchen Schwierigkeiten ein deutscher Intellektueller im damaligen Prag konfrontiert würde. Simone hatte scheinbar keine. Er avancierte bald zum außenpolitischen Starredakteur des Parteiorgans Rudé Pravo und konnte nicht ahnen, daß das im selben Jahr von Molotow über ihn gefällte Urteil sechs Jahre später der Henker vollstrecken würde. Kisch stellte fest, daß eigentlich niemand Interesse an ihm hatte. Möglicherweise erwartete er einen Wandel nach der politischen Wende im Jahr 1948. Damals war er aber bereits todkrank und starb etwa vier Wochen nach den Februarereignissen. Das war wahrscheinlich sein Glück, denn wenn jemand wirklich ein »Globetrotter« war, so der Egon Erwin aus der Prager Melantrichgasse. Als Altkommunist, Deutschböhme, Jude und Weltenbummler typisch westlichen Zuschnitts, verkörperte er alle nur möglichen Verdachtsmomente. Dabei genügte oft ein einziges Merkmal, um das Leben zu verwirken, und reichte allemal aus, um in die Kartei der Proskribierten zu gelangen. Solche Kischs waren unerwünscht geworden, man mied sie. Im besten Fall bot man ihnen die zwar schmerzliche, aber im großen und ganzen annehmbare »literarische Übersiedlung« in die DDR an. Ich bin aber überzeugt, daß der frühzeitige Tod sowohl Weiskopfs im Jahr 1955 als auch Fürnbergs 1957 – beide starben an Herzinfarkt – eine Folge ihrer Entwurzelung war.

Eduard Goldstücker [246]

269./270. Das erste Weihnachtsfest in Europa

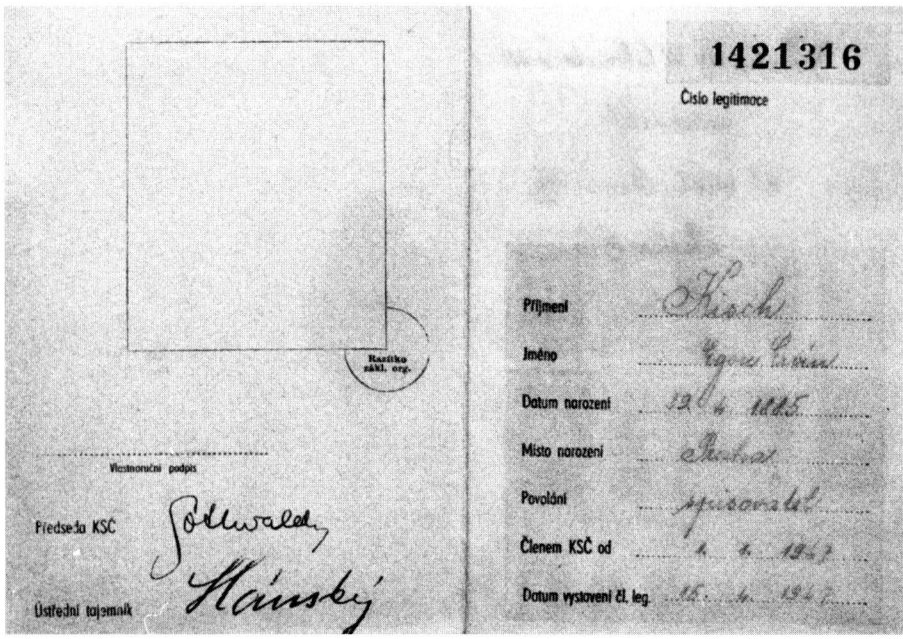

1421316

Číslo legitimace

Razítko
zákl. org.

Vlastnoruční podpis

Předseda KSČ   *Gottwald*

Ústřední tajemník   *Slánský*

Příjmení   *Kisch*

Jméno   *Egon Erwin*

Datum narození   *12 4 1885*

Místo narození   *Praha*

Povolání   *spisovatel*

Členem KSČ od   *1 4 1947*

Datum vystavení čl. leg. *16 4 1947*

271. Klement
Gottwald und Rudolf
Slánský unterschrie-
ben Egon Erwin
Kischs KPČ-Ausweis,
sechs Jahre später
wurde Slánský hinge-
richtet.

272.

Balkanreise, 1946

Im Sommer des Jahres 1946 kam Egon Erwin Kisch mit André Simone nach Jugoslawien, um dort gemeinsam mit Journalisten aus vielen anderen Ländern dem Prozeß Draja Michajlowitsch, beizuwohnen der – wörtlichgenommen – der Halsabschneider der Partisanen Titos und ihrer Anhänger war. […] Während seines kurzen Besuchs in Jugoslawien wurde Egon Erwin Kisch auch von Josip Broz Tito in dessen Privatresidenz eingeladen. Am Abend erzählte er uns von seiner Begegnung. Tito war damals ein stattlicher Mann von etwas behäbiger Gestalt, voller Kraft, aber nicht mehr ganz jung. Kisch fragte ihn, wie er alle Strapazen des Kriegs überstanden habe, die Kälte und Hitze, den Hunger und vor allem die unendlichen Märsche durch das Gebirge. Dank einem treuen Kameraden, sagte Tito, seinem verläßlichen Pferd. Interessant, erwiderte Kisch und wollte wissen, wo dieses Pferd jetzt sei. Er habe sich nicht von ihm getrennt, bemerkte der Marschall lächelnd, habe es sogar hier bei sich, im Stall hinter dem Haus. Worauf Kisch seine Zigaretten einsteckte, Notizblock und Bleistift in der Rocktasche verstaute und aufstand. Sein Gastgeber war von der jähen Beendigung des Gesprächs etwas überrascht. »Sie eilen, Genosse Kisch?« – »Keineswegs, ich möchte Sie nur ersuchen, so liebenswürdig zu sein und mit mir in den Stall zu gehen, ich möchte Ihr Pferd kennenlernen.« Tito wußte wohl kaum, wie typisch diese Bitte für den großen Reporter war. Bereitwillig und zweifellos amüsiert war er einverstanden und hat sich auch recht zufrieden über seine Unterhaltung mit dem ungewöhnlichen Gast aus Prag geäußert.

Lenka Reinerová [247]

Das Erbe der Shoah, 1947/48

Prag ist voll von Freunden, die nicht
mehr leben, jedes Haus, jede Straßenecke drängt Tränen in die Augen.

Egon Erwin Kisch an Paul Wiegler.
Prag, 23. November 1946 [248]

Von meinen Hunderten Freunden in
Berlin ist niemand mehr da, mit dem
ich Fühlung habe, niemand dessen
Adresse ich weiß und niemand, an den
ich mich wenden könnte. […] Von mir
selbst ist nicht viel zu sagen, ich fand
meine Heimat sehr verändert vor […],
von meinen Jugendfreunden ist niemand mehr in der Stadt. Wie kann ich
sagen, wie es mir geht? Aber ich kann
arbeiten und noch dazu in meinem
Sinne, was immerhin viel ist.

Egon Erwin Kisch an Mathilde Bryk.
Prag, 22. Juli 1946 [249]

Noch im vorigen Jahr, als er Staats-
minister des Deutschen Reiches war,
Höherer SS- und Polizeiführer und
dergleichen über das Protektorat
Böhmen und Mähren, wo er unum-
schränkt regierte, als er Herr über
Leben und Tod war und auch reichlich
davon Gebrauch machte, als er noch
der glanzvolle Tyrann Karl Hermann
Frank war, wurden ihm andere Tri-
bünen gebaut. Hier steht nur ein roh
gezimmerter Pflock mit einem einge-
rammten Haken, nicht einmal ein
Querbalken ist da, ohne den man
sich einen Galgen gar nicht vorstellen kann. Aber, glaubt es, es ist ein
Galgen.
   […] Hinter den Richterstühlen
drängt sich eine Menschenmenge,
die unübersehbar und unvorstellbar
ist. Unvorstellbar, weil die Menge jene
Leute in die ersten Reihen vorläßt,
welche ersichtliche Naziopfer sind,
Anklageschriften in Menschengestalt,
Krüppel, Verstümmelte, Männer mit
abgerissenem Gesicht. Alle wollen den
obersten ihrer Quäler und Mörder
sehen, wenn er aus dieser Welt verschwinden wird. […] Dort oben hängt
ein Mensch, der, wenn er je einer war,
keiner mehr ist.

Egon Erwin Kisch:
Die letzten Schritte des K. H. Frank [250]

Mein Bruder Paul und mein Bruder
Arnold sind den entsetzlichen Weg
aller Juden gegangen. Im Melantrich-
haus lebt nur mein Bruder, der Arzt
Fritz-Kaspar, und die Witwen von Paul
und Arnold. Ich selbst habe bei einem
alten Fußballkollegen in Stresnovice
ein Quartier gefunden.

Egon Erwin Kisch an Dr. Josef Stark.
Prag, 5. Dezember 1946 [251]

273. Hinrichtungs-
stätte der NS-Justiz
in Prag

274. Beim Prozeß gegen den NS-Reichs-protektor Karl Her-mann Frank (außen-rechts André Simone)

275. In der Menschen-menge bei der Hinrich-tung Franks

276. Die letzte Wohn-ung in der U labořa-tore. Während des Kriegs wohnte dort Adolf Eichmann.

Diese schöne Wohnung? Die gehörte
früher Adolf Eichmann, dem Schrek-
ken des Weltjudentums. Die Möbel,
Bilder, Nippsachen, ja auch das Netz-
gitter, dort am Balkon, eigens für sein
Kind gemacht, das alles war einmal
seines. Wie? Nein, es stört mich nicht,
nicht einmal beim Einschlafen. [...]
O ja, man hat mir eine Reihe von Stellungen angeboten, mindestens Mini-
sterialrat und so, aber ich bin nichts,
nur Schriftsteller.

Egon Erwin Kisch: (Interview) [252]

Sollten Sie also wirklich nach Palästina kommen, so nehmen Sie, bitte,
mich als Führer durch die Altstadt
von Jerusalem.

Leo Perutz an Egon Erwin Kisch.
Tel Aviv, 11. April 1947 [253]

Die Zukunft der Juden in allen Ländern ist abhängig von der Zukunft des
jeweiligen Landes. Im Gegensatz zur
ganzen Nazi-Hetze gibt es kein Land
in Europa, in welchem die Juden nicht
einen integralen Bestandteil des ökonomischen und kulturellen Lebens bilden. In Mitteleuropa haben sie sogar
eine noch größere Bedeutung.

Die Zukunft der Länder in Mitteleuropa hängt nicht nur von der Art ihrer
Regierung ab, sondern auch von der
Weltordnung, deren organischer Teil
sie sind. Selbst wenn es möglich wäre,
das Europa vor Hitler zu restaurieren,
so wäre die Barbarei nicht zu elimi-
nieren. Im Gegenteil, die Barbarei wird so
lange nicht aus den Ländern Mitteleu-
ropas weichen, als künstliche Grenzen
mit Festungen, Soldaten und anderen
gewalttätigen Kräften zwischen den

einzelnen Staaten erhalten bleiben.
Diese primitive Form der Abgrenzung
unter Menschen sind eine Behinde-
rung jeder Zivilisation, aber in Mitteleuropa sind sie ein unüberwindbares
Hindernis für den Fortschritt. Nur
eine soziale Ordnung, die rivalisieren-
de Märkte ausschließt und anerkennt,
daß alle Menschen vor dem Gesetz
gleich sind, kann den Frieden und ein
Voranschreiten der Zivilisation in Mitteleuropa und überall sonst auf der
Welt gewährleisten.

Ich bin sicher, daß das Judentum in
solch einer sozialen Ordnung Frieden,
Sicherheit und Gleichberechtigung finden wird, um seine eigene Kultur zu
entwickeln und die Kultur ihrer Nach-
barn zu bereichern.

Egon Erwin Kisch:
Die Zukunft der Juden in Europa [254]

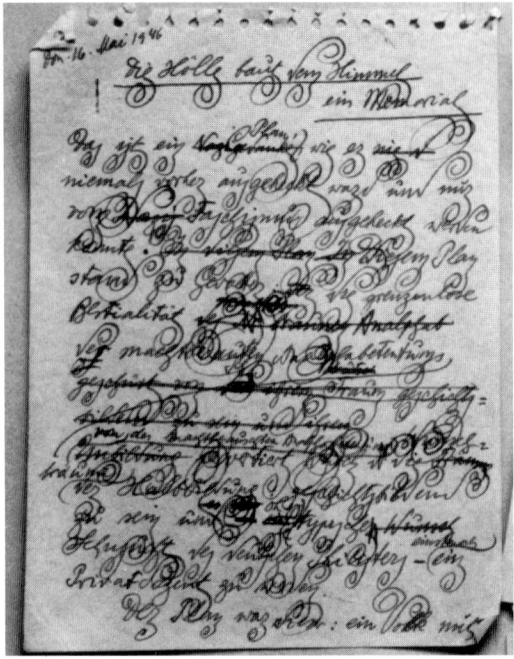

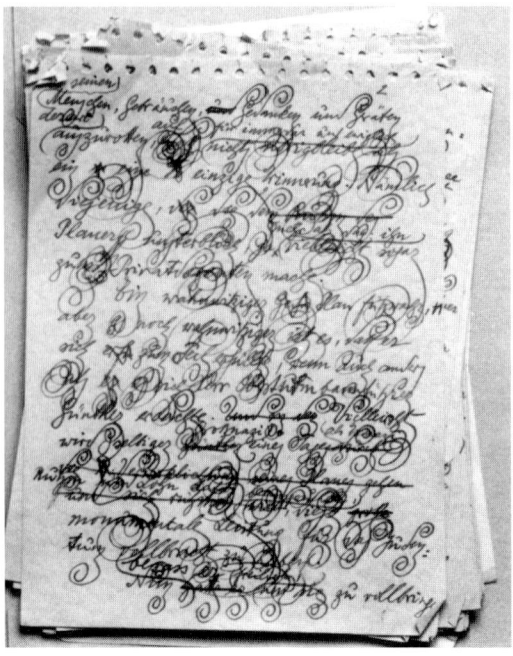

Von [Arnold] Zweig kam ein langer ausführlicher Brief, er hofft, im Spätfrühling bestimmt Ihr/mein Gast zu sein. Auch er ist, trotzdem er »alles vorauswußte«, was die jetzigen Unruhen anbelangt, sehr begeistert über den neuen Judenstaat und meint, daß alle von sehr gehobener Stimmung erfaßt seien.

Ruth Klingerová an Egon Erwin Kisch. Prag, 20. Dezember 1947 [255]

Die Frage ist, ob es richtig wäre, das Buch »Geschichten aus 14 Ghettos« als erstes Deiner Bücher nun in Österreich erscheinen zu lassen, oder ob es nicht günstiger wäre, mit einem anderen Buch zu beginnen. [...] Der Grund, warum uns Bedenken gekommen sind, ist der spezifische Inhalt dieses Bandes, der vielleicht für die heutige Situation in Österreich noch etwas zu früh wäre.

Curt und Vera Ponger an Egon Erwin Kisch. Nürnberg, 12. Juni 1947 [256]

278./279. Die letzten Arbeiten sind dem Judentum und der Tschechoslowakei gewidmet

279. Beim Grab des
Großvaters

280. Im Schuhwerk
Bata

281. Gezeichnet von
Benedikt Fred Dolbin

Letzte Monate, 1947/48

Hier, während seiner Reporterarbeit
im Schuh-Museum der Fabrik, ist es
immer noch der gleiche Kisch. Unermüdlich stellt er Fragen, verlangt
Elementar-, dann Teilinformationen,
sucht nach Zusammenhängen und
interessanten Details. In seinem »wer,
was ..., warum genau ..., zu welcher
Zeit war das ...« steckte seine frühere
unerbittliche Logik. Im Museum der
Schuster-Leisten, wo sich Gipsabgüs-
se menschlicher Füße aus der ganzen
Welt befinden, bemerkt er die Defor-
mierungen der Füße japanischer Gei-
shas, später die Riesenleisten irgend-
welcher Eingeborener. Er stellte die
Frage: Wie groß waren die Füße verschiedener berühmter Leute und bekannter Politiker?

Jan Hruška [257]

Und mach Dir nichts daraus, wenn
Du keine Lust hast, neue Bücher zu
schreiben. Die alten reichen immer
noch für eine kleine Unsterblichkeit.
Du hast in Deiner Jugend genug von
Deiner Energie verschwendet.

Ernst Sommer an Egon Erwin Kisch.
London, 26. November 1947 [258]

Der »Marktplatz« und die »Entdek-
kungen« waren die beliebtesten Weih-
nachtsgeschenke. Die Nachfrage
konnte nicht befriedigt werden. Wahrscheinlich werden schon in Kürze
neue Auflagen gedruckt. Wir selbst
konnten nur durch gute Beziehungen
noch ein paar Exemplare erhalten.
Man müßte viele Hunderttausende Exemplare drucken, um den Buchmarkt

tatsächlich ausnutzen zu können. Dabei gehen nur wenige Exemplare nach Westdeutschland.

Walter Janka an Egon Erwin Kisch.
Berlin, 27. Dezember 1947 [259]

Wir hoffen bald, eine eigene Regierung wiederzuhaben mit richtiggehenden diplomatischen Beziehungen und Egonek als Gesandten der CSR. Der Kulturbund leckt sich bereits alle Finger. Laßt ihn nicht so lange bei dieser Beschäftigung. Was der Sartre kann, der dieser Tage sich seiner existentialistischen Gemeinde in Berlin-Döbbeljuh persönlich präsentiert, sollte der Kisch auch können, dessen Gemeinde noch viel größer ist. Das ist meine apolitische Meinung.

Lex Ende an Egon Erwin Kisch.
Berlin, 11. Januar 1948 [260]

Zwischendurch klingelt dauernd das Telefon. Er telefonierte auf englisch, russisch, tschechisch, deutsch, manchmal auch mehrere Sprachen zusammen, und einmal hielt er in einem längeren Gespräch plötzlich inne und fragte den Partner am anderen Ende der Leitung: »Sag mal, was für eine Sprache sprichst du eigentlich?«

Georg Suter [261]

Geliebter Egonek, Du großer unermüdlicher Streiter für die Freiheit der Menschen, Du leuchtendes Beispiel und Vorbild für uns deutsche antifaschistische Künstler, ich sende Dir brüderliche Grüße und warme Umarmung und Küsse. Werde uns bald wieder gesund! Oft waren meine Gedanken mit Dir seit wir uns das letztemal

in London sahen und mein lieber rasender Reporter, Du unser großes Vorbild an Ausdauer, Standhaftigkeit, Enthüllung der Wahrheit, kannst versichert sein, daß Deines John's beste Gedanken stets mit besonderer Hingabe zu Deinem Krankenbett eilen und hoffen, Du kannst es bald wieder verlassen.

John und Gertrud Heartfield
an Egon Erwin Kisch.
London, 30. November 1947 [262]

Mir gehts ganz perfekt, meine Krankheit war eine arteriosklerotische Alterserscheinung, wie sie jeder von uns Greisen bekommt, wenn er nicht spazierengeht. Ich lustwandle aber nicht, was mir fehlt, sind Zigaretten, die ich nicht rauchen darf; wenn ich aber welche bekomme, […] dann beschlagnahmt mir die Gisl oder ein anderer alles bis auf den letzten Tschick. Das ist bitter für einen alten Raucher. […] Aber macht Euch keine Sorgen, und wenn ihr hier sein werdet, gehen wir zusammen bummeln, daß alles kracht.

Egon Erwin Kisch an Hugo Sinaiberger.
Prag, 22. Februar 1948 [263]

282. In der Autofabrik
von Škoda

283. Mit dem Landwirt-
schaftsminister der
ČSR Julius Djuris in
Südböhmen

284. Mit Heinrich
Nagler und dem
Schriftsteller Michail
Gorodskij bei der
Enthüllung einer
Marx-Gedenktafel
in Karlsbad

Kisch: Mittagessen mit ihm und seiner
Frau – etwas deprimiert, wegen seines
reduzierten Zustands.

Klaus Mann: Tagebuch,
21. März 1948 [264]

Man will, man »muß« doch leben, etwas erleben, arbeiten, helfen! Weg mit
dem Bettzeug, her mit dem Anzug,
aufstehn …

Es geht nicht, Egonek muß in
die Klinik. Der Krankenwagen wartet schon, es ist die einzige Rettung,
wenn überhaupt noch Rettung möglich ist. Der wütend protestierende
rasende Reporter wird auf der Trag-
bahre ins Auto gebracht. So trägt man
ihn weg, von seiner Wohnung, von
seinen Büchern, von dem so reichen
gesammelten Material, von seinen
Manuskripten – und von seiner Gisl,
die ihm neunundzwanzig Jahre lang
Geliebte, Sekretärin, Genossin und
auch seine erste Kritikerin war, stets
die erste, der er seine Arbeiten vorzu-
lesen pflegte.

Und wie sie ihn so durch die Gar-
tentür tragen, unseren Egon Erwin
Kisch, steht dort eine alte Frau und
schluchzt: »Egonku! Egonku!« Nein,
es ist keine Täuschung, sie ist es wirklich, die »Revoluce«. Sie nimmt für immer Abschied von dem Tänzer ihrer
Jugend, ihrer Glanzzeit im »Montmartre«, Abschied für immer … Egonek!
Egonek!

Karl Kreibich [265]

285. Ansprache
Klement Gottwalds
während der politi-
schen Auseinander-
setzungen im Februar
1948 in Prag

286. Beim Begräbnis
des Dichters František
Sauer

287. Der Begräbnis-
zug für Egon Erwin
Kisch am 5. April
1948 vor dem Gebäude
der KPČ, wo er auf-
gebahrt worden war.

Du warst ein rasender Reporter, ein
leidenschaftlicher, und hast ganze
Generationen von Reportern erzogen.
Wie hast Du Oberflächlichkeit, Eile
und Pfuscherei gehaßt! Deine Hetzjagd durch die Zeit hast Du mit der
Postkutsche gemacht. Aber was hast
Du für ein Bild dieser gehetzten Zeit
gegeben! Du hast an jeder Reportage
ein, zwei, drei Monate und länger gearbeitet.

Du gingst bei Deinen Reportagen
jeder Sache auf den Grund. Du warst
wie ein Taucher, der sich in die Tiefe
läßt, Du warst wie ein Forscher im
Dschungel, dem kein Laut – nicht der
schwächste – entgeht, nicht das win-
zigste Detail. Die Reportage war Dir
eine Wissenschaft, und Du hast sie
mit der Präzision eines Laboratoriums
betrieben.

Die Reportage war Dir eine Wissenschaft, doch eine Wissenschaft fürs
Volk. Kein Schriftsteller hatte soviel
Helfer wie Du. Du schriebst und
schufst nicht nur in Zusammenarbeit
mit denen, über die Du schriebst, aber
auch mit denen, für die Du schriebst.

André Simone: [Grabrede] [266]

288. An der Spitze des
Trauerzuges auf dem
Weg zum Friedhof
(von links nach rechts:)
Jarmila Haasová-
Nečasová, Gisela
und Friedrich Kisch
(3. Reihe:) Antonín
Zapotocky, Rudolf
Slánský, Václav Vacek

289. Gisela Kisch und
John Heartfield 1955
beim Grab

290. Die hier abge-
bildete Kisch-Büste
wurde 1992 gestohlen.

291. Egon Erwin
Kisch in seinem
letzten Lebensjahr

Facetten rasender Zeit
Der Schriftsteller Egon Erwin Kisch hinter der Maske des Reporters

... Doch uns ist gegeben,
Auf keiner Stätte zu ruhn.
Es schwinden, es fallen
Die leidenden Menschen
Blindlings von einer
Stunde zur andern,
Wie Wasser von Klippe
Zu Klippe geworfen,
Jahrelang ins Ungewisse hinab.

Diese Verse Friedrich Hölderlins zitierte Egon Erwin Kisch in einem seiner Bücher, sie umreißen die Erscheinung seines Lebens, dennoch können sie nicht als sein Leitspruch gelten. Vielmehr mobilisierte er alle Kräfte, damit die Menschheit sich eben nicht mehr hilflos den zerstörerischen Kräften einer als »Schicksal« empfundenen Umwelt anheimfallen lasse, sondern ihre Zukunft in die Hand nehme, um eine Welt des realen Humanismus zu gestalten. Nach einem seiner schönsten Bonmots soll er auf die Frage, wie er sein abenteuerliches Leben bewältigen konnte, sinngemäß geantwortet haben: Ich stamme aus Prag, ich bin Tscheche, ich bin Deutscher, ich bin Jude, ich bin Kommunist, ich komme aus einem guten Haus – etwas davon hat mir immer geholfen.

Seine vielfältigen literarischen und gesellschaftspolitischen Tätigkeiten lassen sich nur durch das Streben nach Vereinigung von Gegensätzen, nach ganzheitlicher Weltsicht erklären: Als Schriftsteller deutscher Sprache war er stolz, nicht Deutscher, nicht Österreicher, sondern Tschechoslowake zu sein; gegenüber bürgerlichen Freunden war er linientreuer Kommunist, den Genossen ein kritischer Querdenker; das orthodoxe Judentum lehnte er ab, doch die Shoah weckte in ihm Gefühle für Israel. Weltberühmt wurde er unter dem selbstgewählten Buchtitel »Der rasende Reporter«, doch in seinem Selbstverständnis war er nicht Journalist, sondern Dichter.

Das Phänomen Kisch ist eine Provokation akademischen Schubladen-Denkens, es bleibt für Historiker, Germanisten, Kommunikationswissenschaftler und natürlich für seine Leser interessant. Festgefahrene Denkschemata des Kalten Krieges behinderten lange Zeit die Aufarbeitung von vita, opera et fama. In Ost-Deutschland wurde ein von allen individualistischen, bürgerlichen und jüdischen Elementen gereinigter Kisch-Mythos vom sozialistischen Reporter in Umlauf gesetzt, der für die Literatur der DDR systemkonstituierend und stilbildend wirken sollte. In West-Deutschland setzte sich ein von allen kommunistischen,

jüdischen und tschechischen Elementen gereinigter Kisch-Mythos vom tendenz-
losen Reporter durch. Kisch wurde für interessant befunden, aber als transito-
risch bis anachronistisch abgetan. Gerade ein solcherart Verkannter scheint dazu prädestiniert, zur Identitätsfindung eines geistig noch wiederzuvereinenden
Deutschlands und eines neu zu einenden Europas beizutragen. Denn Kisch war
trotz manch gravierender politischer Fehleinschätzung im Wesen vor allem eines: ein Internationalist, somit laut Fremdwörter-Duden gezeichnet durch »das
Streben nach zwischenstaatlichem Zusammenschluß«, ein Weltbürger, der Menschen aller Kulturen und Klassen gleich schätzte und sie einander näherzubrin-
gen trachtete. Gleichermaßen beheimatet in konträren Welten, war er bemüht,
deren tatsächliche oder nur vermeintliche Gegensätze zu erspüren und zu überwinden, zugleich Gemeinsamkeiten in Vergangenheit und Gegenwart zu orten
und einander zu erklären. Aus dem Keim dieses Wunsches erwuchs die Dyna-
mik seines politischen Kampfes wie seines literarischen Werkes. Sein Beispiel
benötigt Nachfolger, um das Experiment Europa gelingen zu lassen. Gleichzeitig kann und muß aus seinen politischen Fehlern gelernt werden: wie die besten
Köpfe einer ursprünglich aufklärerischen Bewegung dazu mißbraucht werden
konnten, die berechnende nationale Machtpolitik Stalins zu verteidigen. Der
Traum von Wahrheit und Gerechtigkeit wurde um so verbissener verteidigt, je
weiter er in die Ferne rückte. Auch der Fundamentalismus ist ein Teil des Phä-
nomens Kisch, der Glaube an eine verabsolutierte Wahrheit.

Tscheche, Deutscher, Österreicher – Mitteleuropäischer Internationalist

Zwischen 1885 und 1948 durchlebte Kisch Donaumonarchie und bürgerlichen
Liberalismus, den Ersten Weltkrieg und die Weimarer Republik; das Dritte Reich
überlebte er im Exil in Westeuropa und Mexiko, sein früher Tod ließ ihn nur den
Beginn des Kalten Krieges erfahren. Verglichen mit der heute verbreiteten Apa-
thie gegenüber Ideologien waren dies Zeiten schmissiger Parolen und spontaner
Begeisterungsfähigkeit. Es grassierte der Glaube an die Möglichkeit des einzelnen bei der Mitgestaltung einer besseren Zukunft, doch da die Wege dorthin zu
oft in diametral entgegengesetzte Richtungen wiesen, führten sie in den Krieg.
    Es war die Außenseiterrolle, welche die junge Generation Prager deutscher
Dichter der Jahrhundertwende geradezu seismographisch das Krachen im Ge-
bälk der Vorkriegs-Ordnung aufzeichnen ließ. Kisch kam aus einem guten Hause, der Stammbaum seiner Familie ist mit Persönlichkeiten ihrer Zeit gespickt.
Er hatte eine »behütete Jugend«, die ihn nur dazu reizte auszubrechen, denn
bald lernte er die Widersprüche seiner Umgebung kennen: Einer österreichisch-
deutschsprachigen Oberschicht stand eine tschechische Bevölkerungsmehrheit
gegenüber, die vehement ihr Recht auf Unabhängigkeit forderte. Zwischen diesen Mühlsteinen lebten die Juden, orthodoxe wie assimilierte.

Schon der jugendliche Kisch wollte sich über all das hinwegsetzen: Als Lokalreporter schrieb er für die bürgerlich-nationalistische Zeitung »Bohemia« Feuilletons über die tschechische »Unterwelt«, deren Arbeits- und Nachtleben. Die Hinwendung zur tschechischen Heimat und zum Leid der sozial Deklassierten ist noch rein instinktiv und vom Standpunkt eines wenig reflektierenden Beobachters geprägt. »Prager Kinder« und »In Prager Gassen und Nächten« sind Jugendwerke, doch mit »Die Abenteuer in Prag« und »Prager Pitaval« schuf Kisch Gipfelpunkte des Pragensia-Genres. Jaroslav Hašek gehörte zu seinen engsten Jugendfreunden, mit Richard Katz andererseits schlug er noch 1912 eine Mensur.

All das wurde hinweggefegt durch die Orgie des Blutes in Feuer und Stahlgewittern, den Ersten Weltkrieg. Der Tod seines Bruders Wolfgang 1915 hatte ihn den Krieg hassen gelehrt, die Oktoberrevolution 1917 schien die langersehnte Zeitenwende einzuleiten. Diese Zäsur in Kischs Lebensmitte entschied seinen weiteren Werdegang. Er erlebte sie in Wien, wo er auf seine k. u. k. Offizierskappe eine rote Kokarde steckte und Mitglied der Kommunistischen Partei Österreichs wurde. Die dortige Presse ließ den Abtrünnigen ihre Macht spüren und antwortete mit einer antikommunistisch-antisemitischen Kampagne – auch dies war ein prägendes Erlebnis für den ehemals erfolgverwöhnten Journalisten. Um so verständlicher ist Kischs Hochachtung für Tomáš G. Masaryk, den Gründer und ersten Präsidenten der tschechischen Republik, die sich durch weit größeren sozialen Frieden und demokratische Gesinnung auszeichnete als die Weimarer. Da die bürgerlich-deutschsprachige Presse – außer dem »Prager Tagblatt« – seine Texte nach den Ereignissen in Wien vorerst nicht druckte, schrieb Kisch 1922 neben Karel Čapek und Karel Poláček zahlreiche Reportagen in der Zeitschrift »Lidové Noviny«, dem Sprachrohr der Prager »Burg«. Seine Theaterstücke aus dieser Zeit wurden zuerst in tschechischer, dann in deutscher Sprache aufgeführt. Fast alle Bücher Kischs wurden gleich nach der deutschen Erstausgabe ins Tschechische übersetzt, zumeist von Jarmila Haasová.

Von 1923 bis 1933 hatte Kisch seinen Hauptwohnsitz in Berlin. Noch heute hat er dort seine größte Fan-Gemeinde. Von hier aus wurden Reisen durch ganz Europa, Nordafrika, Nord- und Mittelamerika, die europäische und Teile der asiatischen Sowjetunion, China und Japan in Angriff genommen. Im »Romanischen Café« wurde dem internationalen Publikum in Schnurren und Anekdoten unvergeßlich Bericht erstattet, wurde Literatur in Freundschaft und Fehde gepflegt und manch bei Gauklern erlerntes Zauberkunststück vorgeführt. Wo Kisch war, dort war ein Kaffeehaus. In dazwischenliegenden Zeiten der Entspannung zog es ihn immer wieder ins heimatliche Prag. In beiden Städten führte er ein international offenes Haus und bildete eine zentrale Schaltstelle der linksbürgerlichen Intelligenz, fungierte vom deutschen und tschechischen Sprachraum ausgehend als Multiplikator, kultureller Vernetzer und Werber seiner Weltanschauung in aller Welt. Zu lange hatte Kisch den Nationalsozialismus und des-

sen Hetzartikel gegen ihn persönlich sträflich unterschätzt. In der Nacht des
Reichstagsbrandes wurde er aus dem Bett heraus verhaftet, nur sein tschechischer Paß rettete ihn vor dem Schicksal Erich Mühsams, zu Tode geprügelt zu
werden. Nach Prag abgeschoben, engagierte er sich unermüdlich in verschiedenen Komitees der Flüchtlings- und Gefangenenhilfe, in Paris war er im Kreis
von Willi Münzenberg um die Schaffung einer deutschen Volksfront bemüht.
Per Schiff ging es im Rahmen seiner Anti-Nazi-Agitation Ende 1934 nach Australien. Den Höhepunkt brachte der 1. Kongreß zur Verteidigung der Kultur
im Juni 1935 in der Pariser Mutualité, wo er durch seine Funktion als stellver-
tretender Vorsitzender des Schutzverbandes deutscher Schriftsteller im Präsidi-
um vertreten war. Doch Übervater Stalin hatte schon wieder anders entschieden,
und die Moskauer Prozesse beendeten die Tauwetterphase zwischen bürgerlichen und sozialdemokratischen mit den kommunistischen Hitler-Gegnern, auch
wenn Kisch das nicht wahrhaben wollte. An den Fronten des Spanischen Bürgerkriegs diente er den Internationalen Brigaden als Aufmunterer. Alfred Kantorowicz berichtet davon, wie Tschechen, Deutsche und Österreicher Kisch gleichermaßen als Landsmann reklamierten.

Die Besetzung der Tschechoslowakei durch die Wehrmacht erlebte er völlig
gebrochen in Frankreich, doch seine Antwort war die Leitung der deutschen De-
legation bei einem Kongreß exilierter Tschechen und Slowaken Ende April 1939
in Paris. Nach dem Ausbruch des Zweiten Weltkriegs wurden deutsche Exilanten in Frankreich unter menschenunwürdigen Zuständen interniert und teil-
weise an die Gestapo ausgeliefert. Wieder rettete ihn sein tschechischer Paß, mit
Hilfe von F. C. Weiskopf, Otto Katz, Erika Mann, Hubertus Prinz zu Löwenstein,
Franklin Folsom und Edward K. Barsky gelang die Flucht nach New York. Von
Ende 1940 bis März 1946 lebte Kisch im sonnigen Mexiko, wo er als Bindeglied
innerhalb der deutschen und zur österreichischen, tschechischen und zu jüdischen Exilanten-Organisationen fungierte. Das Ereignis Lidice setzte einen
neuen Tiefschlag. Doch die Nachrichten vom fernen Kriegsschauplatz trafen
vielfach gebrochen ein, was einerseits das Gefühl der Hilflosigkeit und andererseits die Illusionen bezüglich der Nachkriegs-Weltordnung potenzierte.

Zurück im zerstörten Europa wollte Kisch den entweihten Boden von Berlin
nicht mehr betreten, doch auch der geschändete von Prag sollte nicht mehr zur
Ruhe kommen. Verständliches tschechisches Revanche-Denken führte zur Aus-
weisung der Sudeten-Deutschen ohne Prüfung von persönlicher Schuld oder sogar Sympathie, wodurch neues Unrecht verursacht wurde. Die vielfach besun-
gene und heiß ersehnte Heimatstadt Prag war nicht mehr Metropole, auf ihren
Straßen war jedes deutsche Wort verpönt. Zum Nationalismus gesellte sich der
Antisemitismus, statt nach Versöhnung wurde nach Abrechnung verlangt. Wie
sollte einer wie Kisch da existieren? Zwei Jahre nach der Heimkehr, Ende März
1948, erlag er einem zweiten Schlaganfall, die neue kommunistische Regierung
bereitete ihm ein Staatsbegräbnis. Der frühe Tod dürfte ihn vor einem Schicksal

ähnlich jenem von Otto Katz alias André Simone bewahrt haben. Dieser lang-jährige Freund und Weggefährte wurde 1952 nach einem spätstalinistischen Schauprozeß unter Verwendung konstruierter Beschuldigungen durch den Strang vom Leben in den Tod befördert.

Auf all seinen Reisen suchte Kisch, in all seinen Büchern findet der Leser Pragerisches, Berlinerisches, Wienerisches: Schicksale verschollener Entdek-ker und Auswanderer, übernommene Gemeinsamkeiten in Sprache und Sitten. Lange Jahrzehnte herrschte Eiszeit zwischen deutschem und österreichischem sowie tschechischem und slowakischem Kulturraum. Wäre Egon Erwin Kisch nicht Jude und Kommunist gewesen, so wäre er längst als Gallionsfigur der Aussöhnungsbestrebungen zwischen Prag, Berlin und Wien entdeckt worden.

Judentum und Kommunismus

Im Ursprung war der Kommunismus von 1918 ein »militanter Pazifismus«, eine »Nie-wieder-Krieg«-Bewegung, ein Haß auf die Kriegstreiber bzw. das Nebenein-ander von Champagnerorgien und verhungernden Kriegskrüppeln, wie es die frühen Bilder von George Grosz vergegenwärtigen. Nirgendwo in Westeuropa konnten die Kriegsopfer sinnloser erscheinen als beim Verlierer Deutschland, das keine »Scholle im Osten« errungen, sondern Territorium verloren hatte, das nun Polen hieß. Die deutsche Sozialdemokratie andererseits hatte 1914 für die Kriegskredite gestimmt. Als ihr 1918 die Staatsmacht in die Hände fiel, hat-te sie kein Programm für eine demokratische oder auch nur republikanische Umgestaltung der Institutionen und war nur bestrebt, »staatstragend« zu wir-ken. Doch zu diesem Tief- und Wendepunkt deutscher Geschichte hätte wohl auch jede andere Regierung versagt. Die revolutionäre Opposition sammelte sich um die Idole Rosa Luxemburg und Karl Liebknecht. Diese wurden im Jän-ner 1919 von Freikorps-Truppen vorsätzlich und ungesühnt ermordet. Die kom-munistische Bewegung war somit kopflos und der Bolschewisierung nach rus-sischem Vorbild preisgegeben. Das unheilvolle Schisma der Arbeiterbewegung war vollzogen.

Die verlorenen Jahre des Krieges, die persönliche Verstrickung in Schuld und die erlittenen Demütigungen, all das sollte mit einem Rundumschlag ab-gewaschen werden. Kisch wurde zu einem Gründer, Werbeoffizier und Solda-tenrats-Vorsitzenden der »Roten Garde«. Gleichzeitig verkehrte er mit Robert Musil, Joseph Roth, Leo Perutz und Franz Werfel sowie den Literaten vom »Café Central«. Ein erstes und einziges Mal bekleidete Kisch die Position eines Chefre-dakteurs für die Soldatenzeitung »Die Rote Garde«. Manche Lanze wurde gegen die österreichische Sozialdemokratie geschleudert, doch nach wenigen Monaten erfolgte der Rückzug aus der aktiven Politik, was Kisch von manchem Genossen die Häme einbrachte, es aufgrund seiner bürgerlichen Herkunft mit der Revolution nicht so ernstgemeint zu haben. In seinem Abschiedsartikel heißt es jedoch: »Ihr könnt immer auf mich zählen!« Dieses Versprechen hat er gehalten, zumeist aus Überzeugung für die Ideale der Jugend, manchmal aus Anstand wider bessere Erfahrung.

Nach dem Erfolg des Buches »Der rasende Reporter« wechselte Kisch 1925 zur KPD, doch mit ihren Kulturdirektiven konnte er sich nicht identifizieren. Weder huldigte er ihren wechselnden Führern, noch verwendete er die Phrasen ihrer jeweiligen Propaganda. Er war niemals das, was man einen Parteischriftsteller nennt, denn seine neue kulturelle Sozialisation erhielt er anderswo. Der aufstrebende Autor fand Anschluß an den »Schutzverband deutscher Schriftsteller« und die »Gruppe 1925« um Alfred Döblin, zur Zeitschrift »Das Tagebuch« um Stefan Großmann und schließlich zur »Weltbühne« um Carl von Ossietzky und Kurt Tucholsky. In ihrer Mitte fand Kisch Gleichgesinnte für eine »Litterature engagée«. Er war überall dabei, wo sich Künstler, Gelehrte und andere Intellektuelle vereinigten, um publizistisch und bei Versammlungen gegen den Militarismus sowie gegen die Willkür von Polizei, Justiz und Verwaltung aufzutreten. 1928 wurde er Gründungsmitglied im »Bund proletarisch-revolutionärer Schriftsteller« und versuchte, in den Statuten auch für Autoren bürgerlicher Herkunft ein Mitgliedsrecht zu verankern, was aber am Widerstand der Gruppe um Johannes R. Becher scheiterte. Seinen größten Erfolg errang Kisch ebenfalls 1928 mit der Enthaftung des zu Unrecht wegen Mordes einsitzenden Revolutionärs Max Hölz. Doch schon hier zeigt sich die Tragik seines Handelns, denn Hölz wurde 1934 in der Sowjetunion von der stalinistischen Geheimpolizei ermordet.

Kischs Wirken für die kommunistische Bewegung kann nur in Verbindung mit Willi Münzenberg gedeutet werden. Dieser war einer der ranghöchsten Vertreter der Kommunistischen Internationale in Deutschland mit der Aufgabe, um Sympathie für das große Experiment Sowjetunion zu werben. Seine Person und Politik sind historisch umstritten. Einerseits stand er in direktem Auftrag Moskaus, das gesellschaftspolitische Bewußtsein in Westeuropa für Akzeptanz und spätere Übernahme des Sowjet-Systems aufzubereiten, was seinen Teil zur Destabilisierung der Weimarer Republik beitrug. Andererseits verfügte Münzenberg über eine gewisse Unabhängigkeit innerhalb der KPD und war mit Abstand deren effizientester Spitzenfunktionär. Es gelang ihm, ein Verlagsimperium der linken Gegenkultur aufzubauen, das Zeitungen und Zeitschriften sowie Verlage und eine Buchgemeinschaft umfaßte. Neue Medien wie Fotografie, Illustrierte und Radio wurden intensiv genutzt. In seinem engeren Umkreis bewegten sich John Heartfield, Wieland Herzfelde und Erwin Piscator. Darüber hinaus wurden in überparteilichen und internationalen Komitees, denen aber zumeist ein Kommunist vorstand, Künstler, Wissenschaftler und andere Intellektuelle vereint, unter ihnen Albert Einstein. Kisch war Münzenbergs Mann, um Kontakte zu Schriftstellern herzustellen. Es ist sehr wahrscheinlich, daß seine Begegnungen mit Maxim Gorki sowie mit Upton Sinclair und Charlie Chaplin auf diese Weise zustande kamen. Die Erstausgaben von Kischs Büchern erschienen bei bürgerlichen Verlegern, zumeist bei Erich Reiß in Berlin, und zu Exilzeiten bei Gerard de Lange in Amsterdam. Doch viele davon wurden noch im selben Jahr in den Münzenberg-Verlagen »Universum-Bücherei« bzw. »Éditions du Carrefour« dem proletarischen Publikum nahegebracht.

In den zwanziger Jahren war es in bürgerlichen und adligen Kreisen durchaus chic, eine gewisse Sympathie für die Sowjetunion zu zeigen. Dies sollte sich in den dreißiger Jahren drastisch ändern. Die KPD hatte die politische Lage in Deutschland völlig verkannt und im Chaos nach der Weltwirtschaftskrise auf ihren endgültigen Durchbruch spekuliert. Paralysiert durch den Machtantritt Hitlers, wurde sie nach dem Reichstagsbrand buchstäblich geköpft.

Willi Münzenberg gelang die Flucht nach Paris, von wo aus er nach anfänglichen Erfolgen seine Propaganda-Defensivschlacht gegen Joseph Goebbels steuerte. Kisch wollte sich in London ansiedeln, doch die größeren Wirkungsmöglichkeiten sprachen für Paris. Kaum eine Veranstaltung der dort lebenden deutschen Schriftsteller kam ohne sein Mitwirken zustande.

Unermüdlich suchte er ein möglichst breites Bündnis aller Hitler-Gegner herbeizureden, doch jede neuerliche Schreckensmeldung, 1936 die Moskauer Prozesse, 1937 die Abspaltung Willi Münzenbergs, schließlich im August 1939 der Hitler-Stalin-Pakt, machten dies immer unmöglicher. Kisch reagierte mit Erschütterung und anschließend mit neuer Sammlung seiner Kräfte, aber auch mit herzzerreißendem Zynismus. Bürgerliche Freunde wie Hermann Kesten und Hans Sahl berichten, wie er sich in ein dogmatisches Glaubensbekenntnis flüchtete: »Stalin hat immer recht.« Doch gerade die später als Renegaten verfemten Manès Sperber und Arthur Koestler beschreiben, wie Kisch ihnen Vaterfigur und nicht zuletzt durch seine ideologische Undiszipliniertheit Bereiter rarer heiterer Stunden wurde. Der endgültige Verrat Stalins an den Idealen des Antifaschismus, das Bündnis mit Hitler, das dessen Feldzug gegen Frankreich ermöglichte, brachte Kisch an den Rand eines Bruchs mit der Partei, doch es soll Ernst Bloch gewesen sein, der ihn davon abhielt. Es wäre durch die gesamte Exilpresse gegangen und hätte seine Feinde triumphieren lassen. Es hätte dem notorisch Heimatlosen seine letzte Zuflucht genommen, den Kreis der engsten Freunde, gemeinsame Hoffnungen und Erfahrungen, gemeinsame Vergangenheit und Philosophie, gemeinsame Bücher. Auch Weltanschauung kann Heimat sein.

Nach außen hin durfte Kisch sich von seinen Zweifeln nichts anmerken lassen, denn er hatte in der Exilszene die Funktion der Stimmungskanone übernommen, deren besondere Fähigkeit es ist, gerade in schlechten Zeiten zu funktionieren. Spürbar verändert hatte sich durch den staatlich institutionalisierten Antisemitismus in Deutschland aber sein Verhältnis zum Glauben der Väter. Das Judentum war für Kisch weder Makel noch Auszeichnung, sondern Zufall der Geburt. In den zwanziger Jahren hatte er bei allem Respekt vor dem kulturellen Erbe etliche literarische Spitzen gegen das orthodoxe Judentum zu Papier ge-

bracht, da dessen mittelalterlicher Wunderglaube im Gegensatz zu seiner Vorstellung einer modernen Gesellschaft stand. In der Sprachregelung der Partei
war der Zionismus eine national-religiöse und somit eine feindliche Bewegung,
doch dazu hat sich Kisch nie geäußert. In aller Welt besuchte er jüdische Gemein-
den, überall wurden Zwietracht und Klassenunterschiede wie bei anderen Völkern konstatiert. 1934 erschien die Hommage »Geschichten aus sieben Ghettos«,
doch Juden werden hier nicht nur als Opfer gesehen, sondern auch als Täter.
Kisch bewunderte das Judentum, wenn es seine Grenzen sprengte, sich assimilierte und für Aufklärung und Fortschritt einsetzte und durch kulturelle Ver-
mischung tatsächlich Neues gebar. Wenn es seine Talente jedoch freiwillig der
Macht der Spekulanten und Waffenschieber unterwarf, strafte er es mit tiefster
Verachtung.

Hitlers Angriff auf die Sowjetunion im Juni 1941 und deren neuerliche Kehrt-
wendung, hin zu den Alliierten, veränderte die Situation ihrer Apologeten, aus
Geächteten wurden die »Sieger von Stalingrad«. Die mexikanische Regierung
förderte deren zahlreiche kulturelle und politische Aktivitäten, die jedoch eine
eigenständige Richtung einschlugen: Weit entfernt vom Kriegsschauplatz, während in der Sowjetunion der Stalinismus national-religiöse Züge annahm, kam
es unter der verklärenden Sonne Mexikos zu einer Annäherung zwischen deutschen Kommunisten jüdischer Herkunft und verschiedenen jüdischen Exil-Or-
ganisationen, wofür Kisch erneut seine bewährte Vermittlerrolle übernahm. Der
Heinrich-Heine-Klub wurde zum gemeinsamen kulturellen Forum, in der Zeitschrift »Freies Deutschland« wurde offen über Wiedergutmachung und Restitu-
tion des jüdischen Eigentums diskutiert. Fast alle der involvierten Genossen fielen unter anderem deswegen nach ihrer Rückkehr in der DDR in Ungnade, wie
Paul Merker, Rudolf Feistmann, Leo Zuckermann und Walter Janka. Andere wie
Alexander Abusch und Erich Jungmann wurden in inquisitorischen Verhören
der Staatssicherheit gebeugt und machten später noch Karriere in der Partei.

In Prag angekommen, wurde Kisch noch überschwenglich begrüßt, nach wie
vor gingen Freunde aus aller Welt bei ihm ein und aus, doch öffentliches Echo
blieb ihm verwehrt. Ein Großteil seiner Familie und fast alle seiner Freunde waren verschleppt und ermordet worden. Statt Synagogen gab es nur noch jüdische Friedhöfe zu besuchen, doch Kisch übernahm den Ehrenvorsitz einer jüdischen Organisation. Ein geplanter Besuch bei Leo Perutz in Palästina zerschlug
sich. Neben der Tschechoslowakei war das Judentum das letzte große Thema seines Schaffenswillens. Sein letztes Buch war die erweiterte Neuausgabe von »Geschichten aus sieben Ghettos«, das aber nur in englischer Übersetzung erscheinen konnte, ein deutschsprachiger Verleger hatte sich nicht gefunden. Einlei-
tend entstand hierfür mit »Mörder bauten dem zu Ermordenden ein Mausoleum«
eines gläubigen Atheisten Huldigung der Bibel: »Hier stand sie, Lehrerin und
Richterin, als unanfechtbar anerkannt nicht nur von ihrem Volk, sondern auch
von Christen, Mohammedanern, von Ketzern und Sektierern.« Ebensosehr re-

spektierte er die widersprüchliche Exegese eines anderen Buches, das die Wahrheit verhieß – »Das Kapital« von Karl Marx.

Egon Erwin Kisch ist der Paradefall einer Generation von kommunistischen Intellektuellen jüdischer Herkunft, die in der ersten Hälfte des 20. Jahrhunderts den allzu engen Ghettomauern ihrer Väter in die Weiten des Internationalismus entfliehen wollten, die aber fatalerweise ihre persönlichen, humanistischen Ziele auch für die Ziele Moskaus hielten. Sie brachen nicht mit ihrer Organisation, in der Hoffnung, daß nach der Periode der Generäle wieder ihre Stunde schlagen würde. Kischs politischer Irrtum war es, die Weltgeschichte mit den Augen eines Dichters zu sehen.

Roman? Nein, Reportage!

Egon Erwin Kisch gilt als Schöpfer und Meister der »literarischen Reportage«, doch wollte man diese wissenschaftlich definieren, so ließe sich wiederum nur Kisch anführen. Durch die Schaffung einer ihm eigenen Gattung kann seine Literatur als einzigartig bezeichnet werden. Als Merkmale, oder besser gesagt als kleinster gemeinsamer Nenner, können die Präsenz des Autors im Text, der dialogische Aufbau mit dialektischer Intention, die scharfen Pointen und der Anspruch, ein anklägerisches Kunstwerk herzustellen, spezifiziert werden.

Doch was nannte sich in der kulturellen Aufbruchsstimmung der zwanziger Jahre nicht alles Reportage! Reportage – das klang amerikanisch, das war modern und in aller Munde. Das Aufblühen der Presselandschaft erforderte Berichterstattung aus dem »wahren Leben«. Sensationsreporter wurden ausgeschickt, um das Liebesleben des Hoch- und Geldadels auszukundschaften, das Leid vom »Schicksal« getroffener Einzelpersonen minutiös zu sezieren oder um ferne Eingeborene zu begaffen und deren (warum noch?) unerschlossene Landschaft zu besingen. Der Boulevard-Journalismus feierte Triumphe, der Reporter selbst wurde zum Star, zum Thema von Filmen, zum Liebling der Massen. Von all dem benutzte Kisch ein bißchen, doch nur, um es zu karikieren.

Auch in den Diskussionen von Neuer Sachlichkeit und sozialistischer Literatur spielte die Reportage als Inbegriff der modernen Form eine Rolle. Doch zu diesen hat Kisch sich nicht konkret geäußert, er ließ sich bestenfalls davon inspirieren. Wie bei so vielen seiner Generation lagen die Wurzeln im Feuilleton, beim großstädtischen »Flaneur« der Kaffeehausliteratur, doch bald schon ging Kisch eigene Wege. Der Pubertierende schrieb Gedichte und Tagebuch, nach der Schule lernte er in Berlin und Prag das journalistische Handwerk, schrieb in allen Sparten der »Bohemia« und fand seinen Platz als Lokalreporter. Nur keine Sekunde zuviel am Schreibtisch der geheiligten Redaktionshallen verlieren, hinaus zu den Menschen und ihren Berichten – das war seine Devise. Bald erschienen die Feuilletons auch in Buchform, als nicht einmal Dreißigjähriger war

Kisch bereits eine lokale Berühmtheit. Im Mai 1913 ging es als Kriegsberichterstatter auf den Balkan, unmittelbar danach gelang durch die Mithilfe an der
Aufdeckung der Spionageaffäre um den Oberst Redl ein Coup von internationaler Bedeutung. Damit war der Gipfel der journalistischen Karriere erreicht, nun
sollte der Sprung zum Schriftsteller in Berlin gelingen. Schnell wurde »Der
Mädchenhirt« geschrieben, der erste und einzige Roman. Die Bohemiens im
»Café des Westens« um Erich Mühsam und Else Lasker-Schüler fanden Gefallen
an dem Prager Wirbelwind. Dann kam der Erste Weltkrieg und mit ihm die er-
wähnte Zäsur. Um dem geistlosen Dienst in der Etappe zu entkommen und wieder am literarischen Leben teilnehmen zu können, hatte Kisch sich ins Kriegspressequartier nach Wien abkommandieren lassen. Noch während des Krieges
rechnete er in den Essays »Dogma von der Unfehlbarkeit der Presse« und »Vom
Wesen des Reporters« mit der journalistischen Vergangenheit ab und formulierte neue Ziele. Im ersten Text heißt es: »Der Zeitungsredakteur […] überkom-
pensiert seinen Kleinheitskomplex gewaltig, oft bis zu Dünkel und Größenwahn,
und rächt sich an der Mißachtung […]. Der Redakteur wettert gegen die Zensur! Dabei vergißt er, daß er selbst immer Zensur übt.« Die Zeitung ist Kisch ein
»Werkzeug der Kapitalsvermehrung« und die heutige Gesellschaftsform »eine
amorphe Masse aus Utilitarismus, Sensationslüsternheit, Interessiertheit, Kulis-
senriecherei und Geilheit«. Im anderen Essay heißt es: »Jeder gute Journalist ist
Reporter. […] Ohne zu reportieren, das heißt ohne das meritorische und (für die
Behandlung des Stoffes) wichtige Material herbeizuschaffen, gibt es keine geistige Behandlung eines Themas. Auch für den Gelehrten, für den Dichter nicht.
[…] Jeder Schriftsteller, auch der Nichtrealist, bedarf der Milieustudie, und jede
Milieustudie ist Reportage. […] Natürlich ist die Tatsache bloß die Bussole seiner
Fahrt, er bedarf aber auch eines Fernrohres: der ›logischen Phantasie‹.« Da der
recherchierende Autor niemals alle Informationen sammeln, alle Zeugen befra-
gen, alle Blickwinkel einsehen kann, muß es ihm erlaubt sein, durch philosophi-
sche Durchdringung des Stoffes die fehlenden Elemente zu ergänzen. Die platte,
unreflektierte und ungestaltete Wiedergabe von Erlebtem würde nur einer sin-
gulären Sichtweise zweifelhaften Ausdruck verleihen. Der Reporter hingegen
muß Vergangenheit und Gegenwart in Zusammenhang setzen und ein mik-
rokosmisch erscheinendes Schicksal in seiner makrokosmischen Bedingtheit
darstellen. Es ging Kisch um eine Bereicherung und Weiterentwicklung des
Fiktiven durch das Faktische, nicht um eine Konkurrenzstellung. In der literarischen Polemik »Roman? Nein, Reportage!« begründete er 1929 seine Abkehr von
einer ihm als überholt erscheinenden Literatur, die in erfundenen Handlungen
psychosomatischem Leiden huldigt: »Nach dem Krieg sind alle Romankonflikte
nichtig geworden, gemessen an den überwältigenden Erlebnissen des Ersten
Weltkrieges. In den Jahren des Weltkrieges hat jede Familie, jeder einzelne, grau-
same Romankonflikte durchlebt, jeder mußte für sich allein schwierigere Fragen
lösen als diejenigen, von denen er jemals in Büchern gelesen hatte, kurz, jeder

Mensch hat seinen eigenen Roman erlebt, ja möglicherweise mehrere Romane gleichzeitig. So ist eine besondere Reportageart entstanden, ich würde sie die reine Reportage nennen, die Reportage an sich.« Als Zeitgenossen werden John Reed, Larissa Reisner, Henri Barbusse, Arthur Holitscher, Agnes Smedley, Albert Londres und Upton Sinclair genannt. Doch von einer ausformulierten Reportagen-Theorie kann bei Kisch nicht gesprochen werden, zu verstreut und in ihrer Terminologie zu uneinheitlich sind seine diesbezüglichen Texte.

Mit der Herausgabe der Anthologie »Klassischer Journalismus« im Jahr 1923 wurde der zweite Anlauf, den Parnaß zu erklimmen, behutsam vorbereitet. Noch heute gilt die durch geistige Konflikte von der Reformation bis zur Psychoanalyse streifende Sammlung als Brevier eines engagierten Qualitätsjournalismus. Im Vorwort heißt es: »Zu lernen ist, daß der Geistigkeit nur durch die Geistigkeit zu begegnen ist, durch kein Gerichtsurteil, kein Attentat und keine Lüge, zu lernen ist, daß nicht die bessere Sache den irdischen Sieg erficht, sondern die besser verfochtene Sache. Und daß es nichts hilft, wenn man zu Lande unbesiegt ist und zu Wasser unbesiegt ist, sondern daß man den Krieg der Menschheit nur verlieren kann, wenn man im Geist besiegt wird.« Eindeutig ist das Bekenntnis gegen politische Gewaltanwendung. Dem Kampf im Geiste, der Feder als Florett, werden jedoch keine Grenzen gesetzt, ein höheres Ideal heilige alle Mittel. Der Gegner muß zuweilen mit seinen eigenen Waffen geschlagen werden. Was nützt es, scheint Kisch zu fragen, die Wahrheit zu sagen, wenn niemand sie hören will, weil sie schlecht verkauft wird. Sie wirke zumeist banal und schulmeisterlich, die Lüge habe keine Skrupel, es sei Teil ihres Wesens, sich in schillernde Gewänder zu kleiden, um zu verführen und an die Dummheit zu appellieren.

Ein Jahr später erschien »Der Fall des Generalstabschefs Redl«. Hierbei ist entscheidend, daß Kisch an der Aufdeckung der Spionageaffäre mitbeteiligt war, daß er aber über ihre Hintergründe auch nicht mehr wußte, als in den Zeitungen stand. Er war nur der erste, der die Geschichte literarisch gestaltete, indem er seine Person in der Rolle eines Aufdeckers mit kriminalistischem Gespür einbrachte und somit in höchstem Maße stilisierte. Er spielt den Sensationsreporter par excellence, um den Leser zu unterhalten, doch als Schlußakkord mit einer Anklage des Militarismus zu konfrontieren, dessen menschenverachtendes System Fälle wie den aufgezeigten impliziert.

Der große Durchbruch gelang 1925 mit »Der rasende Reporter«. Im Vorwort dieses Buches heißt es: »Der Reporter hat keine Tendenz, hat nichts zu rechtfertigen und hat keinen Standpunkt. [...] Die Orte und Erscheinungen, die er beschreibt, die Versuche, die er anstellt, die Geschichte, deren Zeuge er ist, und die Quellen, die er aufsucht, müssen gar nicht so fern, gar nicht so selten und gar nicht so mühselig erreichbar sein, wenn er in einer Welt, die von der Lüge unermeßlich überschwemmt ist, wenn er in einer Welt, die sich vergessen will und darum bloß auf Unwahrheit ausgeht, die Hingabe an sein Objekt hat. Nichts ist verblüffender als die einfache Wahrheit, nichts ist exotischer als unsere Umwelt,

nichts ist phantasievoller als die Sachlichkeit. Und nichts Sensationelleres gibt
es, als die Zeit, in der man lebt!«

Hierbei war es Kischs Strategie, sich vordergründig in den Kanon einer nach
tendenzlos Faktographischem verlangenden Neuen Sachlichkeit einzugliedern,
dies dann aber durch anklägerische und hochgradig artifizielle Texte zu wider-
legen. Einen ähnlichen Kunstgriff verwendete zwei Jahre später Kischs Freund
Joseph Roth bei seinem »Bericht« »Flucht ohne Ende«. Dem Leserpublikum aber
blieb bei allem Erfolg der beiden Bücher diese Ironie verborgen. Die Forderung
nach Tendenzlosigkeit wurde als bare Münze genommen. Im Falle Kischs gehörte die Aufmerksamkeit dem Titel, weniger dem Buch. Kaum beachtet wurde die
sorgsame Abfolge und Komposition der Texte, unter denen sich nicht nur Reportagen befanden, sondern auch Kleingattungen wie Dramolett, Essay, Porträt, fik-
tiver Dialog und Feuilleton. Es wurde nicht zwischen den Zeilen des Vorwortes
gelesen, aus denen der Dichter mit der Aufgabe steigt, die sich vergessen wollen-
de Welt an ihr Gewissen zu erinnern. Die einzige Sensation, von der Kisch zu berichten hat, ist eine gründlich verschwiegene: Die permanente Krise und die Un-
moral des Kapitalismus. Er thematisiert vor allem den Krieg, die Besetzung des
Rheinlandes, den Putschversuch der »Schwarzen Reichswehr« 1923, die Prakti-
ken der Industriebarone, die Rechtlosigkeit der Arbeiter, politische Verfolgung
und Übergriffe durch die Polizei und einen schenkelklopfenden Henker aus
Wien. Die Aufnahme einer Reportage über die Ermordung Rosa Luxemburgs
wurde durch den Verleger verhindert. Im Einverständnis mit Sören Kierkegaard
möchte er alle Journalisten füsilieren, und der letzte Text zertrümmerte endgül-
tig das Bild des Sensationsreporters. Ein solcher war mit der Hoffnung auf eine
Schlagzeile aufgebrochen, die ihm dann wie Sand zwischen den Fingern zerrann
und ihn nur um eine menschliche Erfahrung reicher werden ließ.

Um das Verständnis seiner Texte zu vertiefen, formulierte Kisch im Essay »Soziale Aufgaben der Reportage« seine Erkenntnis, »daß weitaus die Mehrheit aller
scheinbar so heterogenen Ereignisse und das von ihnen und durch sie hervorge-
rufene Interesse auf gemeinsamer Basis fußen. Geradezu die Probe auf das Ex-
empel, ob ein Reporter mit Intelligenz und Instinkt sich wirklich der Wahrheits-
liebe beflissen hat, ist der Grad seiner sozialen Erkenntnis.« Als Vorläufer dieser
Literatur werden Voltaire, Beaumarchais und Zola genannt. 1928 wurde Kisch
noch deutlicher: »Jede wirkliche Kunst muß wahrhaft sein und sich daher gegen
die Lügen richten, mit denen die herrschenden Klassen die Unterdrückung der
anderen Klassen motivieren. Jede wirkliche Kunst ist eine Gefahr für die Machthaber. Deshalb haben ihr die Machthaber etwas anderes gegenübergestellt, was
sie – um die Begriffe zu verwirren – gleichfalls ›Kunst‹ nennen. Diese Kunst der
Besitzenden heißt ›zeitlose Kunst‹. « In der Demaskierung der Methoden und
Ziele des politischen und literarischen Gegners lag seine Stärke, Negativbeispiele
aufzuzeigen wurde seine Strategie, doch über die »neue Zeit« ist oft nicht mehr
zu erfahren, als daß ihre Politik humaner und ihre Literatur besser sein werde.

Mit »Hetzjagd durch die Zeit« (1926), »Wagnisse in aller Welt« und »Kriminalistisches Reisebuch« (1927) wurde der Erfolg prolongiert, die Titel blieben, den Mythos fördernd, immer reißerisch. Die Schauplätze und Zeitpunkte der Reportage-Handlungen variierten stark, ältere Texte waren überarbeitet, historische Stoffe entdeckt, und immer wieder waren die Erlebnisse und Erkenntnisse der letzten Reise eingearbeitet worden. Besucht wurden nicht nur Repräsentanten aller Berufe und Völker, sondern auch geschichtsträchtige Bauwerke, wie Festungen, Forschungsinstitute, Fabriken oder Privathäuser, um an die Schicksale der Insassen zu erinnern. Man kann es soziale, historische oder auch Reisereportage nennen. Ihre Wurzeln liegen in Bänkelsang, Ballade, Spielmannsepik, Kaufmannsbrief und Novelle, bei Tagebuch und Interview, bei Satire und Kabarett. Doch vor allem liegen sie in den Reiseberichten von Johann Georg Forster, Johann Gottfried Seume, Ludwig Börne, Heinrich Heine und Georg Weerth. Diese trugen dazu bei, Mißverständnisse und Vorurteile nationaler Natur abzubauen, Mißstände in der Heimat anzuprangern, ohne sie beim Namen zu nennen, indem sie die Fortschrittlichkeit der Fremde pointiert hervorzuheben. Damals galt es, die Zensur auszutricksen, Kisch mußte sich auf dem Print-Markt beim Kampf um jeden einzelnen Leser gegen die machtvolle Unterhaltungsindustrie durchsetzen. Daher drängte er mit seinen Reportagen auch in die Feuilleton-Spalten der bürgerlichen wie der kommunistischen Presse.

Den Zenit seiner literarischen Entwicklung bildet die Weiterentwicklung des Genres zur »Reportagen-Sammlung«. Erste Schritte wurden 1927 mit dem Besuch der westeuropäischen Sowjetunion und dem daraus resultierenden Buch »Zaren, Popen, Bolschewiken« gesetzt, doch hier hat der Autor noch Schwierigkeiten, ökonomische Daten ohne Reibungsverlust in Literatur zu gießen. Den ersten Höhepunkt des neuen Genres brachte 1930 »Paradies Amerika«. Die Bücher »Asien, gründlich verändert« (1932) und »China geheim« (1933) überzeugen literarisch, wenn auch die Darstellung der sowjetischen Wirklichkeit heute weit differenzierter gesehen werden muß. »Landung in Australien« (1937) entstand eher zufällig, doch die darin aufgearbeitete Lebensepisode, der Sprung vom Schiff auf den Fünften Kontinent, verlangte nach bleibender Erinnerung. Die ärmlichen Lebens- und bedrängten Verlagsverhältnisse im Exil verzögerte die Genesis neuer Bücher gewaltig. Erst für »Entdeckungen in Mexiko« (1945) gab es wieder mehr äußere Ruhe, es bleibt des Autors reifstes Buch.

Ein Text von 1935 trägt den programmatischen Titel »Reportage als Kunst- und Kampfform«. Kischs letzte literaturtheoretischen Äußerungen von 1942 sind im Inhalt unverändert und als Reaktion auf das anhaltende Mißverständnis seiner Leser konzipiert. »Oft rieten mir Freunde und Kritiker, mich nicht selbst einen Reporter und meine Produkte nicht Reportage zu nennen, nicht zu betonen, daß meine Stoffe mit wirklichen Ereignissen übereinstimmen. ›Lassen Sie doch Daten und Namen weg, und schreiben Sie als Untertitel ›Novelle‹ hin. Dann werden Sie literarisch beurteilt werden, als Mann von Phantasie.‹ – ›Von Phantasie!‹ Bedarf die Gestaltung der Wahrheit keiner Phantasie? Es ist wahr, die Phantasie darf sich hier nicht entfalten, wie sie lustig ist, nur der schmale Steg zwischen Tatsache und Tatsache ist zum Tanze freigegeben, und ihre Bewegungen müssen mit den Tatsachen in rhythmischem Einklang stehen. Und selbst diesen beschränkten Tanzboden hat die Phantasie nicht für sich allein. Mit einem ganzen Corps de ballet von Kunstformen muß sie sich im Reigen drehen, auf daß der sprödeste Stoff, die Wirklichkeit, in nichts nachgebe dem elastischen Stoff, der Lüge.«

Die Forderung nach dichterischer Gestaltung einer sozialen Erkenntnis war sein Credo. Im Vergleich zu den Büchern vor 1927 ist in der »Reportagen-Sammlung« die Integration der Reportagen im Zyklus derart komplementär angelegt, daß sie alle entscheidenden Lebensbereiche einer Gesellschaft abdecken: Justiz und Strafvollzug, Manufaktur, Gewerbe und industrielle Produktion, Handel und Sozialstruktur, Kultur und Sport, Geschichte und Politik. Die Liste ließe sich beliebig fortsetzen und detaillierter gestalten. Doch die Reportagen einer Sammlung sind nicht nur aufeinander bezogen. Sie korrespondieren und verweisen auch auf ihre Pendants in anderen Sammlungen, wodurch »ein facettenartig zusammengesetztes Bild eines größeren Wirklichkeitszusammenhangs entsteht«, wie es Michael Geisler formulierte. Es war Kischs besondere Gabe, Dinge des alltäglichen Lebens sowie komplexe, wenig sensationelle Sachverhalte spannend, einleuchtend und umfassend darzustellen, oder wie sein Freund Theodor Balk es einmal definierte: »Kisch ist der künstlerische Monograph der Ware geworden: der Kohle aus dem Borinage, des Quecksilbers aus dem Almaden, der Kinkerlitzchen aus Gablonz, des Baumwollgewerbes aus Shanghai. Er hat sie gestaltet – all die exakten Zahlen, all das Leid und Elend, all den Luxus und die Schwelgerei, alles was das nichtssagende Stück Ware in sich birgt.« Mitunter schlüpft er sogar in die Ware hinein, um ihren Weg zu verfolgen. Gegenstände, etwa eine mexikanische Pyramide, bekommen Eigenleben, um interviewt zu werden. Seine Bücher zeichnen sich durch überragende Stilistik, virtuoses Spiel mit literarischen Formen und bleibendem kulturgeschichtlichem Wert aus. Hinzu kommt die spielerische Selbststilisierung des Autors in Leben und Werk.

Der »rasende Reporter« ist eine bipolare Kunstfigur: Kischs fast manisch nomadische Lebensweise bei gleichzeitiger Allgegenwärtigkeit ließ den Mythos um seine Person entstehen, den Buchtitel zum Synonym für den Autor werden. Doch der »rasende Reporter« ist auch Kischs »alter ego« im Text, er nimmt den Leser bei der Hand, er ist sachkundiger Fremdenführer, staunender Interviewer, scharfer, aber auch träumender Beobachter, räsonierender, zwischen Empirie und Fiktion vermittelnder Ich-Erzähler. Er hüllt sich in fremde Gewänder und geht große Umwege, folgt falschen Fährten, um sich ihrer zu versichern, und stößt mit um so größerer Sicherheit auf die richtige.

Kischs Werk umrundet den Erdball, aber es ist fraglich, ob es eine Persönlichkeit wie ihn auch im Internet gibt. Er hat seinen Beitrag zu Mediengesellschaft und Informationszeitalter geliefert und scheint nun von diesen überrollt worden zu sein. Mögen seine Ideen und Texte, seine Rolle der Medien in der Gesellschaft heute antiquiert erscheinen? Verändert haben sich politische Konstellationen und literarische Geschmäcker. Kisch bleibt Zeuge seiner Zeit und der Jahrhunderte davor, und auch wenn seine sozialistische Utopie zu einem »Sozialistischen Surrealismus« pervertiert und 1989 von der Geschichte verschluckt wurde, so hat sich an den realen Konflikten der westlichen Welt nicht viel geändert, und genau diese sind bei Egon Erwin Kisch meisterhaft erzählt nachzulesen, sind sie doch allzumenschlich-allgegenwärtig-gemeinsam.

Marcus G. Patka
Wien, September 1997

Zitatnachweis

Folgende Abkürzungen wurden verwendet:

Briefe   – Egon Erwin Kisch: Briefe an den Bruder Paul und an die Mutter 1905–1936 (hg. von Josef
         Poláček, Fritz Hofmann). Berlin, Weimar: Aufbau 1978
GW   – Egon Erwin Kisch: Gesammelte Werke in 12 Bänden (hg. von Gisela Kisch und Bodo Uhse,
         fortgeführt von Josef Poláček und Fritz Hofmann). Berlin, Weimar: Aufbau 1990
KK   – F. C. Weiskopf, Dieter Noll (Hg.).: Kisch-Kalender. Berlin, Weimar: Aufbau 1955
MTL   – Egon Erwin Kisch Nachlaß, Archiv des Museums der tschechischen Literatur, Prag
SAdK   – Stiftung Archiv der Akademie der Künste, Berlin
SAPMO   – Stiftung Archiv der Parteien und Massenorganisationen der DDR im Bundesarchiv, Berlin
Servus   – Fritz Hofmann, Josef Poláček (Hg.): Servus, Kisch! Berlin, Weimar: Aufbau 1985

 1   Hermann Kesten: Meine Freunde, die Poeten. München: Kindler 1959. S. 198
 2   Theodor Balk: Der Mann mit den goldenen Händen. In: KK. S. 50f.
 3   Egon Erwin Kisch: Im Inneren von »S. Kisch & Bruder«. In: Marktplatz der Sensationen.
     GW 8. S. 18
 4   Rudolf Fuchs: Mutter Kisch. In: Neue Deutsche Blätter 2(1935)5
 5   Egon Erwin Kisch: Mendelsohniana. In: Die Abenteuer in Prag. GW 2. S. 312
 6   Ders.: Die Piaristenschule. In: Die Abenteuer in Prag. GW 2. S. 339–343
 7   Ders.: »Laß mich ins Goal!« In: Die Abenteuer in Prag. GW 2. S. 373f.
 8   Ders.: Karl May in Prag. In: Aus Prager Gassen und Nächten. GW 2. S. 144
 9   Ders.: Ode an die Nikolander. In: Die Abenteuer in Prag. GW 2. S. 377
10   Ders.: Maturaschwindel. In: Die Abenteuer in Prag. GW 2. S. 392f.
11   Ders.: Briefe. S. 16
12   Ebd. S. 24
13   Journalistenduell. In: Union (Prag), 5. Juli 1912
14   E. E. Kisch schreibt seine Memoiren. In: Prager Montagsblatt, 12. 4. 1937
15   Egon Erwin Kisch: Briefe. S. 7f.
16   Karl Kreibich: Zu dritt am Anfang – zu dritt am Ende. In: KK. S. 193f.
17   Max Brod. In: Internationale Literatur (Moskau) 5(1935)4
18   Egon Erwin Kisch: Zitate vom Montmartre. In: Die Abenteuer in Prag. GW 2. S. 492f.
19   Ders.: Briefe. S. 25
20   Ders.: Deutsche und Tschechen. In: Marktplatz der Sensationen. GW 8. S. 80
21   Karel Novy: Eine Handvoll Erinnerungen. In: KK. S. 217f.
22   Emil Faktor: Gespräche und Konflikte mit Egon Erwin Kisch. In: Prager Mittag, 30. 4. 1935
23   Paul Eisner: Egonek. In: Prager Presse, 28. 4. 1935
24   Manfred Georg: E. E. K. intim. In: Prager Montagsblatt, 22. 4. 1935
25   Karl Hans Strobl: Egon Erwin Kisch: Aus Prager Gassen und Nächten.
     In: Die Zeit (Wien), 7. 4. 1912
26   Egon Erwin Kisch: Der Fall des Generalstabschefs Redl.
     In: Prager Pitaval. GW 3. S. 123ff.
27   Egon Erwin Kisch: Literatur in Berlin. GW 11. S. 22ff.
28   Leo Heller: Egon Erwin Kisch: Der Mädchenhirt.
     In: Münchner Neueste Nachrichten, 27. 7. 1914
29   Leonhard Frank: Worte des Gedenkens. In: KK. S. 30
30   Walter Grab: Egon Erwin Kisch und das Judentum.
     In: Ders., Julius Schoeps (Hg.): Juden in der Weimarer Republik. Stuttgart: Burg 1986. S. 231
31   Egon Erwin Kisch: Schreib das auf, Kisch! GW 1. S. 192
32   Ebd. S. 201–204
33   Egon Erwin Kisch: Briefe, S. 89f.
34   Ders.: Schreib das auf, Kisch! GW 1. S. 241
35   Ders.: Briefe. S. 92
36   Ebd. S. 95
37   Ders.: Schreib das auf, Kisch! GW 1. S. 321–323
38   Ders.: Briefe. S. 108

39 Ders.: Schreib das auf, Kisch! GW 1. S. 414f.
40 Ders.: Briefe. S. 119
41 Ebd. S. 120
42 Ebd. S. 121
43 Alfred Polgar: Zwei Kriegstagebücher. In: Die Weltbühne (Berlin) 19(1923)38. S. 287f.
44 Egon Erwin Kisch: Kriegspropaganda und ihr Widerspiel. GW 11. S. 38–43
45 Ders.: Briefe. S. 134
46 Ders.: Kriegspropaganda und ihr Widerspiel. GW 11. S. 47
47 Ders.: Briefe. S. 166
48 Robert Musil: Briefe 1901–1942 (hg. von Adolf Frisé). Reinbek: Rowohlt 1981. S. 153f.
49 Ebd. S. 156f.
50 Egon Erwin Kisch: Kriegspropaganda und ihr Widerspiel. GW 11. S. 49f.
51 Robert Musil: Tagebücher (hg. von Adolf Frisé). Reinbek: Rowohlt 1976. S. 342–343
52 Guido Zamis: Egon Erwin Kisch und die Wiener Rote Garde. In: Servus. S. 215f.
53 Richard A. Bermann: Es lebe die Republik! (November 1918).
    In: Wiener Journal o. Jg. (März 1991) 126. S. 32
54 Egon Erwin Kisch: Briefe. S. 190f.
55 h.b.: Die Wiener Kommunisten vor dem Rathaus. Trauerfeier für Karl Liebknecht und
    Rosa Luxemburg. In: Neues Wiener Journal, 19. 1. 1919
56 Robert Musil: Briefe nach Prag. Reinbek: Rowohlt 1971. S. 14
57 Egon Erwin Kisch: Briefe. S. 195
58 Ders.: (Eintragung von Egon Erwin Kisch in das Stammbuch von Michaela Perutz,
    23. 5. 1920 (Privatbesitz)
59 Egon Erwin Kisch: aus Prag in Prag. In: Prager Presse, 8. 4. 1923
60 Hermann Broch: Egon Erwin Kisch. Die Abenteuer in Prag.
    In: Moderne Welt o. Jg. (1920) 5. S. 24
61 Franz Glaser: Egon Erwin Kisch als Nachfolger Gerhart Hauptmanns.
    In: Die Kritik 2 (1935). S. 10
62 Eine Kundgebung gegen die Brünner Theaterzensur. In: Der Tagesbote (Brünn), 22. 6. 1923
63 Friedrich Hollaender: Chansons. Berlin: Blanvalet 1967. S. 135
64 Balder Olden an Egon Erwin Kisch. Montevideo, 20. 3. 1945 (MTL)
65 Michael Grüning (Hg.): Der Wachsmann-Report. Auskünfte eines Architekten.
    Berlin: Verlag der Nation 1986. S. 84
66 Peter Panter: Auf dem Nachttisch. In: Die Weltbühne 25(1929)45. S. 702
67 Yvan Goll: Der Prinz der Reportage. In: Neues Wiener Journal, 12. 1. 1926
68 Williams, Keith: The Will To Objectivity. Egon Erwin Kisch's Der Rasende Reporter.
    In: The Modern Language Review o. Jg. (1990)85. S. 94 (Übersetzung aus dem Englischen
    durch den Herausgeber)
69 Gisela Kisch. In: Servus. S. 67
70 Egon Erwin Kisch: Briefe. S. 206f.
71 Ebd. S. 215
72 Robert Musil: (Antwort auf die Rundfrage des Heller-Verlags: 1. Welches Buch des Jahres
    (1924) hat auf Sie den stärksten Eindruck gemacht? 2. Wodurch ist Ihre Meinung nach diesem
    Eindruck begründet?). In: Der Tag, 10. 12. 1924
73 Alfons Paquet: Leben und Bücher. In: Frankfurter Zeitung, 7. 12. 1924
74 Hans-Albert Walter: »Der größte Phantast der Realität«. Ein Vorschlag, wie Kisch zu lesen sei.
    In: Egon Erwin Kisch: Der rasende Reporter. Gütersloh: Bertelsmann o. J. S. 331
75 Joseph Roth: Einbruch der Journalisten in die Nachwelt. In: Frankfurter Zeitung, 19. 12. 1925
76 Egon Erwin Kisch: Briefe. S. 224
77 Ebd. S. 234
78 Egon Erwin Kisch: Abend. In: Acht Uhr Abendblatt (Berlin), 4. 10. 1927
79 Robert Jungk: Trotzdem. Mein Leben für die Zukunft. München: Knaur 1994. S. 29f.
80 Frank Trommler: Sozialistische Literatur in Deutschland. Stuttgart: Kröner 1976. S. 493
81 Egon Erwin Kisch: Gibt es eine proletarische Kunst? In: GW 10. S. 219f.
82 Dichten ist Hochverrat. In: Welt am Abend (Berlin), 9. 1. 1928

83 Egon Erwin Kisch: Weg mit dem Schmutz- und Schundgesetz. In: Weg mit dem Schmutz- und
    Schundgesetz! (Hrsg. von der Vereinigung linksgerichteter Verleger. Berlin 1926. In: GW 10.
    S. 13f.
84 Max Hoelz-Matinee in der Piscator-Bühne. In: Die Rote Fahne (Berlin), 28. 11. 1927
85 Babette Gross: Willi Münzenberg. Eine politische Biographie. Stuttgart: Deutsche Verlags-
    Anstalt 1967. S. 230–234
86 Felix Kühne: Professor Egonek lehrt Reportage. In: New Yorker Volkszeitung, 14. 12. 1929
87 Egon Erwin Kisch: Briefe. S. 220
88 Ders.: Rußland in der Eisenbahn. In: Zaren, Popen, Bolschewiken. GW 4. S. 8f.
89 Ders.: Hochwasser als Spaß. In: Zaren, Popen, Bolschewiken. GW 4. S. 62
90 Theodor Lessing: Egon Erwin Kischs Rußland-Buch.
    In: Das Tagebuch (Berlin) 8(1927)24. S. 974f.
91 Egon Erwin Kisch: Briefe. S. 228
92 Franz Glaser: Egon Erwin Kisch als Nachfolger Gerhart Hauptmanns.
    In: Die Kritik (Prag) 2(1935). S. 10
93 Aus der Praxis des Lokalreporters. In: Die Rote Fahne (Berlin), 13. 6. 1928
94 Hans Tasiemka: Rapport über den rasenden Reporter.
    In: Der deutsche Rundfunk (Berlin), 31. 7. 1927
95 Egon Erwin Kisch: Briefe. S. 237
96 Ebd. S. 238f.
97 Ebd. S. 239
98 Egon Erwin Kisch: Als Leichtmatrose nach Kalifornien. In: Paradies Amerika. GW 5. S. 79
99 Ebd. S. 82
100 Egon Erwin Kisch: Arbeit mit Charlie Chaplin. In: Paradies Amerika. GW 5. S. 224f., 233
101 Ders.: Briefe. S. 241
102 Ebd. S. 241f.
103 Peter Panter: Auf dem Nachttisch. In: Die Weltbühne 26(1930)13. S. 466
104 Es rast wieder der Reporter. In: Tempo (Berlin), 26. 2. 1930
105 Hans Tasiemka: Egon Erwin Kisch. In: Die Funkstunde (Berlin), 6. 2. 1931
106 Paul Marcus: Der rote Fim lockt. Piscators Arbei – Geht Stroheim nach Moskau?
    In: Neue Berliner 12 Uhr Zeitung, 9. 11. 1931
107 Sprech-Inserate und zehn Dollar. In: Die Sendung (Berlin), 30. 1. 1931
108 Egon Erwin Kisch am Moskauer Sender. In: Welt am Abend (Berlin), 20. 4. 1931
109 Lotte Schwarz: Je veux vivre jusqu'a ma mort. Paris: Seuil 1979. S. 97f. (Übersetzung aus dem
    Französischen durch den Herausgeber)
110 Margarete Buber-Neumann: Von Potsdam nach Moskau. Stationen eines Irrweges.
    Stuttgart: Deutsche Verlags-Anstalt 1957. S. 333
111 Egon Erwin Kisch in Taschkent. In: Usbekskaja Prawda, 8. 6. 1931 GW 11. S. 511f.
112 Egon Erwin Kisch: Briefe. S. 243
113 F. C. Weiskopf: Kurzbericht über Rußlandbücher.
    In: Die Weltbühne (Berlin) 28(1932)50. S. 870f.
114 Lenka Reinerová: Melantrichgasse zwischen Nr. 14 und Nr. 7. In: Servus. S. 246
115 Egon Erwin Kisch: Rikscha, Rikscha. In: China geheim. GW 4. S. 440–442
116 Ders.: Die Hinrichtung. In: China geheim. GW 4. S. 432
117 Egon Erwin Kisch erzählt. In: Berlin am Morgen, 23. 11. 1932
118 Egon Erwin Kisch: Briefe. S. 244
119 Rote Fahne (Berlin), 8. 1. 1933
120 Charge Terrorism by Nazi Troopers. Refugees in Vienna Tell of Tortures by Hitler's Men in
    German Prosin. In: New York Times, 15. 3. 1933 (Übersetzung aus dem Englischen durch
    den Herausgeber)
121 Egon Erwin Kisch: Briefe. S. 244f.
122 Ders.: In den Kasematten von Spandau. In: GW 10. S. 334f.
123 Ders.: Über die Hintergründe des Reichstagsbrandes.
    (Tarnschrift unter dem Titel »Der Führer« – 1933). In: GW 10. S. 375
124 Egon Erwin Kisch: Drei Reden über Pelzwerk. In: Eintritt verboten. GW 7. S. 210–212

125 Eva-Maria Siegel: »Vorläufiges Leben«. Emigrationsalltag in Prag 1933–1939.
     In: Exil (Hamburg) 14 (1994)1. S. 26
126 Egon Erwin Kisch: Was geht an der böhmischen Grenze vor?
     In: Der Gegen-Angriff (Prag, Paris), 1. 6. 1933. GW 10. S. 347f.
127 Bruno Frei: Der Papiersäbel. Frankfurt: Fischer 1972. S. 168–171
128 Jan Koplowitz: Zeit mit Kisch. In: Servus. S. 204f.
129 Egon Erwin Kisch: Briefe. S. 245
130 Ebd. S. 248f.
131 Ebd. S. 254
132 Ebd. S. 255f.
133 Klaus Mann: Der Wendepunkt. Ein Lebensbericht. Berlin, Weimar: Aufbau 1974. S. 404
134 Egon Erwin Kisch: Briefe. S. 260
135 Bruno Frei: Der Papiersäbel. Frankfurt: Fischer 1972. S. 19
136 Ernst Bloch: Die Wandgemälde. In: KK. S. 188–190
137 »Bibliothek des verbrannten Buches«. Eine Kundgebung an der Kampfstätte.
     In: Gegen-Angriff (Prag, Paris), 19. 5. 1934
138 Abschrift eines Briefes mit unbekanntem Verfasser durch die Reichsstelle für den Außenhandel
     an das Reichsministerium für Volksaufklärung und Propaganda – Berlin, 4. 6. 1934 (Archiv des
     Auswärtigen Amtes, Bonn)
139 Walter Grab: Egon Erwin Kisch und das Judentum. In: Ders., Schoeps, Julius (Hg.): Juden in der
     Weimarer Republik. Stuttgart: Burg 1986. S. 227
140 Werner Türk: Kisch als Erzähler. In: Neue Deutsche Blätter (Prag) 2(1934/35)5. S. 311f.
141 Max von Riccabona: Herr Roth im Café Arco. Erinnerungen aus den letzten Tagen Joseph Roths.
     In: Frankfurter Allgemeine Zeitung, 10. 9. 1969. S. 32
142 Bruno Frei: Kisch in Paris. In: KK. S. 184
143 Bruno Frei: Der Papiersäbel. Frankfurt: Fischer 1972. S. 193f.
144 Michael Grüning (Hg.): Der Wachsmannreport. Auskünfte eines Architekten.
     Berlin: Verlag der Nation 1986. S. 353f.
145 Manès Sperber: Bis man mir Scherben auf die Augen legt. All das Vergangene.
     München: dtv 1982. S. 80f.
146 Hermann Kesten: Meine Freunde, die Poeten. München: Kindler 1959. S. 197–202
147 Egon Erwin Kisch: Briefe. S. 268f.
148 Frank Hardy: Egon Erwin Kisch in Australien. In: KK. S. 237–239
149 Katharine Susannah Prichard: Wie ich ihn kannte. In: KK. S. 68–70
150 Egon Erwin Kisch: An die Internationale Arbeiterhilfe.
     In: Deutsche Zentral Zeitung (Moskau), 11. 6. 1935. GW 10. S. 394f.
151 Frank Hardy: Egon Erwin Kisch in Australien. In: KK. S. 241–243
152 Egon Erwin Kisch: Kisch's Message From the World Committee To the Australian Workers.
     (Broschüre, Sydney 1935)
153 Egon Erwin Kisch: Weg zu den Antipoden. In: Landung in Australien. GW 5. S. 383f.
154 Ebd. S. 410f., 415
155 Ebd. S. 415–418
156 Egon Erwin Kisch: Briefe. S. 272
157 Die Kisch-Feier in Paris. In: Gegen-Angriff (Prag, Paris), 1. 6. 1935
158 Joseph Roth: (Brief an Egon Erwin Kisch). In: Neue Deutsche Blätter (Prag) 2 (1935) 5
159 Arnold Zweig: (Brief an Egon Erwin Kisch). In: Ebd.
160 Lion Feuchtwanger. In: Internationale Literatur (Moskau) 5 (1935) 4
161 Albert Ehrenstein. In: Neue Deutsche Blätter (Prag) 2 (1935) 5
162 Bodo Uhse: Allzu persönliche Erinnerungen. In: KK. S. 180f.
163 Egon Erwin Kisch an Walter Landauer. Versailles, 10. 7. 1935
     (Institut voor Sociales Geschiedenis, Amsterdam)
164 Egon Erwin Kisch: Reportage als Kunstform und Kampfform. GW 10. S. 397–400
165 Hans-Albert Walter: Unter falscher Flagge segelnd. In: Egon Erwin Kisch: Landung in
     Australien. Frankfurt, Olten, Zürich: Büchergilde Gutenberg 1985. S. 470
166 Interview mit Arthur Koestler. Zit. in.: David Bronson: Joseph Roth. Eine Biographie.
     Köln: Kiepenheuer & Witsch 1974. S. 472

167 Egon Erwin Kisch: Briefe. S. 281
168 Irmgard Keun: Ich lebe in einem wilden Wirbel. Briefe an Arnold Strauss 1933–1947
     (hg. v. Gabriele Kreis, Marjory Strauss). Düsseldorf: Claassen 1988. S. 177f.
169 Egon Erwin Kisch an das Weltkomitee gegen Krieg und Faschismus.
     Bredene, 18. 9. 1935 (SAdK)
170 Margarete Buber-Neumann: Von Potsdam nach Moskau. München:
     Deutsche Verlags-Anstalt 1957. S. 333f.
171 Emil Franzel: Gegen den Wind der Zeit. Erinnerungen eines Unbequemen.
     München: Aufstieg 1983. S. 124f.
172 Günther Pflug (Hg.): Der deutsche PEN-Club im Exil 1933–1948. Eine Ausstellung der
     Deutschen Bibliothek Frankfurt am Main. Frankfurt: Buchhändler-Vereinigung 1980. S. 157
173 Egon Erwin Kisch: Zum zweiten Internationalen Kongreß der Schriftsteller.
     In: Das Wort (Moskau) 2(1937)10. GW 10. S. 438
174 Egon Erwin Kisch: Soldaten am Meeresstrand. GW 7. S. 335f.
175 Schreib's auf, Kisch! In: Deutsche Volkszeitung (Paris), 4. 7. 1937
176 Alfred Kantorowicz: Spanisches Tagebuch. Frankfurt: Fischer 1982. S. 276–284
177 Friedrich Kisch: Das Hospital »Komensky« in Benicasim.
     In: Ayuda Medica Internacional (Barcelona), 15. 1. 1938
178 Alice Glasner: Kulturarbeit in Benicasim. In: Ayuda Medica Internacional (Barcelona), 1. 1. 1938
179 Egon Erwin Kisch: Triage. In: Ebd.
180 Lenka Reinerová: Es begann in der Melantrichgasse. Berlin, Weimar: Aufbau 1985 S. 96f.
181 Anna Seghers: Gisl. In: Freies Deutschland (Mexico, D. F.) 4(1945)6
182 Margarete Buber-Neumann: Von Potsdam nach Moskau.
     München: Deutsche Verlags-Anstalt 1957. S. 333
183 Alfred Kantorowicz: Nachtbücher. Aufzeichnungen aus dem französischen Exil 1935–1939
     (hg. von Ursula Büttner, Angela Voss). Hamburg: Christians 1995. S. 227
184 Erika Mann an Hubertus von Löwenstein. New York, 23. 4. 1939 (DBF)
     (Übersetzung aus dem Englischen durch den Herausgeber)
185 Günther Zehm: Ernst Bloch. In: Der Monat 14(1961)158. S. 22
186 Gisela Kisch: Kisch aus der Nähe. In: Servus. S. 67f.
187 Egon Erwin Kisch: Rede vor dem Exiled Writers Committee in den USA. GW 11. S. 464f.
188 Egon Erwin Kisch: Tagebuchaufzeichnungen Dezember 1939. GW 11. S. 151–153
189 Board of Special Inquiry-Ellis Island, 28. 12. 1939 (US Department of Justice, Washington)
     (Übersetzung aus dem Englischen durch den Herausgeber)
190 Franklin Folsom: Days of Anger, Days of Hope. A Memoir of the League of American Writers
     1937–1942. Colorado: Univ. Press 1994. S. 51 (Übersetzung aus dem Englischen durch den
     Herausgeber)
191 Alfred A. Knopf an Egon Erwin Kisch. New York, 2. 2. 1940 (MTL)
     (Übersetzung aus dem Englischen durch den Herausgeber)
192 Egon Erwin Kisch an Unbekannt. New York, 1939
     (Nachlaß Erich Reiss – Nr. 86.10128, Literaturarchiv Marbach)
193 Gustav Regler: Sohn aus Niemandsland. Tagebücher 1940–1943. (Ges. Werke Bd. 6. Hg. von
     Günter Scholdt, Hermann Gätje). Basel, Frankfurt: Stroemfeld 1994. S. 395f.
194 Howard Daniel: Egon Remembered. Egon Erwin Kisch. A Comedian of the Revolution.
     In: Overland o. Jg. (März 1988) 110. S. 50
     (Übersetzung aus dem Englischen durch den Herausgeber)
195 Curt Riess an John Haag. Scheuren, 23. 5. 1990
     (Privatarchiv; Übersetzung aus dem Englischen durch den Herausgeber)
196 Egon Erwin Kisch an Billie Wilder. New York, 25. 8. 1940 (MTL)
197 Benjamin Appel: The Exiled Writers. In: Saturday Review of Literature (New York), 19. 10. 1940
     (Übersetzung aus dem Englischen durch den Herausgeber)
198 Pablo Neruda: Ich bekenne, ich habe gelebt. Darmstadt, Neuwied: Luchterhand 1974. S. 164
199 Anna Seghers: (Ohne Titel). In: Anna Seghers – Constancia de la Mora. New York: o. V. o. J.
     (Broschüre des JARC, 1944) (Übersetzung aus dem Englischen durch den Herausgeber)
200 Egon Erwin Kisch: Deutsche Schriftsteller in Mexiko. GW 11. S. 175f.
201 Reinerová: Melantrichgasse. S. 109f.

202 Ebd. S. 114f.
203 André Simone: Vicente Lombardo Toledano. In: Freies Deutschland
     (Mexico, D. F.) 3(August 1944)9. S. 13
204 Egon Erwin Kisch: Die Petroleumleitung. In: Entdeckungen in Mexiko. GW 8. S. 628
205 Reinerová: Melantrichgasse. S. 119
206 Daniel: Egon. S. 110
207 Egon Erwin Kisch: Kulturarbeit in Mexiko. GW 11. S. 182f.
208 Frei: Papiersäbel. S. 238f.
209 Bodo Uhse: Schriftsteller als Verleger.
     In: Ders.: Gestaltung und Probleme. Berlin, Weimar: Aufbau 1979. S. 46–50
210 Reinerová: Melantrichgasse. S. 105f.
211 Walter Janka: Spuren eines Lebens. Reinbek: Rowohlt 1992. S. 192
212 Egon Erwin Kisch an F. C. Weiskopf. Mexiko, 15. 7. 1942 (SAdK)
     (Übersetzung aus dem Englischen durch den Herausgeber)
213 Egon Erwin Kisch an Johannes R. Becher. Mexiko, 4. 1. 1943 (SAPMO)
214 Egon Erwin Kisch an die Federation of German-American Clubs USA.
     Mexiko, 27. 1. 1942 (MTL)
215 Egon Erwin Kisch: Zur Gründung des Verlages »Das Freie Buch«. GW 11. S. 174f.
216 Egon Erwin Kisch an F. C. Weiskopf. Mexiko, 27. 5. 1945 (MTL)
     (Übersetzung aus dem Englischen durch den Herausgeber)
217 Walter Janka: Spuren eines Lebens. Reinbek: Rowohlt 1992. S. 191f.
218 Egon Erwin Kisch: Eine Tat des kollektiven Optimismus.
     In: Heines Geist in Mexiko. Mexiko: El Libro Libre 1946. GW 10. S. 523
219 Ders.: Widerstände. In: GW 11. S. 185–187
220 Anna Seghers: »Die Galgentoni«. In: Freies Deutschland (Mexico, D. F.) 2(März 1943)4. S. 30
221 Steffie Spira: Trab der Schaukelpferde. Berlin, Weimar: Aufbau 1984. S. 195
222 Egon Erwin Kisch: Ein Vulkan bricht aus. In: Entdeckungen in Mexiko. GW 8. S. 370f.
223 Ders.: Marktnotierungen. In: Entdeckungen in Mexiko. GW 8. S. 664
224 Ders.: Versuch einer Beschreibung von Chichenitzá.
     In: Entdeckungen in Mexiko. GW 8. S. 648
225 Heinrich Mann: Kisch, der Entdecker Mexikos. In: Freies Deutschland 4(1945)5
226 Little, Brown & Company an Maxim Lieber – New York, 3. 4. 1934 (MTL)
     (Übersetzung aus dem Englischen durch den Herausgeber)
227 Egon Erwin Kisch an Maxim Lieber. Mexiko, 2. 6. 1945 (MTL)
     (Übersetzung aus dem Englischen durch den Herausgeber)
228 Egon Erwin Kisch an Herbert Kisch. Mexiko, 31. 5. 1945 (MTL)
     (Übersetzung aus dem Englischen durch den Herausgeber)
229 Steffie Spira: Trab der Schaukelpferde. Berlin, Weimar Aufbau 1986. S. 135
230 Ebd. S. 232
231 Bodo Uhse – F. C. Weiskopf: Briefwechsel 1942–1948
     (hg. von Günter Caspar, Margit Stragies). Berlin: Aufbau 1988. S. 177
232 Egon Erwin Kisch an Erwin Piscator. Mexiko, 30. 5. 1945 (MTL)
233 Lion Feuchtwanger: Eine einmalige Erscheinung. In: Freies Deutschland 4(1945)6. S. 18
234 Alfred Döblin: Ein wirklicher Erzähler. In: Freies Deutschland 4(1945)6. S. 20f.
235 Egon Erwin Kisch an Alfred Döblin. Mexiko, 28. 5. 1945.
     In: Neue Texte. Almanach für die deutsche Literatur 6. Berlin, Weimar: Aufbau 1967. S. 399f.
236 Egon Erwin Kisch: Indiodorf unter dem Davidstern. In: Entdeckungen in Mexiko. GW 8. S.
535f.
237 Lenka Reinerová: Melantrichgasse zwischen Nr. 14 und Nr. 7. In: Servus. S. 262f.
238 Egon Erwin Kisch an Ruth Domino. Mexiko, 2. 6. 1945 (MTL)
239 Walter Janka an Egon Erwin Kisch. Mexiko, 15. 8. 1946 (SAdK)
240 Egon Erwin Kisch an Hugo Sinaiberger. Prag, 11. 4. 1946 (MTL)
     (Übersetzung aus dem Englischen durch den Herausgeber)
241 Egon Erwin Kisch an Hugo Sinaiberger. Prag, 24. 10. 1946 (MTL)
242 F. C. Weiskopf an Egon Erwin Kisch. New York, 26. 11.1945 (SAdK)
243 Egon Erwin Kisch an Hugo Sinaiberger. Prag, 24. 10. 1946 (MTL)

244 Hans Schrecker an Egon Erwin Kisch. Dresden, 23. 12. 1946 (MTL)

245 Ernst Sommer an Egon Erwin Kisch. London, 11. 11. 1946 (MTL)

246 Eduard Goldstücker: Prozesse. Erfahrungen eines Mitteleuropäers.
     München, Hamburg: Knaus 1989. S. 274

247 Reinerová: Melantrichgasse. S. 128–130

248 Egon Erwin Kisch an Paul Wiegler. Prag, 23. 11. 1946.
     In: Neue Texte. Almanach für deutsche Literatur 6. Berlin, Weimar: 1967. S. 403f.

249 Egon Erwin Kisch an Mathilde Bryk. Prag, 22. 7. 1946 (MTL)

250 Egon Erwin Kisch: Die letzten Schritte des K. H. Frank. In: GW 3. S. 330f.

251 Egon Erwin Kisch an Dr. Josef Stark. Prag, 5. 12. 1946 (MTL)

252 Ruth Klingerová: Lebenslauf. In: Karl Hart: Die letzten Lebensjahre des »Rasenden Reporters«.
     In: Wiener Tagebuch, o. Jg. (1979)9. S. 25

253 Leo Perutz an Egon Erwin Kisch. Tel Aviv, 11. 4. 1947 (MTL)

254 Egon Erwin Kisch: The Future of the Jews in Europe. In: The Jewish Digest,
     (ohne Angaben, MTS) (Übersetzung aus dem Englischen durch den Herausgeber)

255 Ruth Klingerová an Egon Erwin Kisch. Prag, 20. 12. 1947 (MTL)

256 Curt und Vera Ponger an Egon Erwin Kisch. Nürnberg, 12. 6. 1947 (MTL)

257 Jan Hruska: Kisch im Jahre 1947. In: Servus. S. 236

258 Ernst Sommer an Egon Erwin Kisch. London, 26. 11. 1947 (MTL)

259 Walter Janka an Egon Erwin Kisch. Berlin, 27. 12. 1947 (MTL)

260 Lex Ende an Egon Erwin Kisch. Berlin, 11. 1. 1948 (MTL)

261 Georg Suter: Der rasende Reporter. GW 10. S. 553–554

262 John und Gertrud Heartfield an Egon Erwin Kisch. London, 30. 11. 1947 (MTL)

263 Egon Erwin Kisch an Hugo Sinaiberger. Prag, 22. 2. 1948 (SAdK)

264 Klaus Mann: Tagebücher 1944–1949 (hg. von Joachim Heimannberg, Peter Laemmle, Wilfried
     Schoeller). München: Spangenberg 1989. S. 160

265 Karl Kreibich: Zu dritt am Anfang. In: KK. S. 201

266 André Simone: Abschied von Egon Erwin Kisch. In: Neues Deutschland (Berlin), 18. 4. 1948

Bildnachweis

Öffentliche Leihgeber

Alexander Turnbull Library, Wellington – 162, 165
Archiv des Museums der tschechischen Literatur, Prag - 3, 6, 8, 9, 10, 12, 13, 14, 16, 17, 18, 19, 21, 23, 25, 29, 31, 33, 34, 36, 41, 42, 57, 59, 66, 67, 69, 70, 71, 72, 74, 81, 83, 84, 85, 100, 105, 108, 112, 114, 115, 126, 132, 134, 135, 138, 145, 146, 148, 149, 161, 167, 176, 178, 180, 184, 188, 194, 195, 197, 202, 206, 209, 211, 214, 216, 218, 219, 222, 223, 224, 225, 226, 227, 228, 228, 230, 232, 233, 235, 236, 237, 239, 240, 241, 242, 243, 244, 246, 247, 248, 249, 250, 252, 253, 254, 255, 256, 257, 258, 259, 260, 262, 263, 265, 266, 269, 270, 271, 272, 275, 277, 278, 279, 280, 282, 287, 288, 289, 291
Aufbau Verlag, Berlin – 76, 177
Bundesarchiv, Koblenz – 4, 186, 286, 290
Bundesarchiv, Potsdam – 141
Bildarchiv Preußischer Kulturbesitz, Berlin – 2, 11, 28, 38, 47, 50, 52, 58, 77, 82, 91, 98, 106, 124, 127, 128, 136, 137, 201, 203, 204, 212, 215, 264, 285
Deutsche Bibliothek, Frankfurt am Main – 143, 160
Deutsche Bücherei, Leipzig – 44, 86, 99, 107, 116, 153
Deutsches Literaturarchiv, Marbach am Neckar – 26, 96, 207
Dokumentationsarchiv des Österreichischen Widerstands, Wien – 147
Martin Luther Universität, Halle Wittenberg - 111
Österreichische Nationalbibliothek, Wien – 1, 49, 54
Österreichisches Staatsarchiv, Wien – 51
Stiftung Archiv der Akademie der Künste, Berlin – 89, 208, 251
Stiftung Archiv der Parteien und Massenorganisationen der DDR im Bundesarchiv, Berlin – 88 90, 118, 125, 139, 140, 175, 182, 191, 192, 193, 196, 198, 210, 234
Studienkreis Widerstand, Frankfurt – 80, 185, 273

Private Leihgeber

John Gheeraert, Bredene – 174
Robin Archibald Griffin, Wellington – 152, 154, 155, 157, 159, 166
Renata von Hanffstengel, Mexico D. F. – 181, 217
Klaus Haupt, Berlin – 27, 45, 46, 94, 190
Wolfgang Kießling, Berlin – 213, 238, 261, 267
Hans Kronberger, Wien – 5, 7, 20, 22, 24, 32, 37, 39, 43, 48, 53, 61, 62, 63, 64, 65, 75, 95, 109, 110, 113, 117, 119, 120, 129, 130, 131, 133, 156, 163, 168, 170, 173, 179, 199, 200, 245, 268, 274, 276, 283, 284
Marcus G. Patka, Wien – 15, 55
Fritz Pohle, Hamburg (aus dem Archiv von »El Tiempo«, Mexico D. F.) – 231
Fred Stein (Nachlaß in der Deutschen Bibliothek Frankfurt am Main) – 169
Heinrich Sußmann Stiftung, Wien – 73
Bil Spira, Puteaux – 144

Fotos aus Publikationen

Tom Appleton (Hg.): Egon Erwin Kisch: Landung in Australien. Köln: Kiepenheuer & Witsch 1985 – 158, 164
B. F. Dolbin, Willy Haas: Gesicht einer Epoche. Gütersloh: Bertelsmann Lesering o.J. – 281
Friedl Fürnberg: Geschichte der KPÖ. Wien: Globus 1978 – 56
Klaus Haupt, Harald Wessel: Kisch war hier. Berlin: Verlag der Nation 1985 – 40
Klaus Haupt, Harald Wessel: Kisch war hier. Berlin: Verlag der Nation 1988 – 187
Fritz Hofmann: Egon Erwin Kisch. Berlin: Neues Leben 1988 – 78, 79, 205
Michael Horowitz: Ein Leben für die Zeitung. Wien: Orac 1985 – 97, 151
Alfred Kantorowicz (Hg.): Tschapajew. Das Bataillon der 21 Nationen. Madrid 1938 – 189
Artur G. London: Prolog für ein neues Spanien. Berlin: Militärverlag 1966 – 183
Paris 1935 (hg. von Wolfgang Klein). Berlin: Akademie 1982 – 171, 172
Jürgen Schebera: Damals im Romanischen Café. Leipzig: Ed. Leipzig 1988 – 68
Die Wahrheit, 29. 4. 1985 (Sonderheft für Egon Erwin Kisch, hg. von Harald Wessel) – 87, 101, 102, 103, 104, 123
Bücher (Erstausgaben) von Egon Erwin Kisch – 30, 35, 60, 92, 93, 121, 122, 142, 150, 220, 212

Verlag und Herausgeber danken allen Archiven, Museen und privaten Leihgebern, die freundlicherweise Materialien zum Abdruck in diesem Band zur Verfügung stellten, sowie den Verlagen zur Genehmigung der Zitate. In einigen Fällen konnten nicht alle Rechte-Inhaber ermittelt werden. Berechtigte für Honoraransprüche wenden sich bitte an den Aufbau-Verlag.

Personenregister

Abusch, Alexander 157, 228, 243, 280
Abusch, Hilde 243
Alberti, Rafael 186
Alternberg, Peter 62
Altoguirre, M. 186
Anderson Nexö, Martin 177, 187
Anton, Karl 78
Apfel, Alfred 97, 98, 138
Appel, Benjamin 211
Aragon, Louis 177
Arndt, Ernst Moritz 84
Ascher, E. 40
Auerbach, Berthold 19
Ávila Camacho, Manuel 214, 220, 222

Babel, Isaak 177
Baden-Powell, Robert 167
Balázs, Béla 126
Balk, Theodor (= Fodor, Dragutin)
    13, 185, 214, 222, 232, 286
Barbusse, Henri 174, 178, 181, 283
Barsky, Edward K. 212, 276
Beaumarchais, Pierre Augustin Caron 284
Becher, Johannes R. 97, 222, 224, 278
Benda, Julien 177, 178
Benes, Eduard 222
Bergamin, José 186, 187, 218
Bermann, Richard A. 62, 70
Bi 135
Blau, Dr. 57
Blei, Franz 62, 64
Bloch, Ernst 144, 149, 199, 279
Bloch, Jean Richard 174, 177, 218
Blum, Albrecht Viktor 230, 231, 240
Börne, Ludwig 84, 285
Brady, E. J. 160
Brahe, Tycho de 13
Brecht, Bertolt 81, 126, 210, 218
Bredel, Willi 144
Broch, Hermann 77
Brod, Max 12, 32, 33,
Bronnen, Arnolt 79
Bruckner, Ferdinand 218
Bryk, Mathilde 258
Buber-Neumann, Margarete 129, 183, 197
Bucharin, Nikolai Iwanowitsch 159
Burghardt, Jakob 122
Burian, Vlasta 78, 79

Burschell 144
Busch, Ernst 126, 174, 188

Cameron 237
Čapek, Karel 275
Cárdenas, Lazaro 214
Carter, Nick 34
Cartesius, Renatus 56
Cassou, Jean 177
Castro Leal, Antonio 221
Chaplin, Charlie 118, 119, 120, 194, 279
Clerc, Henri 177
Cortez, Hernán 233
Cot, Pierre 218
Courths-Mahler, Hedwig 100

Dabit, Eugène 177
Dagover, Lil 79
Daniel, Howard 210, 217
Darvas 138
Defoe, Daniel 86
Deutsch, Ernst 240
Djuris, Julius 266
Döblin, Alfred 75, 241, 242, 278
Domino, Ruth 247
Drechsler, A. W. 123
Dreiser, Theodore 206
Drohojowsky, Jan 244
Drouet, Jean.Baptiste 199
Dudek, Leopold 79
Dudow, Slatan 126
Dujardin, Edouard 177
Durtain, Luc 177

Edison, Thomas Alpha 37
Ehrenburg, Ilja 177
Ehrenstein, Albert 62, 176
Eichmann, Adolf 260, 261
Einstein, Albert 278
Eisler, Hanns 126, 210
Eisner, Paul 39
Elbogen, Franz 71
Ende, Lex 265
Erpenbeck, Fritz 144
Esson, Louis 168

Faktor, Emil 38
Fedin, Konstantin 174
Fehre 122
Feibelmann 231
Feistmann, Rudolf 214,218, 240, 243, 280
Feuchtwanger, Lion 154, 174, 175, 176, 218,
    221, 222, 241
Fitzgerald, Irene 174
Folsom, Franklin 206, 276
Forster, Edward Morgan 177
Forster, Johann Georg 238, 285
Frank, Bruno 218
Frank, Karl Hermann 258, 260
Frank, Leonhard 46, 185
Frank, Waldo 177, 178
Franklin, Benjamin 208
Franz Joseph I., 37
Franzel, Emil 184
Frei, Bruno 143, 149, 157, 214, 218, 219, 221,
    240, 243
Friedell, Egon 154
Friedrich I., König von Preußen 31
Fuchs, Rudolf 17
Fürnberg, Louis 255
Fürth, Rudolf (siehe: Feistmann, Rudolf)

Garbo, Greta 230
Geisler, Michael 286
Georg, Manfred 41
Géròme, Pierre 177
Gervinus, Georg Gottfried 19
Gide, André 177, 178
Glaser, Franz 107
Glasner, Alice 192, 193
Gleim, Johann Wilhelm Ludwig 19
Goebbels, Joseph 152, 224, 229, 278
Goethe, Johann Wolfgang 23, 58, 84
Gold, Michael 177, 178
Goldmann, Nachum 230
Goldstücker, Eduard 255
Goll, Yvan 86
Gómez, Abreu 221
González Martínez, Enrique 220, 221
Gorki, Maxim 279
Gottwald, Klement 256, 267
Grab, Walter 48, 154
Graf, Oskar Maria 144, 218
Granach, Alexander 240
Griffin, Gerald 163, 164, 166, 168, 173
Gross, Babette 102
Großlicht, Trude 79
Großmann, Stefan 85, 278

Grossová, Mary 79
Grosz, George 277
Grover, S. R. 168
Grün, Nathan 19
Guéhenno, Jean 177
Gütersloh, Albert Paris 62
Guillotin, J. I. 149

Haag, John 210
Haas, Willy 12, 32
Haasová-Necasová, Jarmila 269, 275
Habsburg, Ferdinand von 13
Habsburg, Karl von 37
Haller, Stephan 66, 69
Hamon, Augustin 174
Hankey, Maurice 167
Harcourt, T. M. 168
Hardy, Frank 160, 165
Hašek, Jaroslav 38, 78, 275
Hasenclever, Walter 83
Heartfield, John 103, 126, 135, 143, 174, 265,
    270, 278
Heartfield, Gertrud 265
Heine, Heinrich 157, 285
Heller, Leo 45
Hemingway, Ernest 206
Hermann, Georg 95
Herzfelde, Wieland 98, 103, 143, 174, 278
Hesse, Hermann 48
Heydrich, Reinhardt 214
Heym, Stefan 143
Hirschel, Moses 19
Hitler, Adolf 135, 156, 190, 199, 200, 209, 210,
    213, 242, 278
Hölderlin, Friedrich 273
Höllering, Franz 98
Hölz, Max 100, 128, 278
Hölzlin, Friedrich 79
Hoffmann, Camill 95
Hoffmann-Harnisch, Wolfgang 107
Holitscher, Arthur 98, 283
Hollaender, Friedrich 81
Holländer, Lisa 243
Holm 151
Holzbach, Mira 188
Hottopp, Albert 126
Hruška, Jan 264
Humboldt, Alexander von 214, 238
Huxley, Aldous 177, 178
Hyka, Jan V. 244

Ivens, Joris 126

Jacobi, Lotte 84, 111, 209
Jaksch, Wenzel 184
Janka, Charlotte 225, 229, 247
Janka, Walter 221, 225, 247, 265, 280
Jarosý, Anton 42
Jeanson, Henri 174
Jensen, Fritz 193
Ježek, Jaroslav 185
Jhering, Herbert 79
Junghans, Karl 126
Jungk, Robert 95
Jungmann, Erich 225, 280

Kafka, Franz 12, 89
Kamenew, Lev 159
Kantorowicz, Alfred 185, 189, 190, 199, 218,
    276
Kapustin, 244
Karpeles, Benno 61
Katz, Friedrich 243
Katz, Ilse 231
Katz, Leo 214, 243
Katz, Otto 102, 214, 215, 222, 231, 240, 243,
    253, 254, 257, 260, 268, 276, 277
Katz, Richard 27
Kayserling, M. 19
Kerr, Alfred 48
Kersten, Kurt 102, 103, 279
Kesten, Hermann 12, 144, 159, 178, 279
Keun, Irmgard 180
Kierkegaard, Sören 284
Kirschmayer, Johann 13
Kisch, Abraham 19
Kisch, Arnold 18, 34, 203, 258
Kisch, Edith 171
Kisch, Ernestine 11, 16, 17, 49, 50, 53, 57, 71,
    72, 89, 93, 104, 107, 113, 114, 118, 122, 135,
    139, 146, 148, 160, 161, 171, 180, 182, 220
Kisch, Friedrich 18, 34, 192, 193, 258, 269
Kisch, Fritzi 171
Kisch, Gisela (= Lyner, Gisela) 85, 89, 122, 129,
    132, 137, 146, 149, 150, 151, 196–198, 199,
    215, 219, 220, 225, 232, 265, 269, 270
Kisch, Herbert 171, 185, 239, 247
Kisch, Hermann (Pseudonym: Kühlborn, Hugo)
    11, 16, 17,
Kisch, Paul 17, 18, 27, 28, 31, 34, 36, 64, 130,
203, 258
Kisch, Samuel 15

Kisch, Wolfgang 17, 18, 34, 53, 275
Klaar 17
Kläber, Kurt 98
Klatovsky 56
Klein, Dora 193
Klingerová, Ruth 262
Knopf, Alfred 199, 206
Koestler, Arthur 180, 279
Kolb, Annette 218
Kolinsky 184
Kolzow, Michael 174, 177, 179
Kopetzky, Vaclav 253
Koplowitz, Jan 144
Kornfeld, Paul 12
Kortner, Fritz 126
Kraus, Karl 72
Kreibich, Karl 32
Kuczynski, Jürgen 218
Kühne, Felix 103
Kuh, Ephraim Moses 19
Kuttner, Erich 190

Ladislaus V. Posthumus, König von Böhmen 13
Landauer, Walter 178
Landshoff, Fritz H. 178
Lange, Gerard de 279
Lania, Leo 240
Lask, Berta 126
Lasker-Schüler, Else 282
Laurin, Arne 72
Laval, Pierre 224
Ledebour, Georg 98
Lederer 122
Lehmann-Rußbüldt, Otto 138
Leon, Maria Teresa 186
Leonhard, Rudolf 157, 174, 185
Lessing, Theodor 106
Lewis, Sinclair 206
Lieber, Maxim 237
Liebknecht, Karl 73, 277
Lindau, Ludwig 232, 235
Lissauer, Ernst 48
Löw, Juda ben Bezalel 13, 19
Löwenstein, Hubertus Prinz zu 199, 218, 276
Lohuti, Abulkosim 179
Lombardo-Toledano, Vicente 215, 216, 218, 253
London, Jack 103, 117
Londres, Albert 282
Longen, Emil Artur 78, 79
Longenová, Xena 78
Loos, Theodor 79
Ludwig XV., König von Frankreich 50

Lunatscharski, Anatoli 98
Lurcat, Jean 177
Lustig-Prean, Karl 218
Luxemburg, Rosa 73, 277
Lyner, Gislea, (siehe: Kisch, Gisela)

Macek, Antonín 58
Mahler, Alma 64
Maloney 160
Malraux, André 177, 178
Mann, Erika 199, 276
Mann, Heinrich 157, 177, 236
Mann, Klaus 146, 178, 218, 266
Mann, Thomas 91, 218
Marchwitza, Hans 185, 188, 218
Marcovaldi, Annina 64
Marcus, Paul 126
Margies, Rudolf 128
Marum, Hans 243
Marx, Karl 281
Masaryk, Tomáš G. 275
Masefield, John 167
May, Karl 22, 23
Mayer, Paul 214
Melcher 135
Meldrum, Max 166, 168
Mendelssohn, Moses 19
Merestoff, Michael 51, 53
Merker, Paul 225, 280
Meyer, Hannes 214
Meyerhold, Wsewolod 104
Meyrink, Gustav 12, 17
Michaelis, Karin 110
Michajlowitsch, Draja 257
Michoels, Solomon Michailowitsch 216
Miller, Alfredo 218, 225
Molotow, Wjatscheslaw Michailowitsch 254
Mora, Constancia de la 218
Mraková, Karla 145
Mühsam, Erich 98, 157, 276, 282
Müller, Traugott 126
Münzenberg, Willi 102, 180, 276, 278, 279
Musil, Martha 64
Musil, Robert 63, 66, 69, 72, 90, 178, 277

Nagel, Otto 102
Nagler, Heinrich 266
Napoleon Bonaparte 86
Nastoje, Johann 13
Nelken, Margarita 186
Neruda, Pablo 213, 218, 221

Neubauer, J. U. C. 27
Nickl 144
Nietz 110
Nizan, Paul 177
Noske, Gustav 157
Novy, Karel 38

Olden, Balder 83, 218
Olden, Rudolf 185
Olmo, Rosario de 186
Orwell, George 86
Ossietzky, Carl von 85, 138, 157, 277
Ottwald, Ernst 143

Palmer, Nettie 160
Palmer, Vance 160, 166, 168
Paquet, Alfons 91
Pasternak, Boris 177
Pawlow, Ivan Petrowitsch 106
Paz, Magdeleine 177
Perutz, Emilie 71
Perutz, Leo 261, 277, 280
Perutz, Michaela 73
Piddington, A. B. 168
Pilnjak, Boris 174
Piscator, Erwin 98, 126, 241, 278
Plinius der Jüngere 86
Plisnier, Charles 177
Pol, Heinz 138
Poláček, Karel 275
Polgar, Alfred 58, 62
Ponger, Curt 262
Ponger, Vera 262
Poulaille, Henri 177
Praxiteles 122
Prichard, Susannah Katharine 160, 163, 166,
    168

Quisling, Vidkun 224

Rabas 29
Radvanyi, Peter 219
Radvanyi, Ruth 219, 231, 244
Rae, Arthur 160
Ramler, Karl Wilhelm 19
Rappoport, Charles 177
Redl, Alfred 11, 43, 44, 46, 282, 283
Reed, John 283
Regler, Gustav 185, 188, 210

Reinerová, Lenka 132, 196, 214, 215, 218, 220, 232, 243, 246, 257
Reisner, Larissa 283
Reiss, Erich 90, 279
Renn, Ludwig 157, 185, 214, 218, 219, 220, 221, 225, 228, 240, 243
Revoluce 32, 33, 266
Riccabona, Max von 156
Richter, Hans 126
Riess, Curt 210
Rilke, Rainer Maria 12
Rina, Ita 78, 80
Rivera, Diego 101
Robeson, Paul 193
Rolland, Romain 174
Rosenheim, Teddy 27
Roth, Joseph 62, 92, 156, 175, 180, 277, 284
Rothziegel, Leo 66, 68

Sahl, Hans 279
Sartre, Jean-Paul 265
Sauer, Frantisek 267
Saunders, Erik 123, 145
Scherbakow 179
Schlamm, Willy 184
Schlesinger, Karl Ernst 34
Schlichter, Rudolf 107, 110, 132
Schminke 138
Schnitzler, Arthur 79
Schrecker, Hans 254
Schroeder, Max 157, 218
Schwannecke 110
Schwarz, Lotte 129
Seghers, Anna 150, 157, 185, 186, 197, 213, 214, 218, 219, 220, 221, 228, 230, 231, 238, 240, 243
Seidl 20
Seume, Johann Gottfried 285
Seys-Inquart, Arthur 224
Shakespeare, William 90
Siegel, Eva-Maria 143
Sillen, Samuel 224
Simone, André (siehe: Katz, Otto)
Sinaiberger, Hugo 252, 254, 265
Sinclair, Upton 118, 119, 218, 279, 283
Sinowjew, Grigori Jewsejewitsch 159
Slánský, Rudolf 256, 269
Slessor, Kenneth 168
Smedley, Agnes 218, 283
Sommer, Ernst 254, 264
Sperber, Manès 159, 279
Spira, Bil 155

Spira, Steffie 230, 231, 232, 238
Stadler, Rudolf 79
Stalin, Josef Dschugaschwili 159, 184, 199, 229, 274, 276, 279
Stanislawskij, Konstantin 104
Stanley, Henri M. 208
Stark, Josef 258
Stavenhagen, Lore 218, 234
Staviski 186
Stein, Fred 174
Stern, Kurt 185, 191, 214, 225, 230, 243
Stern, Nadine 243
Strasser, Otto 184
Strauss, Arnold 180
Streicher, Julius 165
Strobl, Karl Hans 42
Stroheim, Erich von 126
Sturz, Helferich Peter 84
Suter, Georg 265

Tabouis, Geneviéve 218
Tasiemka, Hans 110, 124
Téry, Simone 218
Thälmann, Ernst 164
Tito, Josip Broz 256, 257
Toller, Ernst 83, 97, 98,
Tolstoj, Aleksej 187
Torberg, Friedrich 12
Trommler, Frank 97
Trotzki, Leo 217
Tschuppik, Karl 37
Tucholsky, Kurt 83, 84, 122, 278
Türk, Werner 154

Uhse, Alma 243
Uhse, Bodo 157, 176, 214, 220, 235, 240, 243
Umanski, Konstantin Michailowitsch 216
Umbehr 87
Urban, P. L. 155

Vacek, Václav 253, 269
Valetti, Rosa 78
Vaillant-Couturier, Paul 126, 174, 177,
Verlaine, Paul 81
Viertel, Berthold 218
Vilrac, Charles 177
Voltaire, Francois-Marie 284
Voskovec, Jiri 80

Wachsmann, Konrad 83, 157
Wagner, Otto 61
Walker, Keith 168
Walter, Hans-Albert 91, 179
Waltner, Josef 34
Wedding, Alex 143
Wedekind, Frank 79
Weerth, Georg 285
Weiner, Karl 53
Weinert, Erich 98, 126, 174
Weininger, Otto 154
Weiskopf, Franz Carl 12, 126, 130, 143, 144, 185, 211, 218, 222, 224, 240, 253, 255, 276
Weiß, Ernst 12, 62,
Werfel, Franz 12, 32, 61, 64, 69, 71, 277
Werich, Jan 80
Werner, Ruth 132
Westheim, Paul 214
Wiegler, Paul 258
Wilder, Billie 211
Williams, Keith 86
Williams-Ellis, Amabel 177
Willomitzer, Josef 17
Wise, Stephan 230
Wiskeman, Elizabeth 184
Wolf, Friedrich 126
Wolfenstein, Alfred 98
Wrede, Richard 11

Žamis, Guido 69
Zápotocky, Antonín 253, 269
Zech, Paul 218
Zehm, Günther 199
Zetkin, Clara 132
Zimmering, Max 144
Zörgiebel, Karl Friedrich 157
Zola, Emile 284
Zuckermann, Henny 243
Zuckermann, Leo 280
Zuckermann, Lydia 243
Zuckermann, Rudolf 225
Zweig, Arnold 48, 175, 262

Inhalt

5   **Hellmuth Karasek: Was sich stets und immer begeben …**

8   **Egon Erwin Kisch: Reportage als Kunstform und Kampfform**

11   **Jugend im Untergang der alten Welt**
12   Geburtsstadt Prag, 1885
17   Familiengeschichte
20   Schulzeit, 1890–1903
27   Männerbünde, 1903–1912
29   Militärdienst als Einjährig-Freiwilliger, 1904
31   Journalistenschule in Berlin, 1905
32   Nachtleben im Prager »Montmartre«, 1905–1914
36   Redakteur der »Bohemia«, 1906–1913
41   Frühe Bücher, 1904–1914
43   Der Fall des Generalstabschefs Redl, 1913
45   Literatur in Berlin, 1914
48   Soldat gegen Serbien und Rußland, 1914–1915
57   Etappen des Kriegs, 1915–1917
60   Kriegspressequartier in Wien, 1917–1918
69   Revolution in Wien, 1918–1919

75   **Der rasende Reporter auf Reisen**
76   Neubeginn in Prag, 1920
78   Theater und Film, 1920–1930
81   Im Romanischen Café von Berlin, 1923–1933
86   Geburt des rasenden Reporters, 1925
92   Hetzjagd durch die Zeit, 1926–1930
97   Politisches Engagement mit Gleichgesinnten, 1925–1930
102   Freundschaft mit Willi Münzenberg
104   Erste Reise in die Sowjetunion, 1925/26
107   Afrika, 1927
109   Weltreportage auf Radiowellen, 1926–1930
113   Paradies Amerika · Landung in New York, 1928
114   Paradies Amerika · Als Matrose durch den Panamakanal, 1928/29
118   Paradies Amerika · Mit Upton Sinclair bei Charlie Chaplin, 1929
122   Wirtschaftskrise in Europa, 1929/30
124   Als Professor der Universität Charkow, 1930
126   Künstler und neue Medien in Moskau, 1931/32
130   Neuland in Sowjetasien, 1931
132   China geheim, 1932
134   Europa am Vorabend des Untergangs, 1932/33

137 **Exil in Europa**
138 Haft in der Festung Spandau, 1933
141 Die Wahrheit über den Reichstagsbrand, 1933
143 Sammlung der Kräfte in Prag, 1933/34
146 Anti-Nazi-Agitation in Europa, 1933/34
148 Neuer Wohnsitz Versailles, 1934–1939
152 Eröffnung der »Freiheitsbibliothek« in Paris, 1934
154 Geschichten aus sieben Ghettos, 1934
157 Politik in Paris, 1934–1939
160 Landung in Australien · Ankunft 1934
165 Landung in Australien · Domain Meeting, 1934
167 Landung in Australien · Begegnung mit einem Poeta laureatus, 1934
169 Landung in Australien · Tournee durch den Kontinent, 1935
174 Laudationen zum 50. Geburtstag, 1935
178 Kongreß zur Verteidigung der Kultur, 1935
180 Exilkolonie Bredene, 1935/36
183 Tod der Mutter, 1937
186 Bürgerkrieg in Spanien · Kulturkongreß in Valencia und Madrid, 1937
189 Bürgerkrieg in Spanien · Frontbesuche, 1937
192 Bürgerkrieg in Spanien · Exilkolonie Benicasim, 1937/38
196 Hochzeit mit Gisela Lyner, 1938
199 Flucht aus Frankreich, 1939

203 **Exil in den USA und in Mexiko**
205 Internierung in Ellis Island, 1939
208 Exilkolonie New York, 1940
213 Que viva México, 1940–1946 · Ankunft und Organisation
218 Que viva México, 1940–1946 · »Freies Deutschland« und »El Libro Libre«
229 Que viva México, 1940–1946 · Heinrich-Heine-Klub
233 Que viva México, 1940–1946 · Entdeckungen in Mexiko
239 Que viva México, 1940–1946 · Feierlichkeiten zum 60. Geburtstag,1945
245 Abschied, 1946

251 **Europa nach dem Krieg**
252 Heimkehr nach Prag, 1946
257 Balkanreise, 1946
258 Das Erbe der Shoah, 1947/48
264 Letzte Monate, 1947/48

273 **Facetten rasender Zeit. Der Schriftsteller Egon Erwin Kisch hinter der Maske des Reporters**

288 Zitatnachweis
295 Bildnachweis
296 Personenregister